suhrkamp taschenbuch 4802

Seit dem 6. März 2015 sendet Deutschlandradio jeden Freitag in seinem Programm Deutschlandfunk die Sendereihe »Koran erklärt«. Bis Dezember 2016 erläuterten darin 51 Islamwissenschaftler und islamische Theologinnen aus acht Ländern 84 kurze Texte aus dem Koran. Diese Texte sind hier versammelt.
Ergänzt werden diese Auslegungen durch drei Hintergrundessays: Thorsten Gerald Schneiders gibt einen Überblick über die Geschichte der Koranauslegung, Angelika Neuwirth problematisiert die »Koranexegese zwischen Theologie und Orientalistik«, und Sebastian Engelbrecht rekonstruiert »Die Beteiligung des Islams am Rundfunk in Deutschland«.

KORAN ERKLÄRT

Ein Beitrag zur Aufklärung

Herausgegeben von Willi Steul
unter Mitwirkung von
Sebastian Engelbrecht und
Thorsten Gerald Schneiders

Suhrkamp

3. Auflage 2017

Erste Auflage 2017
suhrkamp taschenbuch 4802
Originalausgabe

Umschlaggestaltung: hißmann, heilmann, hamburg
Satz: Satz-Offizin Hümmer, GmbH Waldbüttelbrunn
Druck und Bindung: CPI – Ebner & Spiegel, Ulm
Printed in Germany
ISBN 978-3-518-46802-9

Inhalt

Essays

Vorwort des Herausgebers

Am 6. März 2015 hat Deutschlandradio in seinem Programm Deutschlandfunk die Sendereihe »Koran erklärt« gestartet. Jeden Freitag, am heiligen Tag der Muslime, von 9.55 bis 10.00 Uhr. Deutschlandradio setzt sich in seinen Programmen regelmäßig mit dem Islam auseinander und befasst sich mit dem Leben der Muslime in Deutschland. Nicht nur, aber intensiv und oft zum Beispiel in der Sendung »Tag für Tag – Aus Religion und Gesellschaft« werktags von 9.35 bis 10.00 Uhr im Deutschlandfunk. In vielfältiger Form geschieht dies hier oder an anderer Stelle aus aktuellen Anlässen und in Hintergrundsendungen ebenso im Deutschlandradio Kultur (künftig: Deutschlandfunk Kultur) und im jungen Digitalprogramm DRadio Wissen (künftig: Deutschlandfunk Nova) auch weiterhin. Doch wir wollen mehr tun. Information, Aufklärung, differenzierte Betrachtung – dies ist das, was gerade öffentlich-rechtlicher Rundfunk in Zeiten leisten muss, in denen Ängste und Emotionen zu Vorurteilen und Ausgrenzung führen. Viele reden über den Koran – wenige haben je eine Zeile darin gelesen oder sich gar mit dem Kontext seiner theologischen Aussagen befasst.

Ich musste nicht über prophetische Gaben verfügen, um zum Auftakt der Reihe im Programmheft von Deutschlandradio im März 2015 zu schreiben:

> Kaum ein Themenkomplex wird die Öffentlichkeit in der absehbaren Zukunft so stark beschäftigen wie die Entwicklungen, die alle mit dem Stichwort »Islam« verbunden sind. Im Mittleren Osten beziehen sich nicht nur die Mörderbanden des sogenannten »Islamischen Staates IS« auf den Islam. In Europa – dem Blutbad bei Charlie Hebdo in Paris waren ja schon etliche kaum weniger spektakuläre Terrorakte vor-

> ausgegangen, etwa in London, Madrid oder Toulouse – stehen wir fassungslos vor dem Phänomen, dass auch hier aufgewachsene junge Menschen der Faszination eines menschenverachtenden Missbrauchs des Islams erliegen. Keine Sicherheitsmaßnahmen werden übrigens Terrorakte Einzelner vollständig ausschließen können. Die große Mehrheit der gläubigen Muslime leidet unter dem blutigen Missbrauch ihrer Religion. Und sie fürchten, dass die »Islamophobie« um sich greift und das Zusammenleben vergiftet. Die Fernseh-Talkshows der letzten Wochen diskutieren die Fragen aus vielen Blickwinkeln. Nicht nur die Stammtische weisen auf die Binsenweisheit hin, dass sich im Koran vielfach Bezüge zur Anwendung von Gewalt finden lassen. Ja, richtig – aber zugleich auch zahlreiche Aussagen, die das humane Anliegen einer großen Religion zum Ausdruck bringen. Dies kann und muss in seinen historischen und religionswissenschaftlichen Zusammenhang gestellt und verstanden werden.

Die Anregung zu »Koran erklärt« kam von einem langjährigen engen Freund aus Studientagen, nach vielen Gesprächen über die Entwicklungen in Europa und in der islamischen Welt, über islamische Architektur und Kunst, über die Werte und die vielfältige Praxis des religiösen islamischen Lebens und über das Bild des Islams in Europa, zuletzt auch immer mehr über den Schrecken, den islamistische Zeloten mit gezieltem Terror verbreiten, um die Gesellschaften des Westens zu spalten. Der in Oxford studierte und in Cambridge promovierte Historiker und Islamwissenschaftler stammt aus dem jemenitischen Hadramaut und ist selbst ein tiefgläubiger Moslem. Vor Jahren schon hatte er mir im Rahmen unserer andauernden freundschaftlichen Diskussion mehr als 70 Hinweise auf Koranverse übermittelt, die das komplexe Bild dieses heiligen Buches der Muslime beispielhaft erhellen könnten. Auf dieser Grundlage haben wir das Projekt intern geprüft. Islam- und religionswissenschaftlich gebildete Redakteure von Deutschlandradio haben nach intensiven Kontakten mit Universitäten anerkannte Islamwissenschaftler und islamische Theologinnen für das Vorhaben gewonnen. Zusammen mit Deutschlandradio verständigen sie sich auf die Auswahl von Versen. Die redaktionelle Verantwortung liegt ausschließlich bei Deutschlandradio, wir beziehen auch keine islamischen Verbände in die Überlegungen ein.

Ein Sprecher zitiert jeweils Koranzeilen, unsere Autoren erläutern und erklären. Die weiterhin laufende Sendereihe richtet sich an alle interessierten Hörerinnen und Hörer, auch an die Muslime unter ihnen. Aber sie ist keine muslimische religiöse »Verkündigung«, was in vielen Briefen und E-Mails, die uns erreichen, kritisiert wird. Nein, Deutschlandradio erfüllt damit einen Kernauftrag des öffentlich-rechtlichen Rundfunks: Wir wollen in eigenständiger journalistischer Verantwortung einen Beitrag zur differenzierten Meinungsbildung und zur Aufklärung in unserer Gesellschaft leisten, zumal in der postmodernen westlichen Gesellschaft das Verständnis für die Wirkmächtigkeit von Religion verloren zu gehen scheint.

Der Islam gehört schon allein deshalb zu Deutschland, weil hier rund vier Millionen Menschen dieser Religion angehören, etwa fünf Prozent der Bevölkerung. Wer das Lebensgefühl und die Denkweise dieser Mitbürger verstehen will, auch ihre Veränderung inmitten der kulturell anders geprägten deutschen Gesellschaft, der muss sich auch mit offener Neugier mit dem Islam beschäftigen. Zumal religiöse Vorstellungen und Werte selbst dann prägend bleiben, wenn Menschen ihre Religion nicht gläubig praktizieren.

Im vorliegenden Band präsentieren wir 81 Texte von »Koran erklärt«, Beiträge vom März 2015 bis Dezember 2016. Die gesamte Reihe dokumentieren wir von Anfang an und auch weiterhin im Internet (http://www.deutschlandfunk.de/koran-er

klaert.2393.de.html). Ich bin dem Suhrkamp Verlag sehr dankbar, dass er die Veröffentlichung nun als Buch ermöglicht. Ich danke den renommierten Autorinnen und Autoren für ihre erhellenden Auslegungen und dafür, dass Sie uns mit den Texten an ihrem Sachverstand teilhaben lassen. Besonders danken möchte ich Frau Prof. Dr. Angelika Neuwirth für die fachliche Beratung bei der Entwicklung der Sendung. Ebenso danke ich Herrn Dr. Sebastian Engelbrecht, der die Sendung konzipiert hat, mit den ersten Autorinnen und Autoren Kontakt aufgenommen und mit ihnen an den Texten gearbeitet hat, und Herrn Thorsten Gerald Schneiders, dem Redakteur der Sendung, deren Niveau durch seine Expertise garantiert wird.

Alle drei haben zu diesem Buch Aufsätze beigesteuert, die zum Verständnis unerlässlich sind. Darin geht es grundsätzlich um »Die Geschichte der Koranauslegung im Überblick. Von den Anfängen bis zu ›Koran erklärt‹« (Thorsten Gerald Schneiders), um die »Koranexegese zwischen Theologie und Orientalistik« (Angelika Neuwirth) und um »Die Beteiligung des Islams am Rundfunk in Deutschland« (Sebastian Engelbrecht).

Dieses Buch kann nicht mehr sein als nur eine Einladung zu eigener Beschäftigung und Erkenntnis.

Dr. Willi Steul
Intendant Deutschlandradio

KORAN ERKLÄRT –

Texte der Sendung im Deutschlandfunk

DER KORAN ÜBER SICH

Das ewige Wort Gottes

Siehe, wir haben dir Offenbarung gegeben, wie wir Noah Offenbarung gaben und den Propheten nach ihm und Offenbarung gaben Abraham und Ismael und Isaak und Jakob und den Stämmen und Jesus und Hiob und Jonas und Aaron und Salomo; und wir gaben David den Psalter.

(Sure 4,163)

Von Prof. Dr. Ömer Özsoy

Der Koran ist, wie der Theologe Abdullah Takim betont, ein multireferenzielles Wort; er spricht auch selbstreferenziell: Er bezieht sich auf sich selbst, bewertet sich selbst und legt auch dar, welche Stellung er in der Offenbarungsgeschichte einnimmt. Der Koran versteht sich als das chronologisch letzte Glied der Kette von göttlichen Offenbarungen, die das ewige Wort Gottes zum Ausdruck brachten. Der hier zu erläuternde Vers 163 aus Sure 4 bekräftigt dies.

Als das letzte Glied in der Kette der göttlichen Erinnerungen in Offenbarungsform aktualisiert der Koran alle vorhergehenden Schriften. Er erfüllt hier zwei Funktionen: die einer Bestätigung und die einer Korrektur.

So wurden Juden und Christen in der ersten, der mekkanischen Offenbarungsperiode als Gemeinden desselben Glaubens angesehen. Von beiden wurde erwartet, dass sie die aktualisierte Botschaft positiv aufnehmen. Dass der Koran die Muslime zu einer eigenen Gemeinde erklärte, ist ein relativ spätes Phänomen aus der zweiten, der medinensischen Offenbarungsperiode. Es hängt mit der ablehnenden Reaktion der sogenannten »Leute der Schrift«, also von Juden und Christen, auf diese Erwartung zusammen. Der Koran erklärte weder die früheren Schriften, die Thora und das Evangelium, für ungültig, noch gab er seine Erwartungshaltung gegenüber den »Leuten der Schrift« völlig auf.

Analog hierzu bezog sich auch der Prophet Mohammed nach der muslimischen Geschichtsschreibung bis zu seinem Tod auf das, was den »Leuten der Schrift« in seiner Umgebung vorlag, sofern er keine neue Bestimmung offenbart bekam. So konnten sich das jüdische und das christliche Recht als die sogenannte »Scharia der Früheren« in der islamischen Jurisprudenz zu einer anerkannten Rechtsquelle etablieren.

Die im Koran selbst verankerte Verwandtschaft der koranischen Offenbarung mit den früheren Schriften darf jedoch auch nicht zu einer Blindheit gegenüber den inhaltlichen Unterschieden führen. Die in einem Zeitalter des interreligiösen Dialogs geläufige Tendenz, diese Differenzen zu ignorieren, relativiert den originären Beitrag der jeweils jüngeren Schrift. Dadurch wird die jeweilige Eigenständigkeit der jüngeren Schrift verkannt und gleichzeitig das Bild verzerrt, das diese Schriften gemeinsam malen. Die Frage, »was Mohammed Neues gebracht« habe, ist vollkommen legitim, lässt sich aber nur durch eine religionshistorische Einbettung der Konflikte zwischen den Schriften sinnvoll beantworten. Dafür plädiert auch die Koranforscherin Angelika Neuwirth. Im Blick auf die Konflikte zwischen den koranischen und den biblischen Texten wird immer noch überwiegend mit vorschnellen Erklärungsansätzen reagiert.

Aus korantheologischer Sicht ist die Offenbarung des verborgenen Wortes Gottes letztendlich Vergegenwärtigung des absoluten Willens Gottes in einer bestimmten Zeit. Die Offenbarung ist eine Vergegenwärtigung, durch die das Göttliche, das heißt das Kontextlose, ins Menschliche, also in bestimmte Kontexte, übertragen wird. So heißt es zum Beispiel in den Versen 2-4 der Sure 43:

> Bei dem deutlichen Buch, siehe, wir machten es nun zu einem arabischen Koran, auf dass ihr vielleicht begreift. Und siehe, es ist in der Mutter der Schrift bei uns – wahrlich ein hohes, ein weises.

Der Koran führt sich wie alle früheren Offenbarungsschriften auf eine himmlische Urschrift zurück. Und zugleich stellt er sich als die arabische Entfaltung dieser Urschrift dar.

Die Unnachahmlichkeit des Korans

> *Sprich: Wenn die Menschen und die Dämonen sich zusammentäten, etwas, das diesem Koran gleicht, zustande zu bringen, würde ihnen das nicht gelingen – selbst wenn sie einander helfen würden.*
>
> (Sure 17,88)

Von Prof. i. R. Dr. Hans Hinrich Biesterfeldt

Dieser Vers ist einer von insgesamt fünf, mit denen der Koran sich selber als ein Dokument beschreibt, das einzigartig und unnachahmlich ist. Die Verse geben sich als rhetorische Herausforderung: »Soll einer es doch versuchen – er wird scheitern.« Deshalb tragen diese Verse auch den Namen »Verse der Herausforderung«.

Tatsächlich gibt es aus der Frühzeit des Islams nur wenige Nachrichten über Versuche, den Koran nachzuahmen oder zu parodieren. Den vorhandenen Überlieferungen zufolge scheitern alle Versuche – sei es, dass Gott selber interveniert, sei es, dass der Nachahmer frustriert aufgibt, weil es ihm einfach nicht gelingt, die Reimprosa, die besondere Wortwahl oder die stilistischen Eigentümlichkeiten eigenständig wiederzugeben.

Die »Verse der Herausforderung« haben schon früh die Aufmerksamkeit islamischer Korangelehrter geweckt. Der Koran lehrt, dass Mohammed »das Siegel« der Propheten ist. Das heißt, er schließt Gottes Offenbarung ein für alle Mal ab, und zwar in arabischer Sprache.

Alle Vorgänger des Propheten Mohammed, zu denen auch aus der Bibel bekannte Figuren wie Abraham, Mose, Jakob oder Jesus gehören, haben Gottes Botschaft zu bestimmten Zeiten an bestimmte Völker übermittelt. Viele dieser Figuren legitimieren sich durch Wunder. Nach Auffassung der islamischen Theologen hat etwa Mose die Teilung des Meeres beim Auszug des Volkes Israel vorzuweisen, Jesus unter anderem die Heilung von Todkranken. Mohammeds Wunder ist nun die Übermittlung des Korans selber.

Worin die Evidenz dieses Wunders besteht, warum der Koran einzigartig ist, darüber haben die islamischen Theologen, aber auch die arabischen Sprachwissenschaftler schon früh nachgedacht.

Sprachliche Schönheit oder Vollkommenheit gelten etwa hinsichtlich der Texte des Alten und des Neuen Testaments an sich nicht als entscheidend; auch Übersetzungen aus dem Hebräischen und dem Griechischen in moderne Sprachen sind heutzutage selbstverständlich. Für den Koran als Wort Gottes ist dagegen sein arabischer Wortlaut essenziell. Und es gibt viele Muslime, die ihn für grundsätzlich unübersetzbar halten.

Worin besteht nun die sprachliche Unnachahmlichkeit? Darauf hat es vonseiten der klassisch-arabischen Korangelehrten und Literaturwissenschaftler verschiedene Antworten gegeben. Ihnen allen ist gemeinsam, dass sie die laut rezitierte Form des Textes zugrunde legen, nicht seine stumme Lektüre: Das Wort »Koran« bedeutet letztlich ja auch »Rezitationstext«.

Es werden also beispielsweise die Reime analysiert, die eine Sure gliedern. Es geht um die Lautmalerei einzelner Wörter, den »Rhythmus« der Sätze. Untersucht wird aber zum Beispiel auch das Verhältnis von Allerweltswörtern zu schwierigen beziehungsweise seltenen Begriffen oder solchen, deren Bedeutung im Dunkeln liegt. Nicht zuletzt erörtern die klassisch-arabischen Korangelehrten und die Literaturwissenschaftler die philosophische Frage, wie sich der Wortlaut des Textes zu seiner Bedeutung verhält, also wie unnachahmlich vollkommen das äußere »Kleid« zum inneren »Leib« des Korantextes passt.

Dabei haben sich sowohl bemerkenswerte Aufschlüsse für den Koran ergeben als auch grundsätzliche Einsichten in die Funktionen von dichterischer Sprache, vom Reden »im übertragenen Sinn«, von Gleichnis, Metapher usw.

Wie subjektiv die Überzeugungen von der sprachlichen Einzigartigkeit des Korans sind, wie sehr sie möglicherweise auch auf religiöser Konvention beruhen, sei dahingestellt. Für das Verständnis des Korantextes und für die Funktion von Sprache allgemein hat die Theorie der Unnachahmlichkeit des Korans Grundlegendes geleistet.

Von Schreibrohren und Tinten-Meeren

Wenn auf Erden aus (allen) Bäumen Schreibrohre würden und das Meer (Tinte) wäre, und (wenn es erschöpft ist), sieben weitere Meere ihm Nachschub brächten, so wären Gottes Worte (dennoch) unerschöpflich. Gott ist mächtig, weise.

(Sure 31,27)

Von Prof. Dr. Georges Tamer

Auf eindrucksvoll rhetorische Art bringt dieser Vers die theologische Lehre zum Ausdruck, dass Gottes Worte unendlich sind. Selbst wenn alle Bäume der Welt Stifte und die Meere Tinte wären, würden sie nicht ausreichen, um Gottes Worte schriftlich zu erfassen.

Die arabische Formulierung des Versanfangs lässt keinen Zweifel daran, dass die Gesamtheit der Bäume auf Erden gemeint ist; ebenfalls deutet die Zahl sieben symbolisch auf die unendliche Zahl der Meere hin. Damit macht der Koran klar, dass nichts auf der Welt die Worte Gottes uneingeschränkt erfassen kann. Die Unendlichkeit Gottes wird so mit der Begrenztheit der Welt kontrastiert und auf diese Weise prägnant hervorgehoben.

Ähnlich lautet Vers 109 aus Sure 18: »Wenn das Meer Tinte wäre für die Worte meines Herrn, würde es noch vor ihnen zu Ende gehen, selbst wenn wir es an Masse verdoppeln würden.«

Die exegetische Literatur berichtet, dass der Vers, den wir heute besprechen, infolge eines Gesprächs verkündet worden sei, das Mohammed mit jüdischen Gelehrten über den Umfang des in der Thora enthaltenen Wissens geführt habe. Mohammed soll dabei die Ansicht vertreten haben, dass das in der

Thora enthaltene Wissen nur einen kleinen Teil des unendlichen Wissens Gottes ausmache. Der Vers des Korans ist demnach zur Bestätigung dieser Überzeugung verkündet worden.

Indem der Koran die von Menschen und Materie unfassbare Unendlichkeit der Worte Gottes lehrt, erschließt er dem heutigen Leser neue Horizonte hinsichtlich der Betrachtung der Offenbarungen Gottes. Diese kann keine heilige Schrift – auch nicht der Koran selbst – ausschöpfend erfassen. Dementsprechend enthalten die heiligen Schriften nicht die Fülle der Rede Gottes, sondern jeweils nur Teile davon.

Gottes Worte sind unendlich, unfassbar, wie er selbst. Zu Ende gedacht, wird mit diesem Vers eine neue Ebene des interreligiösen Dialogs erschlossen. Alle heiligen Schriften ähneln sich darin, dass sie nur Bruchteile der unendlichen Rede Gottes enthalten. Ein Monopol darauf, Gottes umfassendes Wort zu sein, wird vom Koran nicht nur in Bezug auf die Thora, sondern gleichermaßen auf sich selbst negiert. Dieser Gedanke findet sich zwar nicht in der islamisch-exegetischen Literatur. Aber er lässt sich vom Text ableiten und ist in der islamischen Mystik präsent.

Schließlich erinnert die hier erläuterte Koranstelle Sure 31,27 an den ähnlich strukturierten Vers 25 aus dem 21. Kapitel des Johannesevangeliums: »Es sind auch viele andere Dinge, die Jesus getan hat; so sie aber sollten eins nach dem andern geschrieben werden, achte ich, die Welt würde die Bücher nicht fassen, die zu schreiben wären.«

Für die Christen ist Jesus das leibgewordene Wort Gottes, von dem die Evangelien berichten. Allerdings wird für die Evangelien nicht der Anspruch erhoben, das Leben und Wirken Jesu restlos zu erfassen. Gott ist jenseits des menschlichen Auffassungsvermögens. Seine Offenbarungen können nach menschlichen Kriterien nur teilweise erfasst werden.

Das Meer als Tinte

Sag: »Wäre das Meer die Tinte für die Worte meines Herrn, ja, das Meer würde sein Ende finden, ehe die Worte meines Herrn zu Ende gingen, auch wenn wir noch einmal so viel hinzubrächten.«

(Sure 18,109)

Von Prof. Dr. Milad Karimi

Gott prägt Gleichnisse. Und selbst dies ist ein Gleichnis, ein Gleichnis über das, was weder Raum noch Zeit eingrenzen können, ohne sich selbst fremd zu werden.

Dieses Gleichnis ist in Worte gekleidet und handelt von den Worten. Worte über Worte und immerfort. Diese Worte sind die Worte Gottes, nicht die eines fremden und fremdartigen Gottes, sondern »die Worte meines Herrn«. So beginnt die sprachliche Komposition der Botschaft mit dem Imperativ »Sag«, der an den ersten Adressaten der Offenbarung, den Gesandten Mohammed, gerichtet ist und mithin stellvertretend an die Menschen allesamt.

Die Worte Gottes, um die sich hier alles dreht, enden nicht, weder nach der Form noch nach dem Inhalt. Wir verfügen nicht über die Worte Gottes, weil sie ihrer Natur nach über sich und über uns hinausgehen. Es ist der Koran selbst, der als das Wort Gottes gilt. Gerade weil der Koran als das Wort Gottes sprachlich verfasst ist, fordert er Demut im Akt des Verstehens. Jede Klarheit der Interpretation als Entschleierung der Worte Gottes birgt in sich Unklarheit, ja, die Worte Gottes lassen sich eben nur bedingt entschleiern. Und doch bilden diese Worte die Kaaba im Herzen der Muslime. Der Schleier der Kaaba, geschmückt mit goldenen Fäden, bedeckt aber nicht ganz den kubischen Stein; er lässt Raum für Licht.

Die imposanten Gänge, die wohlverzierten Kuppeln und die hochragenden Minarette, die Licht spenden, bleiben vergessen durch die Anziehung dieser schwarzen Mitte; es ist gleichsam die absolute Nacht, die alles andere um sich kreisen lässt. So wie sich der Protagonist der wohl berühmtesten Liebesgeschichte der islamischen Welt, Madschnun, um seine geliebte Laila dreht, so umkreisen die Muslime, in lichte Gewänder gehüllt, den Stein. Vom Feuer entfacht, gleich dem Öl, »ohne dass es berührt hätte das Feuer«, wie es in der 24. Sure heißt (Sure 24,35), drehen sich die Muslime um diese Worte. In der Trunkenheit von Gott umrunden sie die immer enger werdenden Kreise, bis sie in der Flamme vergehen. Jedoch bleibt dieses Entflammen aus, ist doch der Islam eine Religion der Lebendigen, denn die Worte Gottes sind nicht versteinert.

Die Worte Gottes sind endlos, ihre endlose schöpferische Kraft zeigt ihre Dynamik, ihre Lebendigkeit – eine Lebendigkeit, die gewürdigt werden will – im Akt des Verstehens. Wer die Worte Gottes versteht, der räumt ein, dass dieselben Worte prinzipiell auch anders verstanden werden können. Eines ist, die Worte zu vernehmen, ein anderes, sie zu verstehen. Damit ist aber mitnichten das Tor zu Beliebigkeit und Willkür der Interpretation geöffnet. Die Deutung muss an der Gesamtkomposition der Botschaft gemessen werden, an den Kriterien der Gesamtbotschaft des Korans, am Kontext der Offenbarung, an den Bedingungen der Zeit und der ersten Adressaten. Die Deutung muss auch entscheidend an der in sich vielfältigen islamischen Geistesgeschichte gemessen werden. Nicht alles, was vergangen ist, gilt es zu überwinden.

Mehr noch: Die Worte Gottes sind nicht auf den Koran beschränkt; die gesamte Schöpfung ist in seinem Wort beheimatet. Denn die Offenheit der Worte Gottes, dass sie nicht enden, selbst »wenn das Meer, nachdem es erschöpft, noch sieben weitere Meere dazubekäme« (Sure 31,27), schenkt Offenheit. Die Worte Gottes können also nicht verstanden werden ohne die Menschen, die diese Worte verstehen. So mündet das unendliche Meer der Worte »meines« Herrn ins Meer »meiner« Seele, die »mich« nach dem Wort Goethes erkennen lässt: »Alles Vergängliche ist nur ein Gleichnis.«

Die wohlverwahrte Tafel

Nein, es ist der ruhmreiche Koran auf einer wohlverwahrten Tafel. (Sure 85,21-22)

Von Dr. Devin Stewart

Wenn der Koran der heilige Text ist, den die Muslime gewohnheitsmäßig lesen, warum weisen diese Verse dann auf eine geheimnisvolle »wohlverwahrte Tafel« hin?

Ein Gläubiger kann heutzutage eine Abschrift des Korans – auf Arabisch heißt sie *mushaf* – in die Hand nehmen und seinen Text zwischen zwei Buchdeckeln untersuchen. Dabei vergisst man leicht, dass das damals, als der Prophet die Offenbarungen der ursprünglichen Zuhörerschaft in Mekka und Medina überbrachte, unmöglich war. Der Koran selbst stellt klar, dass er während der Prophetenschaft Mohammeds nicht in Buchform aufgezeichnet wurde. Mohammeds Gegner kritisieren ihn in Sure 25,32 dafür, dass er die Offenbarung nicht als komplettes Buch überbringt. Man muss sich folglich vergegenwärtigen, was dann damit gemeint ist, wenn der Koran von sich selbst als »Buch« oder »Schrift« spricht.

Das Buch, von dem hier die Rede ist, ist ein Text, den man sich in überirdischen Sphären vorstellte. Er konnte sich nur manifestieren, indem Zitate daraus durch den Prozess einer Offenbarung an die irdische Sphäre übermittelt wurden. Sure 56,78 bekräftigt diese Vorstellung. Sie besagt, der Koran sei in einem »verborgenen Buch« verzeichnet, den alltäglichen Blicken der Menschen entzogen.

Dieses Verständnis hilft, verschiedene rätselhafte Eigenschaften des Korantextes zu erklären. Die zweite Sure mit Namen »Die Kuh« beginnt mit der Aussage: »Alif, Lām, Mīm. Jenes ist das Buch, an dem nicht zu zweifeln ist.« Im Gegensatz dazu heißt es in fast jeder Übersetzung des Korans: »Dieses ist das Buch ...« Der Originaltext benutzt aber eindeutig das Demonstrativpronomen der Ferne, also: »Jenes ist das Buch ...« – auf Arabisch: *dhālika.* Er benutzt nicht das Demonstrativpronomen der Nähe: »dieses«. Denn das hieße auf Arabisch *hādha.*

Die Übersetzung ist also handwerklich falsch. Der entscheidende Punkt ist aber, dass ein wichtiges Konzept verschleiert wird. Die Formulierung »jene/jenes« zeigt nämlich an, dass die besagte Schrift nicht unmittelbar präsent, sondern eben ein himmlisches Buch ist, zu dem der Prophet durch göttliche Inspiration Zugang hat.

Berücksichtigt man diese Überlegungen, legen die arabischen Buchstaben »Alif, Lām, Mīm« zu Anfang der Sure die Vermutung nahe, dass sie die göttlichen Aufzeichnungen repräsentieren, die auf der himmlischen Tafel eingraviert sind. Diese »geheimnisvollen« Buchstaben stehen am Anfang von 29 der insgesamt 114 Suren.

Korankommentatoren und Theologen spekulierten auch über die speziellen Eigenschaften der wohlverwahrten Tafel. Sie beschrieben sie als Tafel, die aus weißen Perlen besteht und sich rechts neben Gottes himmlischem Thron befindet. Diese Assoziation wird durch die Erwähnung des Throns einige Verse zuvor in Sure 85,15 angedeutet.

Die wohlverwahrte Tafel kann auch mit zwei weiteren koranischen Ausdrücken in Verbindung gebracht werden. Diese sind: »das verborgene Buch« und »die Mutter des Buchs«. In Sure 56,77-78 heißt es: »Das ist wahrlich ein edler Koran in einem verborgenen Buch.« Diese Aussage kommt der aus dem hier besprochenen Vers sehr nahe. Die beiden Ausdrücke »verborgenes Buch« und »wohlverwahrte Tafel« sind synonym.

Der Ausdruck »Mutter des Buchs« taucht in drei Koranversen auf (3,7; 13,39; 43,4), die jeweils betonen, dass sich diese »Mutter des Buchs« in Gottes Besitz befindet. Nach Ansicht vieler Kommentatoren handelt es sich dabei nicht nur um die Quelle für den Koran, sondern auch für alle anderen heiligen Schriften.

Die Wendungen »wohlverwahrte Tafel«, »verborgenes Buch« und »Mutter des Buchs« sind in jedem Fall miteinander verwandt. Zudem dürften sie sich auf ein und dasselbe himmlische Buch beziehen, dass sich in übersinnlichen Gefilden befindet und die Botschaft des Korans enthält.

AUSLEGUNGSFRAGEN

Islam – ein Wort und seine religiöse Bedeutung

Siehe, die Religion bei Gott ist der Islam. Und die, denen die Schrift gegeben ward, waren nicht eher uneins, als nachdem das Wissen zu ihnen gekommen war – aus Neid aufeinander. (...) Und so sie mit dir streiten, so sprich: »Ich habe mein Angesicht ergeben in Gott, und so, wer mir nachfolgt.«

(Sure 3,19-20)

Von Prof. Dr. Ömer Özsoy

Die Verbreitung des Glaubens gehört zweifellos zum Recht auf Meinungsäußerung. Religionen und auch nichtreligiöse Weltanschauungen haben das Recht, ihre Überzeugungen zu verbreiten. Damit ist eine moralische Pflicht verbunden, sich für dieses Recht als einen wesentlichen Aspekt der Meinungsfreiheit einzusetzen, und zwar nicht nur für den eigenen Glauben.

Die vorherrschende Religionsauffassung der Muslime weist auf den ersten Blick einen exklusiven Charakter auf. Demzufolge sind die früheren Religionen durch die koranische Offenbarung aufgehoben und für ungültig erklärt worden. Das Heil ist folglich nur durch die Annahme des Korans und den Übertritt zum Islam zu erreichen.

Viele Muslime sehen daher in der Verbreitung ihres Glaubens eine religiöse und moralische Pflicht gegenüber Gott und ihren Mitmenschen. Diese exklusiven Ansätze im Islam beziehen sich auf Koranpassagen, die den Islam als die einzig wahre

Religion darstellen – eine davon sind die eingangs zitierten Verse.

Eine unkritische Lektüre übersieht jedoch die Entwicklung von Wortbedeutungen. So hat das Wort *islām* eine lange Entwicklungsgeschichte im Sprachgebrauch des Korans. Die ursprüngliche Bedeutung von *islām* ist »Hingabe«. Diese Bedeutung ist selbst in späteren Versen, in denen das Wort bereits als Eigenname der muslimischen Gemeinde verwendet wird, mit enthalten. *Islām* als Hingabe ist also kein Monopol der Muslime.

Im arabischen Originaltext des Korans werden auch viele frühere Propheten wie Abraham und Jesus als *muslim* im Sinne von »Gott ergeben« bezeichnet. Das gilt ebenso für deren Anhänger. Auch die Jünger Jesu beispielsweise werden im Koran *muslim* genannt.

In den Versen 111 und 112 der Sure 2 lehnt der Koran selbst jeden Monopolanspruch am Beispiel von Juden und Christen vehement ab: »Und sie sprechen: ›Nimmer geht ein ins Paradies ein anderer außer Juden oder Christen.‹ Solches sind ihre Wünsche. (...) Nein. Wer sein Angesicht Gott hingibt und Gutes tut, der hat seinen Lohn bei seinem Herrn.«

In Übereinstimmung mit dieser koranischen Grundlage ist die religiöse Tradition eines jeden Gläubigen als sein Zuhause zu betrachten. Niemand könnte es ethisch legitimieren, das Kind einer Nachbarsfamilie, das zu Hause glücklich ist, zu entführen und ins eigene Heim zu locken.

Der Koran bietet hier eine Perspektive, indem er die Muslime nicht nur als Mitglieder der islamischen Familie anspricht, sondern auch als Bewohner eines Viertels, einer Nachbarschaft. Gott ist nicht nur an der muslimischen Familie interessiert, sondern er gibt sich als Beschützer der gesamten Nachbarschaft zu erkennen.

Die Rolle der arabischen Sprache

Wir haben es zu einem arabischen Koran gemacht, auf dass ihr ihn verstehen möget. (Sure 43,3)

Von Prof. em. Dr. Kees Versteegh

Der Koran enthält an verschiedenen Stellen Bezüge zu sich selbst. In diesem Vers bezeichnet er sich im arabischen Original als *qurān* und gibt sich zusätzlich die Beschreibung *arabī*.

Der arabische Begriff *qurān* bedeutet wörtlich »Rezitation«. Etymologisch geht er wahrscheinlich zurück auf das syrische Wort *qeryana*. Es wurde von syrischen Christen benutzt, um auf das in der Liturgie zu rezitierende Lektionar hinzuweisen.

Das Wort *qurān* steht im Zusammenhang mit der Darstellung der ersten Offenbarung, die der Prophet Mohammed laut den muslimischen Quellen erhalten hat. Diese besagen, dass ihm der Erzengel Gabriel erschienen sei und zu ihm gesagt habe: *»iqra!«* – zu Deutsch: »Rezitier!« oder »Lies!«.

Das geschah dreimal hintereinander. Jedes Mal fragte der Prophet: »Was soll ich rezitieren?« Am Ende brachte ihm Gabriel die erste Offenbarung dar – die Sure 96. Und diese beginnt exakt mit dem Wort *»iqra!«*. Der Koran ist also ein Text, der eher dazu gedacht ist, rezitiert statt im Stillen gelesen zu werden.

Dieser Offenbarungstext wird im Koran auf verschiedene Weise charakterisiert. Zum Beispiel heißt es, er sei makellos und ein Wunder. Zudem wird er als »deutliches Buch« beschrieben. Die am häufigsten benutzte Charakterisierung aber lautet, dass er *arabī* sei – also in arabischer Sprache verfasst. *Arabī* bezieht sich hier auf die Sprache des Textes, nicht auf die Sprache der Menschen, an die er gerichtet war. Das Wort »Araber« taucht im Koran nicht auf.

Höchstwahrscheinlich ist mit dem Begriff *arabī* auch nicht die Alltagssprache der einzelnen Stämme auf der Arabischen Halbinsel gemeint. Vielmehr dürfte es die formelle Sprache sein, die alle Stämmen miteinander geteilt haben und die auch in der altarabischen Dichtung benutzt wurde.

Indem der Koran seine Eigenschaft, arabisch zu sein, betont, macht er deutlich, dass er eine Botschaft von bestimmter Bedeutung enthält, geschrieben in einer speziellen Sprache. Ferner stellt er damit klar, dass sich keiner der Adressaten mit dem Argument entschuldigen konnte, er habe die Botschaft des Korans nicht verstanden.

Gemäß der islamischen Auffassung von Religionsgeschichte hat Gott seine Offenbarungen an alle Ummas (zu Deutsch: »Gemeinschaften«) in deren jeweils eigener Sprache gesandt – etwa die Thora an die Juden und das Evangelium an die Christen.

Der Koran stellt nun Gottes letzte Offenbarung an die Menschheit dar. Und Mohammed ist das Siegel der Propheten, der diese letzte Offenbarung zur *umma* der Muslime bringt. Genauso wie die anderen Gemeinschaften empfangen die Stämme auf der Arabischen Halbinsel somit die Botschaft in ihrer eigenen Sprache.

Nach den Eroberungen der Muslime und der Ausbreitung des Islams über Nordafrika, die Levante, Mesopotamien und Persien blieb die Religion mit der arabischen Sprache verknüpft. Allerdings stimmte nicht jeder dem exklusiven arabischen Charakter der Religion zu.

Für manche persische, syrische und nordafrikanische Konvertiten war es keineswegs einleuchtend, dass die Araber und ihre Sprache eine privilegierte Position hätten. Sie glaubten, dass grundsätzlich alle Völker im Islam gleich seien. Einigen von ihnen leuchtete es noch nicht einmal ein, dass Arabisch einfach nur deshalb eine übergeordnete Sprache sein solle, weil Gott sie für seine letzte Offenbarung gewählt habe.

Für viele andere Muslime jedoch bedeutete die Tatsache, dass der Koran auf Arabisch offenbart wurde, dass er in keine andere Sprache übersetzt werden kann und dass er in der Originalsprache rezitiert werden muss. Diese Menschen verwiesen auf andere Stellen im Koran (Sure 43,3) und pochten darauf, dass es für alle Gläubigen Pflicht sei, Arabisch zu lernen, um den Koran rezitieren zu können.

Heutzutage spielt die arabische Sprache in der islamischen Welt nach wie vor eine große Rolle: Millionen Muslime lernen zumindest die wichtigsten Grundlagen, damit sie den heiligen Text verstehen oder wenigstens Teile daraus in ihren Gebeten rezitieren können.

Den Koran wörtlich nehmen? – So einfach ist das nicht

Er ist es, der das Buch auf dich herabgesandt hat. Einige seiner Verse sind eindeutig – sie sind die Mutter des Buches –, andere sind mehrdeutig. Doch diejenigen, die in ihrem Herzen verirren, folgen dem, was darin mehrdeutig ist, um Zweifel zu erwecken und um es (nach ihrer Weise) zu deuten. Doch nur Gott kennt dessen Deutung. Und diejenigen, die im Wissen fest gegründet sind, sagen: »Wir glauben daran. Alles kommt von unsrem Herrn.«

(Sure 3,7)

Von Prof. Dr. Georges Tamer

Dieser Vers gehört zu den schwierigsten Versen des Korans. Er dürfte spät in Medina verkündet worden sein. Vor allem sind zwei darin enthaltene Themen Gegenstand intensiver Diskussion. Das erste Thema betrifft die Einteilung der Koranverse in zwei Kategorien. Die arabischen Attribute dafür, hier übersetzt mit »eindeutig« und »mehrdeutig«, sind an sich ambivalent. Das macht eine Bedeutungsbestimmung beider Kategorien kaum möglich.

Auch die Bedeutung des Ausdrucks »Mutter des Buches«, auf die erste Kategorie der Koranverse bezogen, wird kontrovers diskutiert. Die Mehrheit der muslimischen und der nichtmuslimischen Gelehrten neigt dazu, diese Äußerung so zu interpretieren, dass die klaren, eindeutigen Verse den Kern des Korans bildeten; über ihre Bedeutung bestehe Konsens. Die anderen Verse sind mehrdeutig und nicht leicht zu interpretieren. Welche Verse jeweils zu welcher Kategorie gehören, lässt sich aus der Aussage nicht ableiten.

An den dargestellten Gedanken schließt sich ein weiterer Zusammenhang an, über dessen Verständnis gestritten wird. An unserer Stelle steht, dass diejenigen, die verirrt sind, also nicht einfach an die Aussagen des Korans glauben, gezielt die Deutung der mehrdeutigen Stellen suchen. Das tun sie, um durch deren Interpretation Zwietracht und Wirbel in der Gemeinde zu verursachen.

Sodann fährt der Vers fort, indem er das Recht auf die Interpretation der mehrdeutigen Verse einschränkt. Nur Gott kenne deren Deutung; den Menschen stehe die Interpretation nicht zu. Damit ist der Satz jedoch nicht abgeschlossen. Durch eine Konjunktion werden Gott und die Menschen, »die im Wissen fest gegründet sind«, wie es heißt, miteinander verbunden.

Da die handschriftlichen arabischen Quellen des Korantexts ohne Punktierung sind, kann unsere Stelle auf zwei unterschiedliche Weisen gelesen werden. Nach der einen Lesart wird der Punkt nach dem arabischen Wort für »Gott« gesetzt (also nach dem deutschen Wort »Deutung«). Daraus ergibt sich, dass »nur« Gott die Deutung der schwierigen, mehrdeutigen Koranverse kennt. Nach der zweiten Lesart steht der Punkt im arabischen Text nach dem Wort für »Wissen«. Dadurch wird auch den Menschen, »die im Wissen fest gegründet sind«, die Fähigkeit zugesprochen, die mehrdeutigen Koranverse zu deuten.

Die traditionellen Koranwissenschaften im Islam kennen beide Lesarten. Die erste Lesart ist unter konservativen Einflüssen weit verbreitet.

Mit der zweiten Lesart hat zum Beispiel der im Jahr 1198 gestorbene große muslimische Philosoph Averroes argumentiert. Er zielte darauf ab, aus dem Koran heraus eine auf menschlicher Vernunft basierende Interpretation der komplizierten Verse zu rechtfertigen. Wichtig war ihm das insbesondere für solche Verse, in denen Gott mit menschlichen Eigenschaften beschrieben wird. Denn das ist nach herrschender Lehre im Islam nicht möglich, da Gott ohne Zeit und Raum ist.

Laut Averroes müssen jedoch Menschen, die nicht über notwendiges Wissen verfügen, entsprechend der ersten Lesart von der Auslegung mehrdeutiger Verse ferngehalten werden – eine Vorstellung, die im Islam in den vergangenen Jahrhunderten weite Verbreitung fand.

Methoden zum Verständnis des Korans am Beispiel eines Speisegebots

Euch ist Verendetes verboten! (Sure 5,3)

Von Prof. Dr. Thomas Bauer

Der Vers scheint nicht schwer verständlich zu sein. Offensichtlich ist von einem Speisegebot die Rede. Es wird verboten, Tiere zu essen, die nicht regulär geschlachtet oder auf der Jagd erbeutet wurden.

Doch so einfach ist die Sache nicht. In fast identischer Formulierung heißt es in Sure 4,23: »Euch sind eure Mütter verboten!«

Welche Handlungen man an Müttern und an verendeten Tieren nicht ausführen darf, steht nicht da. Die weithin akzeptierte Meinung unter Gelehrten besagt zunächst, die Koranstellen seien entsprechend der Alltagskonvention zu ergänzen. Demnach ist es verboten, die eigene Mutter zu heiraten und Verendetes zu essen. Nicht verboten wäre dann aber beispielsweise, verendete Tiere aus dem Weg zu räumen.

Doch was ist mit dem Fell der Tiere? Darf man etwa den Balg einer Ziege, die man morgens tot aufgefunden hat, zur Herstellung eines Wasserschlauchs verwenden? Darf man ein Schaffell als Teppich verwenden, wenn das Schaf nicht rituell geschlachtet worden war?

Zur Klärung lässt sich neben der Koranstelle eine Reihe von Hadithen heranziehen – das sind überlieferte Aussprüche oder Handlungen des Propheten Mohammed. Der sogenannte »Hadith Maimūna« etwa scheint die perfekte Lösung parat zu halten. Darin wird berichtet, dass der Prophet beim Anblick eines toten Schafes seine Gattin Maimūna gefragt habe: »Warum nutzt ihr nicht seine Haut?« Auf die Entgegnung, es sei ja verendet, entgegnete der Prophet: »Es ist nur verboten, es zu essen.«

Der Maimūna-Hadith ist aber leider nicht der einzige Hadith zum Thema. Ein gewisser Ibn Ukaim überliefert, der Prophet habe kurz vor seinem Tod einen Brief geschrieben und darin erklärt: »Nutzt nicht die Haut und die Sehnen von verendeten Tieren!« Auch das ist wieder eine klare Aussage, die aber dem Maimūna-Hadith widerspricht.

Zur Auflösung dieses Widerspruchs bieten sich drei Methoden an:

Eine später offenbarte Koranstelle kann eine früher offenbarte Koranstelle abrogieren, also inhaltlich außer Kraft setzen. Dasselbe gilt in Bezug auf zwei Hadithe. Da der Prophet den Brief kurz vor seinem Tod geschrieben haben soll, kam der Hadith wahrscheinlich später als der Maimūna-Hadith. Folglich würde er deshalb diesen abrogieren.

Eine zweite Methode hält die sogenannte Hadith-Kritik bereit: Beide Hadithe sind in ihrer Qualität nicht gleichwertig. Während der Maimūna-Hadith makellos überliefert wird, weist die Überlieferung des angeblichen Briefs eine Reihe von Unstimmigkeiten auf, die seine Glaubwürdigkeit einschränken.

Den Königsweg weist nun aber die dritte Methode, nämlich die Anwendung beider widersprüchlicher Hadithe. Anstatt leichtfertig eine Koranstelle oder einen Hadith zu ignorieren, und sei er auch nicht ganz sauber überliefert, soll man nach Wegen suchen, beide gelten zu lassen. Dies geschieht häufig dadurch, dass man Spezifizierungen sucht. In unserem Fall gelingt eine solche Spezifizierung mithilfe eines weiteren Hadith und unter Zuhilfenahme der Lexikographie.

Jener Hadith lautet: »Jede Haut, die gegerbt wird, wird rein.« Das Wort, das in diesem Hadith für »Haut« verwendet wird, ist dasselbe wie im Hadith über den Brief. Dieses Wort bezeichnet, so die Lexikographen, nur die »ungegerbte« Haut.

Das Wort, das im Maimūna-Hadith für »Haut« gebraucht wird, kann indes rohe Haut ebenso wie gegerbtes Leder bezeichnen.

Auch wenn Meinungsverschiedenheiten bestehen bleiben und verschiedene Interpretationen gleichberechtigt nebeneinanderstehen, tut sich hier für die meisten Gelehrten nun die Lösung auf: Der Brief-Hadith – »Nutzt nicht die Haut von verendeten Tieren!« – lässt sich als Erklärung der deutungsoffenen Koranstelle heranziehen. Er verbietet die Nutzung der »ungegerbten« Haut verendeter Tiere. Diese Haut wird laut drittem Hadith durch Gerben rein. Und somit behält auch der Maimūna-Hadith seine Bedeutung, da er eben zur Nutzung »gegerbter« Haut anhält.

Ist der Koran tatsächlich unverfälscht?

1. Bei denen, die keuchend laufen,
wa-l-ʿādiyāti ḍabḥā
2. (mit ihren Hufen) Funken stieben lassen
fa l-mūriyāti qadḥā
3. und am (frühen) Morgen einen Überfall machen,
fa l-muġīrāti ṣubḥā
4. dabei Staub aufwirbeln
fa aṯarna bihi naqʿā
5. und sich (plötzlich) mitten in einem Haufen (von Feinden) befinden!
fa wasaṭna bihi ğamʿan. (Sure 100,1-5)

Von Dr. Munther A. Younes

Zu den Teilen des Korans, die muslimische Koranausleger wie moderne Wissenschaftler gleichermaßen herausgefordert haben, gehören die Eingangsverse einiger frühmekkanischer Suren wie Sure 37, 51, 77, 79 oder eben Sure 100, deren erste fünf Verse wir gerade gehört haben. Diese Verse bilden ihrer Form nach eine Schwurserie.

Das erste Wort in all diesen Suren ist im Arabischen ein Partizip aktiv mit der weiblichen Pluralendung *-āt (al-ṣāffāt, al-dāriyāt, al-mursalāt, al-nāziʿāt, al-ʿādiyāt)*. Die muslimischen Koranausleger räumen ein, dass es schwer festzustellen ist, worauf sich diese Partizipien genau beziehen. Sie spekulieren über Pferde, Kamele, Engel, Sterne, den Wind, den Tod, die Seele, Bögen oder Schiffe.

Zur Unklarheit der Bedeutung und zu den Schwierigkeiten mit den Partizipien kommen mehrere grammatikalische Unregelmäßigkeiten. Dazu zählt, dass das Substantiv in Vers 1 im Akkusativ steht *(ḍabḥā)* und dass das in den Versen 4 und 5 aufgeführte Pronomen *(bihi)* gar kein Bezugswort hat.

Bei den frühesten Textzeugnissen des Korans in arabischer Sprache fehlen die für die arabische Schrift charakteristischen Punkte. Die Punkte über oder unter den Linien unterscheiden bestimmte Buchstaben. Das Fehlen führt dazu, dass manche Buchstabenpaare oder -gruppen völlig gleich aussehen, obwohl sie jeweils einen anderen Laut markieren. Somit lassen sich viele Worte auf mehr als eine Weise lesen – je nachdem, wie man die Punkte setzt. Der muslimische Gelehrte Ibn Mudschāhid, der im Jahr 936 starb, hat diese Lesarten in seinem berühmten Buch *Die sieben Lesungen* niedergeschrieben.

Es gibt gute Argumente dafür, dass der dritte Vers: »und am frühen Morgen einen Überfall machen« erst später dem Originaltext beigefügt wurde. Dazu aber gleich mehr.

Wenn man bei den vier verbleibenden Koranversen die Punkte anders setzt, ergibt sich ein klarerer, kohärenterer und linguistisch fehlerfreier Text. Er lautet:

1. Bei denen, die früh am Morgen hinausgehen
wa-l-ǧādiyāti ṣubḥā
2. und ein Feuer anzünden,
fa l-mūriyāti qadḥā
3. mit dem sie Gutes tun wollen,
fa āṯarna bihi nafʿā
4. mit dem sie Scharen von Menschen begünstigen wollen.
fa wasaṭna bihi ǧamʿā.

Die neue Bedeutung der Verse beschreibt Frauen, die einen religiösen Dienst vollführen.

In diesem rekonstruierten Text sind die grammatikalischen Probleme gelöst. Der Akkusativ in Vers 1 entspricht nun den üblichen Regeln, und das Bezugswort der Pronomen *(bihi)* in den letzten beiden Versen ist das »Feuer«.

Kommen wir jetzt noch einmal zurück zum dritten Vers: »und am frühen Morgen einen Überfall machen«. Drei Argumente sprechen dafür, dass er ursprünglich nicht zum Korantext gehörte.

1. Das arabische Wort für »die, die einen Überfall machen« ist ein sogenanntes Hapaxlegomenon im Koran – also ein sprachlicher Ausdruck, der nur ein einziges Mal im Text vorkommt. Es gibt im ganzen Korantext auch weder ein Verb noch ein Substantiv, das von diesem arabischen Wort abgeleitet ist.

2. Das Wort ist auch das einzige in der Sure, das irgendetwas mit Kriegssituationen oder mit Kampf zu tun hat. Die anderen Wörter, die die Koranausleger in ihren traditionellen Auslegungen mit »kämpfen« in Verbindung bringen, haben in ihrer Grundbedeutung nichts damit zu tun: Sie bedeuten »diejenigen, die laufen« *(ʿādiyāt)* oder »Mitte, in die Mitte gehen, begünstigen« *(wasaṭ)* oder »Haufen, Menschenmenge« *(ǧamʿ)*.

3. In der traditionellen Interpretation baut der Vers nicht logisch auf den zwei vorherigen Versen auf: Erst geht es um keuchende Pferde oder Kamele, dann um Funken schlagende Hufe

und zuletzt um einen Überfall am Morgen. Wenn dies die beabsichtigte Bedeutung gewesen wäre, würde es mehr Sinn ergeben, wenn erst die Pferde einen Überfall am Morgen gemacht und ihre Hufe dann Funken geschlagen oder die Tiere schließlich wegen des Rennens gekeucht hätten.

Rätseln über das »Volk der Ermahnung«

Auch vor dir entsandten wir nur (sterbliche) Männer, denen wir uns offenbarten. Fragt nur das Volk der Ermahnung, falls ihr es nicht wisst.

(Sure 16,43; 21,7)

Von Prof. Dr. Hüseyin İlker Çınar

Dass der Koran an vielen Stellen kein Buch ist, das sich durch einfache Lektüre erschließt, ist bekannt. Es gibt aber einige viel diskutierte Passagen, deren genaue Aussage nicht nur umstritten, sondern unklar ist. Oder anders gesagt: Man kann nicht genau bestimmen, auf welches Ereignis sich ein bestimmter Vers tatsächlich bezieht.

Dieser Vers findet sich im gleichen Wortlaut und im gleichen Kontext zweimal im Koran. Einmal in der Sure al-Nahl (16,43) und einmal in der Sure al-Anbiyā (21,7). Beide wurden in der mekkanischen Periode der Prophetie Mohammeds hinabgesandt.

Für die Auslegung und das richtige Verständnis dieser Passage ist der arabische Begriff *ahl al-dhikr* von entscheidender Bedeutung, welcher in der Regel als »das Volk der Ermahnung« oder als »die Leute der Ermahnung« übersetzt wird.

Daher ergeben sich folgende Fragen: Welches Volk ist mit dieser Bezeichnung konkret gemeint? Gibt es noch andere Auslegungsmöglichkeiten für diesen Begriff? Wenn ja, wie kann man diesen Vers unter Berücksichtigung der Koranwissenschaften anders verstehen und interpretieren?

Als Anlass für die Offenbarung dieses Verses wird in den Quellen der Koranexegese angeführt, dass die Polytheisten von Mekka Einspruch gegen die Prophetie Mohammeds erhoben hätten. Ein Prophet könne nicht aus den Reihen der Menschen kommen, Speisen verzehren und auf Märkten umhergehen, sondern müsse aus den Reihen der Engel stammen.

Als Antwort auf diesen Einwand der Mekkaner sei der genannte Vers offenbart worden, der den Polytheisten Unwissenheit in dieser Frage vorwirft. Denn Gott habe auch schon davor »sterbliche Männer« als Propheten gesandt. Die Polytheisten werden deshalb dazu aufgefordert, das »Volk der Ermahnung« zu befragen, um die Wahrheit bezüglich dieser Streitfrage zu erfahren.

Ausgehend von einer literarischen und kontextuellen Betrachtungsweise wird in den meisten Koranauslegungen erklärt, dass es sich bei diesem Volk um das »Volk des Buches«, arabisch: *ahl al-kitāb,* handele – also um Juden und Christen. Deren Propheten stammten ihren Büchern zufolge ebenfalls aus den Reihen der Menschen. Indem der Koran die Mekkaner auf die Erklärungen der Juden und Christen verweist, bezweckt er vermutlich, deren Einspruch und unhaltbare Argumente gegen die Prophetie Mohammeds aus der Welt zu schaffen.

Unter Berufung auf Gelehrte wird in den Koranauslegungen aber auch berichtet, dass mit der Bezeichnung »Leute der Ermahnung« die »Leute des Korans« gemeint seien, sprich: die gläubigen Gelehrten, die den Koran kennen und mit seinen Bedeutungen vertraut sind. Das Wort »Ermahnung« wird nämlich im Koran auch mehrere Male als ein Eigenname des Korans verwendet.

Die islamischen Mystiker indes verstehen unter dem Begriff *ahl al-dhikr* vielmehr die Leute, die die höchste Stufe der Gotteserkenntnis *(marifat Allāh)* erlangt haben und auf verschiedenen spirituellen Stationen durch göttliche Inspirationen von Gott berichten können.

Eine weitere Auslegung will unter der Bezeichnung die islamischen Rechtsgelehrten verstanden wissen. Demnach weist der Vers darauf hin, dass Rechtsauskünfte bei fachkundigen Gelehrten einzuholen seien. Der Vers gestatte Juristen die Ausübung des sogenannten *idschtihād*, heißt es – also das Verfahren zur eigenständigen Meinungsbildung in einer juristischen Frage.

Im heutigen Sprachgebrauch der Muslime ist der Bedeutungsgehalt des Ausdrucks noch weiter ausgedehnt worden, sodass darunter allgemein die Fachkundigen und Experten eines beliebigen Wissenschaftszweigs beziehungsweise einer beliebigen Sache verstanden werden. Demnach hat man sich bei Angelegenheiten, mit denen man nicht vertraut ist, jeweils an diejenigen zu wenden, die sich damit auskennen.

Also: »Wenn ihr nicht wisst, so fragt die Wissenden.«

Tradition und Vernunft im Widerstreit

Er gibt die Weisheit, wem er will, und wem da Weisheit gegeben wurde, dem wurde hohes Gut gegeben; doch niemand bedenkt dies außer denjenigen, die Verstand haben.

(Sure 2,269)

Von Prof. Dr. Bülent Uçar

Wir haben verlernt, den Glauben mit Weisheit anzunehmen, mit Hingabe zu vertiefen und mit Liebe zu praktizieren. Die Muslime unserer Zeit sind geneigt, ihre persönlichen Vorstellungen von Gut und Böse als maßgeblich zu sehen. Sie verabsolutieren gerne ihre eigenen Erfahrungen als verbindliche Größen für Wertefragen und Glaubensangelegenheiten wie auch für die konkrete Lebenspraxis.

Abweichende Positionen werden oft als häretisch und abtrünnig beziehungsweise als extremistisch und reaktionär abgestempelt. Der Bezug auf das *Allāhu alam* – also die Überzeugung davon, dass Gott es am besten weiß – ist verloren gegangen.

Trotz aller Verschiedenheit verbindet die Muslime der Bezug auf eine Instanz, die sie im Diesseits auf verschiedene Normen verpflichtet und sie hierdurch rechtleitet: Es handelt sich dabei um das *kitāb,* wie es im Arabischen heißt, den Koran als zusammengehöriges Korpus aller göttlichen Offenbarungen *in concreto* für die Muslime unserer Zeit

Im eingangs zitierten Vers wird eine weitere Komponente eingeführt: *hikma,* als »Weisheit« übersetzt, wird häufig neben dem *kitāb* genannt. *Hikma* deutet darauf hin, dass zusätzlich zur expliziten göttlichen Botschaft noch etwas anderes im Leben der Menschen existiert.

In der traditionellen Exegese wurde *hikma* häufig der Sunna gleichgesetzt, dem nachahmenswerten Verhalten des Propheten Mohammed. Ein anderer – eher von muslimischen Philosophen präferierter Zugang – verband mit *hikma* die Erkenntnisse, welche der Mensch mithilfe der Ratio – also seines Verstandes – ermitteln konnte.

Meines Erachtens bildet das keinen Gegensatz. Vielmehr ergänzen sich Sunna und Ratio. So wird durch die Sunna und all jene Gelehrten, die in dieser Tradition stehen, die Glaubenspraxis, die in den Texten steckt, also der »lebende, vermenschlichte Koran« von Generation zu Generation erfahrbar gemacht und weiterentwickelt.

Der Text alleine ist also nicht die normative Bezugsgröße. Er ist lediglich die Quelle, aus der Normen abgeleitet werden. Die Erkenntnisse der Gelehrten und die Traditionen geben dem Ganzen eine dynamische Komponente. Über diesen Anschluss an den Gelehrtendiskurs wird ein anachronistischer Zugang zum Glauben verhindert. Ebenso wird eine eklektizistische Beliebigkeit in der Textrezeption verhindert, wie wir es heute bei bestimmten Reformtheologen wie auch extremistischen Gruppierungen, etwa der IS-Terrormiliz, methodisch ähnlich beobachten können.

Der Rückgriff alleine auf die Texte bietet noch keine Gewähr für einen seriösen und methodisch sauberen Zugang. Diese Art des Quellenverständnisses und der Ableitung von konkreten Normen war den muslimischen Gelehrten bis in die Moderne auch weitgehend fremd. Zudem bietet die Einrahmung durch die plurale Tradition alleine noch keine ausreichende Absicherung. Denn Traditionen sind nicht davor geschützt, notwendige und legitime Entwicklungen zu verpassen.

Daher kann als Korrektiv die menschliche Ratio an dieser Stelle eingreifen und mögliche Fehlentwicklungen im Gesamtgefüge anmahnen. Die Ratio ist zwar unabhängig, wird sich aber in dem skizzierten Kontext aus *kitāb* – also dem Koran –, *hikma* – der Weisheit – und Sunna beziehungsweise der Gelehrtentraditionen bewegen. In diesem Sinne kann man die Ratio nach meinem Ermessen sehr wohl als koranisch legitimierten Teil der *hikma* bezeichnen.

Diese *hikma* haben wir heute verlernt. Muslime benötigen legitime, innovative Entwicklungen innerhalb der etablierten Traditionen. Die Wiederbelebung der Sunna und der Ratio, also des Verstandes, bilden keine Widersprüche. Sie sind vielmehr zwingende Notwendigkeit.

Doch: *Allāhu alam* – Gott weiß es am besten!

Heißt es »Allāh«, oder heißt es »Gott«?

Sprich: »Betet zu Gott oder zu Rahmān: Bei welchem Namen ihr ihn auch immer ruft, ihm gehören die schönsten Namen.«

(Sure 17,110)

Von Prof. Dr. Christopher Melchert

So lautet der Vers, wenn man die englische Übersetzung von Abdallāh Yūsuf Alī sinngemäß ins Deutsche überträgt.

Etwas anders lautet der Vers in einer englischen Koranübersetzung von 1975, auf deren Umschlag zu lesen ist: »Herzliche Grüße vom Ministerium für Religionsangelegenheit, die Regierung von Pakistan« – dort heißt es: »Sprich: ›Betet zu Allāh oder zu Rahmān: Bei welchem Namen ihr ihn auch immer ruft, ihm gehören die schönsten Namen.‹«

Ist es richtig, das arabische Wort »Allāh« mit »Gott« zu

übersetzen? Oder ist »Allāh« ein Eigenname, der beibehalten werden muss?

Es ist das Argument vorgebracht worden, eine Übersetzung von »Allāh« sei nicht angebracht – schließlich würde man ja auch nicht den Namen »Mohammed« mit »einer, der gepriesen ist« übersetzen. Tatsächlich ist es durchaus möglich, den eingangs zitierten Vers folgendermaßen zu verstehen: Betet zu Allāh oder zu al-Rahmān – egal, welchen dieser beiden Eigennamen ihr verwendet.

Aber wie das so üblich ist, kann eine heilige Schrift auf mehr als eine Art interpretiert werden. Möglich ist mithin auch die Bedeutung: Betet zu Gott oder betet zu al-Rahmān – entweder ihr benutzt einen universellen Namen wie »Gott« oder eine lokale arabische Bezeichnung wie »al-Rahmān«.

Dem Koranausleger al-Qurtubī aus dem 13. Jahrhundert zufolge ist die Mehrheit der Gelehrten der Ansicht, dass es sich bei dem arabischen Ausdruck »Allāh« um eine abgeleitete Bezeichnung handele. Uneinig war man sich, wovon sie abgeleitet ist. Manche seien der Ansicht, so al-Qurtubī, »Allāh« sei zusammengezogen aus dem Artikel *al* und dem Wort *ilāh*. Auf Deutsch würde »Allāh« dann bedeuten: »der – Gott«. Andere seien der Auffassung, »Allāh« sei aus *al* und *wilāh* zusammengezogen und bedeute »derjenige, der einen benommen macht und verwirrt«. Schließlich verwiesen einige Gelehrte auf *al* und *lāh* mit der möglichen Bedeutung »der – Hohe«.

Vielen Muslimen liegt die Frage sehr am Herzen. Saudi-Arabien förderte den Druck einer modifizierten Koranübersetzung von Abdallāh Yūsuf Alī, in der das ursprüngliche Wort »Gott« durch den Eigenamen »Allāh« ersetzt wurde.

In Malaysia ist es Nichtmuslimen verboten, in Veröffentlichungen »Allāh« in arabischen Buchstaben zu schreiben. Ein solcher Besitzanspruch erscheint insofern absurd, als dass der Koran »Allāh« an keiner Stelle als neu offenbarten Namen einführt. Vielmehr geht der Koran davon aus, dass die mekkanischen Heiden – die die ersten Empfänger des Korans waren – schon genau wissen, auf wen sich der Name »Allāh« bezieht.

Zudem dokumentieren vorislamische Inschriften, dass christliche Araber den Begriff »Allāh« als Übersetzung des griechischen Ausdrucks *ho theos* – also »der Gott« – verwendeten. Ferner ist »Allāh« das Wort, das üblicherweise in arabischen Bibeln benutzt wird, wenn im Originaltext *elohim* oder eben *ho theos* steht.

In der Vergangenheit pflegten christliche Autoren zu sagen, Muslime beteten Allāh an. Sie wollten damit zum Ausdruck bringen, dass Muslime irgendeiner nicht recht verstandenen Gottheit dienten, die dem Schöpfergott der Christen und Juden unterlegen sei. Jüngst wurde ein Fakultätsmitglied des Wheaton College, einer prominenten evangelikalen Hochschule in den USA, suspendiert, weil es erklärt hatte, Christen und Muslime beteten zum selben Gott.

Umgekehrt beharren aber auch muslimische Autoren häufig darauf, sie würden Allāh anbeten, womit sie einen genau entgegengesetzten Anspruch markieren: nämlich dass sie den Eigennamen des Schöpfers kennen würden, wohingegen Christen und Juden eine falsch verstandene, unterlegene Gottheit anbeteten.

Zusammenfassend lässt sich sagen, dass die Übersetzung von »Allāh« mit »Gott« einer universalistischen Haltung entspricht, einer, die von der Ähnlichkeit und Vergleichbarkeit der Weltreligionen ausgeht. Dagegen entspricht die Beibehaltung des Begriffs »Allāh« als Name einer exklusivistischen Haltung, welche die Unähnlichkeit der Religionen betont.

Aus der Perspektive eines Wissenschaftlers und Historikers neige ich dazu, die Übersetzung »Gott« zu bevorzugen.

Die geheimnisvollen Buchstaben

Alif Lām Mīm. (Sure 2,1)

Von Prof. em. Dr. Stefan Wild

Die zweite Sure des Korans beginnt mit drei arabischen Buchstaben, die als Vers 1 dieser Sure gezählt werden. Der erste Buchstabe »Alif« ist der erste Buchstabe des arabischen Alphabets und entspricht etwa dem deutschen »A«, ihm folgen das »Lām«, deutsch »L«, und das »Mīm«, deutsch »M«. Also: A, L, M.

Heilige Texte sind oft geheimnisvolle Texte. Das gilt auch für den Koran. Nicht nur am Anfang von Sure 2, sondern am Anfang von 29 der insgesamt 114 Suren des Korans stehen arabische Buchstaben. Es handelt sich um 14 einzelne Buchstaben und 15 Kombinationen aus diesen Buchstaben. Einige Buchstabenkombinationen erscheinen mehrfach. Das »Alif Lām Mīm« etwa steht am Anfang von vier weiteren Suren.

Die Bedeutung dieser Buchstaben liegt im Dunkeln. Schon die ältesten muslimischen Exegeten boten widerspruchsvolle und grundverschiedene Deutungen für diese »verstreuten Buchstaben« oder »Sureneröffnungen« an, wie die arabischen Exegeten sie nennen. Der österreichische Orientalist Aloys Sprenger kam im 19. Jahrhundert auf den aberwitzigen Gedanken, in eine dieser »Sureneröffnungen« die christliche Kreuzesinschrift INRI hineinzulesen, also die lateinischen Anfangsbuchstaben von »Jesus von Nazareth, König der Juden«.

Klar ist am Ende nur, dass diese Buchstaben fest zum koranischen Text gehören; dass die Einzelbuchstaben oder Buchstabenkombinationen immer als eigener Vers gezählt werden; dass die »verstreuten Buchstaben« immer am Surenanfang stehen; dass sie im kultischen Vortrag mit rezitiert werden; dass sie nicht übersetzbar sind und dass sie sich schon in den ältesten Koranhandschriften finden.

Aus manchen dieser Buchstabenkombinationen wurden später Namen. Aus den arabischen Buchstaben »Yā« und »Sīn« wurden zum Beispiel der Name von Sure 36 und der Männername »Yāsīn«.

Islamwissenschaftler weisen bei der Frage nach der Bedeutung dieser Verse mit Buchstabenkombinationen darauf hin, dass der Koran danach oft über sich selbst spricht – wie in unserer Sure 2. Nach dem ersten Vers »Alif Lām Mīm« folgt als Vers 2 diese Aussage: »Dies ist das Buch, an dem kein Zweifel ist, es ist Geleit für die Frommen.«

Manche muslimische Exegeten meinten, jeder dieser »verstreuten Buchstaben« sei der Schlüssel zu einem der 99 Namen Gottes. Andere vermuteten, »Alif Lām Mīm« sei einer der Namen des Korans. Nichtmuslimische Wissenschaftler versuchten auch, diese Buchstaben mit bestimmten Wörtern in den betreffenden Suren in Verbindung zu bringen. All dies führte nicht weiter.

Schließlich kam eine Reihe muslimischer Gelehrter zu dem Schluss, dass diese Buchstaben göttliche Geheimnisse bergen, die dem Menschen gar nicht zugänglich sein sollen. Denn in Sure 3,7 heißt es über manche Koranverse: »Doch nur Gott kennt ihre Deutung.«

Nicht wenige Muslime glauben heute, dass damit ebendiese nicht weiter deutbaren Buchstaben gemeint seien. Der Koran sagt schließlich im selben Vers 7 aus Sure 3 über sich selbst: »Einige seiner Verse sind klar zu deuten, sie sind die Mutter des Buches, andere sind mehrfach deutbar.«

Sollten also diese geheimnisvollen »verstreuten Buchstaben« wirklich diese »mehrfach deutbaren« Koranverse sein? Der Koran bleibt uns die Antwort hierauf schuldig. Wahrscheinlich werden wir das Geheimnis dieser Buchstaben niemals lösen.

Wie Alltagsüberlegungen den Korantext veränderten – das Beispiel des Erbrechts

Wenn ein Mann – oder eine Frau – von anderen Verwandten als Eltern oder Kind (kalāla) beerbt wird und er (oder sie) einen Bruder oder eine Schwester hat, erhalten diese je ein Sechstel. Sind es mehrere Geschwister, so teilen sie sich ein Drittel.

(Sure 4,12)

Von Prof. Dr. David S. Powers

Das ist ein Auszug aus Sure 4,12. Der Vers muss zusammen mit Sure 4,176 betrachtet werden. Er lautet:

> Sie bitten dich um Auskunft. Sprich: »Gott gibt euch Auskunft über die seitliche Verwandtschaft *(al-kalāla)*: Wenn ein Mann stirbt und keine Kinder hat, aber eine Schwester, dann erhält sie die Hälfte seiner Erbschaft. Er beerbt sie, wenn sie keine Kinder hat. Sind es zwei Schwestern, erhalten sie zwei Drittel seiner Erbschaft. Und wenn es Geschwister sind, Männer und Frauen, so steht dem Mann der Anteil von zwei Frauen zu.«

Beide Verse beziehen sich auf einen kinderlosen Mann oder eine kinderlose Frau, der oder die bei ihrem Tod ein oder mehrere Geschwister hinterlassen hat.

Die Größe des Erbes fällt jeweils unterschiedlich aus:

Sure 4,12 gewährt Brüdern und Schwestern gleiche Teile des Besitzes, ohne ein Drittel zu überschreiten. Sure 4,176 gewährt die Hälfte des Besitzes einer einzelnen Schwester, zwei Drittel zwei Schwestern, den kompletten Besitz einem einzelnen Bruder. Sollte es Brüder und Schwestern geben, erbt ein Mann den doppelten Anteil einer Frau.

Muslimische Gelehrte lösten den Widerspruch durch Eisegese auf – also durch Textauslegung, bei der persönliche Ansichten in den Text hineingelesen werden: Als Gott das Wort Bruder oder Schwester in Vers 12 offenbarte, lehrten sie, habe er sich auf Nachkommen aus der mütterlichen Linie bezogen (uterine Verwandte). Als Gott das Wort Bruder oder Schwester in Vers 176 offenbarte, habe er sich auf Nachkommen aus der väterlichen Linie und/oder auf leibliche Geschwister mit denselben Eltern bezogen.

Die Bedeutung des Verwandtschaftswortes *kalāla,* das nur in diesen beiden Versen vorkommt, war derweil ein Mysterium. Zum Ende des ersten Jahrhunderts islamischer Zeitrechnung berichteten Gelehrte, dass sie die Bedeutung nicht kannten.

Im zweiten Jahrhundert wurden verschiedene Berichte in Umlauf gebracht, die die Aufmerksamkeit in dieser Frage auf den zweiten Kalifen, Umar Ibn al-Khattāb, lenkten. Laut einigen davon kannte Umar die Bedeutung des Wortes *kalāla* nicht. Anderen zufolge enthielt er sie der Gemeinde vor. Und wieder andere besagten, Umar habe *kalāla* als Bezeichnung für eine Person definiert, die stirbt, ohne Eltern oder Kinder zu hinterlassen.

Nun denn, ein frühes Koranmanuskript aus der Französischen Nationalbibliothek (arabisches Manuskript 328) gibt einen plausiblen Hinweis: Demnach stand ursprünglich *kalla* (mit einem gedoppelten »L«) im Text und nicht *kalāla* (mit zwei »L«). In den meisten semitischen Sprachen – dazu gehört auch das Arabische – heißt *kalla* Schwiegertochter.

Wenn man also in Sure 4,12 *kalla* liest, ergibt sich diese Bedeutung: »Wenn ein Mann eine Schwiegertochter oder eine Ehefrau zur Erbin bestellt und er [oder sie] einen Bruder oder eine Schwester hat, erhalten diese je ein Sechstel.« Der Vers benennt nun die Möglichkeit, eine Frau als Erbin einzusetzen.

Zweifellos gab es darüber damals eine heftige Kontroverse. Und genau diese bewirkte eine Änderung des Konsonantengerüsts. So wurde aus *kalla* das neue Wort *kalāla*. Es handelt sich hier also um eine Ad-hoc-Bildung – eine spontane Wortschöpfung, der die Bedeutung gegeben wurde: »andere Verwandte als Eltern oder Kind«.

Dieses neue Verständnis von Sure 4,12 warf eine Frage auf: Warum erhalten Geschwister in diesem Vers nur ein Drittel des Besitzes? Gewiss war es exakt diese Frage, die schließlich die »Offenbarung« von Sure 4,176 auslöste – einer Überlieferung zufolge der letzte Vers, den Mohammed erhalten hat.

STRUKTURELL BESONDERE VERSE UND SUREN

So beginnt der Koran

Im Namen Gottes, des Erbarmers, des Barmherzigen.
(Sure 1,1)

Von Prof. em. Dr. Stefan Wild

Mit diesen Worten beginnt nicht nur Sure 1,1. Mit diesen Worten beginnen 113 der insgesamt 114 Suren des Korans. Gleichzeitig sind sie die geläufigste islamisch-arabische Frömmigkeitsformel. Vor dem Essen und vor einer Autofahrt, aber auch vor einer öffentlichen Rede wird sie gesprochen. Geschrieben leitet sie häufig Verträge, Briefe oder Bücher ein. Sie baumelt als Talisman am Rückspiegel des Taxifahrers und hat unzählige Kalligrafen zu Meisterleistungen arabischer Schriftkultur angeregt.

Wer den Namen Gottes kennt, hat einen privilegierten Zugang zu seinem Gott. In den drei untereinander verwandten monotheistischen Religionen Judentum, Christentum und Islam wird der Name Gottes verschieden gewertet: Der Jude kennt den Namen des einen Gottes, aber er darf ihn nicht aussprechen. Der Christ bekreuzigt sich im Namen eines dreifaltigen Gottes. Und der Muslim beruft sich auf einen zweifach barmherzigen Gott.

Die Wertigkeit dieser Formel im Koran war jedoch seit den ältesten Zeiten umstritten. Manche Gelehrte der Frühzeit hielten sie für später eingefügt oder betrachteten sie als ein Mittel, um die Suren deutlich voneinander zu trennen. Damit ließen sie diese Worte nicht in jedem Einzelfall als unmittelbar geoffenbartes Wort Gottes gelten. Um das zu markieren, rezitierten die Anhänger dieser Lehre die Formel nicht, sondern lasen sie lautlos.

Mit den zwei arabischen Wörtern, die mit »Erbarmer« und »Barmherziger« übersetzt werden können, hat es eine besondere Bewandtnis. In Arabien gab es zur Zeit des Propheten Mohammed im 7. Jahrhundert nach Christus nicht nur jüdische und christliche Monotheisten. Es gab auch Stämme, die an eine einzige Stammesgottheit glaubten, ohne Juden oder Christen zu sein. Eine dieser Gottheiten, die in Südarabien verehrt wurde, trug den Namen »der Erbarmer«. Darauf bezieht sich wohl der Koran, wenn es in Sure 17,110 heißt:

> Rufet Gott an, oder rufet den Erbarmer an, wie ihr ihn auch anrufen mögt. Sein sind die schönsten Namen.

Damit überzeugte der Koran die Anhänger des Propheten Mohammed davon, dass der Gott mit dem arabischen Namen »Allah« und der Gott mit dem Namen »Erbarmer« – auf Arabisch heißt er: al-Rahmān – ein und dieselbe Gottheit waren. Muslimische Exegeten sehen heute in den Namen »Erbarmer« und »Barmherziger« meist zwei verschiedene Aspekte göttlicher Barmherzigkeit.

»Erbarmer« und »Barmherziger« gehören also im Koran zu den sogenannten »schönsten Namen Gottes«. Mit diesen und anderen auf Gott bezogenen Beinamen wurden und werden beliebte islamische Personennamen gebildet. Sie unterliegen meist dem Muster: »Diener des Barmherzigen«, »Diener des Einen«, »Diener des Mächtigen« usw. Muslime kennen 99 dieser »schönsten Namen Gottes«. 99 Perlen hat daher auch der islamische Rosenkranz.

Der Koran unterstreicht mit der Formel: »Im Namen Gottes, des Erbarmers, des Barmherzigen« die göttliche Barmherzigkeit gegenüber dem fehlbaren Menschen als eine der Grundlagen göttlich-menschlicher Beziehung. *Islam ist Barmherzigkeit* betitelte sogar kürzlich ein moderner muslimischer Exeget eines seiner Bücher. Das ist aber nur die halbe Wahrheit. Alle drei großen monotheistischen Religionen kennen sowohl den barmherzigen wie den zürnenden und strafenden Gott. Im Koran kann Gott zürnen. Der Koran lässt den Propheten kämpfen und töten. Keine der monotheistischen Religionen ist in ihrer Geschichte und in ihrer Lehre ausschließlich barmherzig gewesen, auch der Islam nicht.

Der erste Vers der Offenbarung

> *Trag vor im Namen deines Herrn, der erschuf, erschuf den Menschen aus einem Blutklumpen! Trag vor, denn dein Herr ist im Guten unübertrefflich, der durch das Schreibrohr nahebrachte, den Menschen lehrte, was er nicht wusste!*
>
> (Sure 96,1-5)

Von Prof. Dr. Milad Karimi

In der islamischen Geistestradition gelten gemeinhin diese Verse aus der Sure 96 als die historisch vermittelte erste Regung der Offenbarung überhaupt. Denn der Koran ist in seiner vorliegenden Form nicht historisch-chronologisch aufgebaut. Das erste Wort der Offenbarung heißt programmatisch: »Trag vor.« Aus diesem Verb leitet sich das Wort Koran ab. »Koran« bedeutet »ein Vorzutragendes«.

Ein einfacher Mensch, dessen Herz voller Sehnsucht nach dem Einen trachtet, zieht sich in eine Berghöhle zurück – fernab von der lärmenden Stadt. Umgriffen von der Finsternis seiner Einsamkeit, verweilt er in der Berghöhle – er und seine Einsamkeit. Stille. Was dann an ihm geschieht, ist das Unmögliche: Gott erschüttert ihn mit seiner Offenbarung. Eindringlich wird er von den Worten eines Engels berührt, er solle vortragen. Der Schriftunkundige weigert sich zu tun, was er nicht vermag. Doch der Engel lässt ihn nicht aus seinen Fesseln entkommen und fordert wiederholt: »Trag vor!« Aber der Mensch ist nahezu seines Atems beraubt, wie sein erster Biograph berichtet. So nimmt er sich zurück, und in dieser Zurücknahme erscheint seine Größe. Auserwählt als der Gesandte Gottes, artikuliert er die ihm vermittelte Botschaft: »Trag vor im Namen deines Herrn, der erschuf.«

Als ihn der Engel zurücklässt und er leise zu sich findet, ist er verwandelt. Gleichsam wie neu geboren, ist er nicht mehr derselbe wie zuvor. So ist auch seine Welt verwandelt, ja, das Ganze überhaupt. Zitternd steigt er hernieder vom Berge; er hat keine Schrift, keine Tafel und kein Bild erhalten, vielmehr ist ihm allein eine Erinnerung geblieben. Wie er selbst berichtet, ist ihm so, als wären ihm die Worte ins Herz geschrieben. Und er findet wärmende Geborgenheit bei seiner Ehefrau, die als erste Muslima überhaupt die Ehrlichkeit in seinem Blick erkennt. Sie gibt ihm Zuversicht – zeit ihres Lebens. So sei gewagt, seinen Namen zu nennen, der sich nicht mehr verschweigen lässt: Mohammed. Er war und blieb bloß ein Mensch. Aber was ist ein Mensch? Friede über den Menschen, der er war, sagt der Koran (Sure 37,180), denn fortan war er der Gesandte Gottes. Es wiederholt sich die Offenbarung an ihm, immer und immer wieder; und sie ist immer noch wunderbar.

Das zunächst verborgene Zentrum dieser Verse bildet der Mensch. Der aus einem Blutklumpen Erschaffene wird angesprochen, der aber nicht Blutklumpen bleibt. Offenbarung zeigt sich im Islam also nicht als die Selbstoffenbarung Gottes derart, dass Gott Mensch wird. Vielmehr macht erst der Akt der Offenbarung aus dem Menschen den Menschen.

Bedürftig ist der Mensch; denn bloß den Namen des Menschen zu tragen, »aber tierischer als jedes Tier zu sein«, wie Goethe sagt, erweist sich als unzureichend. Endlichkeit umfasst ihn. Und so wird er unmittelbar als Mensch verortet in Bezug auf Gott. Er ist dasjenige Wesen, welches Gott erschaffen hat und dem als Geschöpf Gottes Erkenntnis und Wissen gewährt werden. Allein die Zuwendung des Herrn aller Welten, wie sich Gott im Koran vorstellt, verleiht dem Menschen als Menschen Würde.

Bemerkenswert ist in diesem Koranvers die Betonung der Aneignung des Wissens gerade mit dem Hinweis auf das »Schreibrohr«. Denn damit avanciert der Mensch zu einem ausgezeichneten Wesen, das in eine Richtung strebt. Wissen sei als ein erstrebenswertes Gut für die Menschen zu betrachten. Damit ist Gott keine abstrakte Leere, sondern Gott der Menschen, der in seiner Güte dem Menschen Würde verleiht. Was ist also der Mensch? Vielleicht ein Geheimnis Gottes.

Die Namen der Suren – das Beispiel der längsten Sure im Koran: »Die Kuh«

Damals, als Mose zu seinem Volke sprach:
»Siehe, Gott befiehlt euch, eine Kuh zu schlachten.«
Sie sprachen: »Willst du Spott mit uns treiben?«
(Mose) sprach: »Gott behüte, dass ich einer der Unwissenden bin!«

Sie sprachen: »Rufe für uns deinen Herrn an, dass er uns erkläre,
wie sie sein soll!«
(Mose) sprach: »Er sagt, es solle eine Kuh sein,
die nicht ganz alt ist und auch nicht ganz jung,
in der Mitte zwischen beidem.
So tut, was euch befohlen wird.«

(Sure 2,67-71)

Von Prof. i. R. Dr. Hartmut Bobzin

Dieser Auszug ist der erste Teil eines längeren, thematisch zusammenhängenden Abschnitts aus Sure 2. Er ist Anlass dafür, warum die Sure den Namen »Die Kuh« trägt – auf Arabisch: *al-Baqara*. Sure 2 ist mit 286 Versen die längste überhaupt und umfasst etwa ein Neuntel des gesamten Korans.

Der Koran ist insgesamt in 114 »Suren« eingeteilt. »Sure« bedeutet so viel wie »Leseabschnitt« oder »Kapitel« – auf Arabisch: *sūra*. Dieses Wort wird einzig und allein im Koran verwendet, und zwar für dessen Untergliederung. *Sūra* wäre also am besten mit »Korankapitel« zu übersetzen. Wir benutzen aber im Folgenden die eingedeutschte Form, nämlich »Sure«.

Wahrscheinlich ist vielen bekannt, dass alle 114 Suren einen Namen haben und unter diesem Namen auch von Muslimen zitiert werden; nicht wenige Suren haben übrigens einen zweiten, manchmal sogar einen dritten Namen. Muslime sprechen also normalerweise nicht von Sure 1, 2, 3 usw., sondern von der Sure »al-Fātiha« beziehungsweise auf Deutsch: von der Sure »Die Eröffnung«. Oder sie sagen: »Das steht in der Sure ›Die Kuh‹« – und meinen damit Sure 2. Wie ist es nun zu diesen, oftmals ein wenig rätselhaft erscheinenden Namen gekommen?

Dafür gibt es – je nach Sure – unterschiedliche Erklärungen.

Nehmen wir als Beispiel Sure 1, deren Name gerade genannt wurde: »al Fātiha« – »Die Eröffnung«. Dieser Name ist selbstverständlich leicht erklärbar, denn mit dieser Sure beginnt der Koran. Hier bezieht sich der Name also auf die Reihenfolge der Suren im Koran.

Anders steht es mit der zweiten Sure, wo sich der Name eben allein auf einen kurzen Abschnitt über eine besondere Kuh bezieht. Diese Kuh soll die Funktion eines Sündenbocks erhalten.

Eine ähnliche Erzählung findet sich in der Bibel, im 4. Buch Mose, Kapitel 19. Dort wird ebenfalls von einer Kuh berichtet, die bestimmte Eigenschaften erfüllen muss, um so die Funktion eines Sündenbocks übernehmen zu können. (Die Geschichte darf allerdings nicht mit der vom Goldenen Kalb aus dem 2. Buch Mose verwechselt werden.)

Der Koranabschnitt über die Kuh nun wurde offenbar als so bemerkenswert erachtet, dass die längste Sure danach benannt worden ist. In der Auslegungsliteratur zum Koran wird die Sure 2 übrigens oft auch mit der etwas umständlicheren Umschreibung »Die Sure, in welcher die Kuh erwähnt wird« bezeichnet.

Zum Abschluss führen wir nun die Fortsetzung der eingangs zitierten Koranverse an. Die Israeliten fordern den Propheten Mose auf, die weiteren Eigenschaften dieser besonderen Kuh zu benennen:

Sie sprachen: »Rufe für uns deinen Herrn an,
dass er uns erkläre, welche Farbe sie haben soll!«
(Mose) sprach: »Er sagt, es solle eine Kuh sein von leuchtend gelber Farbe,
die die Schauenden erfreut.«
Sie sprachen: »Rufe für uns deinen Herrn an,
dass er uns erkläre, wie sie sein soll!
Siehe, die Kühe sehen – für uns – alle gleich aus.

Siehe, wenn Gott es will, lassen wir uns rechtleiten.«
(Mose) sprach: »Er sagt, es solle eine Kuh sein,
die nicht unterm Joch den Boden umpflügt
und auch den Acker nicht bewässert,
die unversehrt ist und an der kein Makel ist.«
Sie sprachen: »Jetzt kamst du mit der Wahrheit.«
Dann schlachteten sie sie.

Der längste Vers des Korans

O ihr, die ihr glaubt! Wenn ihr euch untereinander verschuldet für eine festgelegte Frist, dann schreibt es auf! Ein Schreiber schreibe es in eurem Beisein auf, wie es recht ist! Und kein Schreiber darf sich weigern zu schreiben, so wie ihn Gott gelehrt hat. Er soll schreiben, und der Schuldner soll diktieren und dabei Gott fürchten, seinen Herrn: Er soll nichts von ihr abziehen! Wenn der Schuldner schwachsinnig oder minderjährig ist oder nicht selbst diktieren kann, dann soll sein Beistand diktieren, wie es recht ist. Nehmt zwei eurer Männer euch zu Zeugen! Wenn zwei Männer nicht vorhanden sind, dann einen Mann und zwei Frauen, von solchen, die euch als Zeugen tauglich dünken: Irrt eine von den beiden, dass sie die andere erinnern kann. Die Zeugen dürfen sich nicht weigern, wenn sie gerufen werden. Lasst es euch nicht verdrießen, es aufzuschreiben, ob Kleines oder Großes, bis zur Frist dafür! Vor Gott entspricht das dem Recht eher und ist geeigneter für die Bezeugung und naheliegender, damit ihr keine Zweifel hegt. Doch wenn es sich um Ware handelt, mit der ihr gerade unter euch ein Geschäft abwickelt, dann sündigt ihr nicht, wenn ihr sie nicht aufschreibt. Doch nehmt Zeugen, wenn ihr miteinander Handel treibt! Und kein Schreiber oder Zeuge soll zu Schaden kommen. Wenn ihr es dennoch tut, dann ist das eine Schandtat von euch. Fürchtet Gott! Gott wird euch lehren! Gott weiß um alle Dinge.

(Sure 2,282)

Von Prof. Dr. Ousmane Oumar Kane

Es handelt sich bei diesem Vers um den längsten im gesamten Koran.

Viele Koranverse wurden offenbart, um der muslimischen Gemeinschaft im Hinblick auf spezifische Themen und Herausforderungen eine Rechtleitung zu geben. Der gesamte Vers 282 aus Sure 2 wurde im Zusammenhang mit Terminkäufen in der Landwirtschaft offenbart.

Zu Lebzeiten des Propheten Mohammed waren solche Handelsgeschäfte üblich. Bei einem Terminkauf erhielt der Verkäufer Geld für Waren, die erst ein oder mehrere Jahre später ausgeliefert wurden. Solche Terminkäufe waren sinnvoll bei landwirtschaftlichen Gütern, wenn der Verkäufer Geldmittel für Saatgut und für die Aufwendungen während der Kultivierung benötigte.

Zweimal drängt der Vers die Gläubigen dazu, Gott zu fürchten. Am Ende stellt er fest, dass Gott jene, die ihn fürchten, Wissen lehrt. Diese Verbindung von Gottesfurcht und Wissen ist von zentraler Bedeutung für die islamische Erkenntnistheorie.

Das wirft die Frage auf: Was ist Gottesfurcht (arabisch: *taqwā*)? Muslimische Theologen stimmen darin überein, dass sich Gottesfurcht beziehungsweise Frömmigkeit an religiöse Pflichten und an das Unterlassen von Übertretungen anschließt. Ein frommer Muslim ist also einer, der Gott so sehr fürchtet, dass er alle Pflichten erfüllt und alle Übertretungen unterlässt.

Sure 49,13 hält hierzu fest, der frömmste Gläubige habe den höchsten Status vor Gott.

Das führt uns zur Besprechung der verschiedenen Glaubensstufen im Islam. Muslime sind sich einig, dass es drei Stufen des Glaubens gibt, die sie erreichen können:

Die erste ist die Unterwerfung – arabisch: *islām*. Man akzeptiert, dass es keinen Gott außer Gott gibt und Mohammed sein Prophet ist, dass man fünfmal am Tag betet, im Monat Ramadan fastet, jedes Jahr den islamischen Zehnt entrichtet und wenn möglich mindestens einmal im Leben die Pilgerfahrt nach Mekka macht.

Die zweite Stufe ist der Glaube – arabisch: *imān*. Man glaubt an Gott, seine Engel, seine Bücher, seine Propheten, den Tag des Jüngsten Gerichts und an Gottes gerechte Bestimmung aller Dinge.

Die dritte und höchste Stufe des Glaubens im Islam heißt auf Arabisch *iḥsān*. Das bedeutet, der Gläubige verehrt Gott so, als würde er ihn immer sehen. Denn selbst wenn er ihn nicht sieht, Gott sieht ihn. Erreicht ein Muslim die Stufe des *iḥsān*, wird er Gott sehr nahe kommen. Eine solche Nähe ermöglicht es ihm dann, unmittelbar von Gott Wissen zu erlangen.

GOTTES EIGENSCHAFTEN

Der Ruf des Rufenden

Und wenn dich meine Diener nach mir fragen, siehe, ich bin nahe; ich will antworten dem Ruf des Rufenden, so er mich ruft. Doch sollen sie auch auf mich hören und sollen an mich glauben; vielleicht wandeln sie recht. (Sure 2,186)

Von Dr. Tuba Isik

Der Koran ist eine göttliche Rede und eine direkte Ansprache an den Propheten Mohammed. Und als Offenbarungsempfänger ist Mohammed das Sprachrohr Gottes. Der Koran stellt folglich keinen göttlichen Monolog dar. Vielmehr spricht Gott in einen ganz bestimmten Raum und in einer ganz bestimmten Weise zu seinem Gesandten und dessen Umfeld.

Bei jeder Koranlektüre ist daher zu fragen, was zum Zeitpunkt einer Offenbarung um Mohammed herum geschah, was Gott Mohammed und dessen Zuhörern sagen wollte. Kurz gesagt: Es gibt konkrete Anlässe für Offenbarungen, und diesen Anlässen muss man zum Verständnis vieler Koranverse nachspüren.

Die historische Kontextualisierung ist in der islamischen Wissenschaftstradition seit dem Jahr 850 eine etablierte und bis heute übliche Praxis bei der Auslegung des Korans. So ist auch der eingangs zitierte Vers erst einmal historisch zu kontextualisieren.

Aus den Biografien des Propheten beispielsweise wissen wir, dass der Vers die Antwort auf die Frage eines Beduinen ist.

Dieser Mann kam zu Mohammed und fragte ihn: »Ist der Herr uns nah oder fern? Wenn er uns fern ist, so sollten wir ihn schreiend anrufen, doch wenn er uns nah ist, sollten wir ihn flüsternd anrufen.«

Auf diese Frage hin bekam Mohammed den Vers offenbart. Gott macht darin einerseits deutlich, dass er dem Menschen immer nahe ist. Vers 16 der Sure 50 präzisiert diese Nähe mit einem Bild. Dort sagt Gott: »Wir erschufen den Menschen, und wir wissen, was ihm seine Seele einflüstert, denn wir sind ihm näher als die Halsader.«

Das Nahesein, um das es hier geht, ist nicht im Sinne einer konkreten Entfernung oder eines konkreten Ortes zu verstehen. Vielmehr ist mit Nahesein gemeint, dass Gott die Sorgen und Bedürfnisse seiner Geschöpfe kennt. Da Gott außerhalb von Raum und Zeit ewig und allgegenwärtig ist, reichen die menschlichen Kategorien von Nähe und Entfernung nicht aus, um das Gemeinte zu beschreiben.

»Ich will antworten dem Ruf des Rufenden, so er mich ruft«, heißt es in dem Koranvers. Der Gläubige soll seinen Herrn anbeten, egal ob durch Herz oder Geist, ob gemurmelt oder weinend ausgerufen. Gott möchte, dass der Mensch ausspricht, was ihn umtreibt. Er initiiert dadurch sozusagen einen selbstreflexiven Prozess. Das Aussprechen führt dazu, dass man seine Gedanken besser sammeln, ordnen, ja, sie sich besser bewusst machen kann.

Gott verspricht, dass er den Ruf, das Gebet und die Bitte des Gläubigen hört. Diese Zusicherung beschreibt die unmittelbare Beziehung zwischen Gott und Mensch. Es bedarf im Islam keiner Mittlerpersonen, nicht der Fürsprache eines Propheten oder Heiligen. Niemand muss die Bitte eines anderen an Gott herantragen oder sich bei ihm für einen Gläubigen einsetzen. Nein. Gott sagt dem Menschen: Wende dich unmittelbar an mich – ich werde dich hören.

Über die Sünde

Und wer eine Missetat tut oder wider sich sündigt und dann Gott um Verzeihung bittet, wird Gott verzeihend und barmherzig finden. (Sure 4,110)

Von Dr. Tuba Isik

Dieser Koranvers bündelt eine zentrale Botschaft, die Gott an vielen Stellen des Korans immer wieder betont, nämlich: Dem Menschen steht, ganz gleich, wie viel Schlechtes er getan hat, immer ein Weg zur Umkehr offen, und er hat Gottes Versprechen, dass dieser ihn mit Barmherzigkeit aufnimmt.

Denn Gott kennt seine Geschöpfe. Er weiß um ihre Verfehlungen und ihre Schwächen, beispielsweise Neid oder Habgier anheimzufallen oder anderen Menschen durch Worte und Taten zu schaden, sie gar zu töten, Intrigen zu schmieden und zu lügen. Deshalb erinnert er den Menschen daran, dass dieser nach Phasen der Dunkelheit Gott immer wieder aufsuchen soll: nach Fehlern, schlechten Handlungen, Abwegen, Sünden und der Abwendung von Gott.

Gott weiß, dass der Mensch fähig ist, das eigene Handeln zu reflektieren, Fehler erkennen und aus seinen Fehlern lernen kann. Er weiß, dass Fehler zum menschlichen Dasein dazugehören und Lernprozesse in Gang setzen können.

So wendet sich Gott in seiner Güte, Liebe und Gnade seinem Diener und Geschöpf zu. Er verspricht dem Menschen, ihm seine bösen Taten und Sünden zu vergeben, wenn er bereut. Damit signalisiert Gott dem Menschen, dass dieser die Hoffnung niemals aufgeben soll und er jederzeit die Möglichkeit hat, zu Gott zurückzukehren.

Die Formulierung »wider sich sündigen« schließt viele Verhaltensweisen ein. Dabei kann es sich zum Beispiel um ein Verhalten gegen den eigenen Körper handeln. Denn der Körper ist ein dem Menschen von Gott anvertrautes Gut, auf das der Mensch achten soll. Hierzu gehört sowohl, sich gesund und bewusst zu ernähren und Sport zu treiben, als auch schädliche Dinge wie Drogen, Alkohol oder Nikotin zu vermeiden.

Alles Schlechte, was man denkt, Unrecht, das man anderen antut, ist ebenfalls eine Tat gegen das eigene Selbst. So steht eine schlechte Tat, also eine Tatsünde, zwischen dem Gläubigen und Gott wie ein dünner Schleier, der ihn von Gott trennt.

Die Sünde berührt Gott in keiner Weise, denn er ist nicht auf das Wohlverhalten der Menschen angewiesen. Die Sünde trennt den Sünder von Gott und schadet damit nur ihm selbst. Denn zu sündigen bedeutet oft, sich bewusst von Gott abzuwenden.

Allerdings versichert Gott den Gläubigen eben auch, sie aufzunehmen und ihnen zu vergeben, wenn sie diesen Schmerz der Trennung ganz tief in ihrem Herzen verspüren und sich in aufrichtiger Reue wieder an ihn wenden.

Abwendung von einer schlechten Tat und Reue setzen Einsicht voraus, nur dann kann Reue echt sein und nicht ein bloßes Lippenbekenntnis. Einer der 99 schönsten Namen Gottes, die sich im Koran finden, lautet al-Tauwāb. al-Tauwāb bedeutet: »derjenige, der die Reue seiner Diener annimmt«. Gott vergibt also jedem Menschen, der sich ihm reumütig zuwendet.

Gott ist nah

Und er ist mit euch, wo ihr auch seid. (Sure 57,4)

Von Prof. Dr. Milad Karimi

Ist Gott ein Wesen der Ferne? Gott ist der Name unzähliger Dinge: Manche von diesen Dingen haben sich verloren, und andere wurden nie gefunden. Diese sind gedichtet, andere postuliert, und wiederum andere Mensch geworden, geboren und gestorben. Was sagt also Gott aus?

Seiner einfachen Bestimmung nach ist Gott transzendent, also der Sinnlichkeit und überhaupt jeder Erfahrung entzogen, nicht von der Welt. Somit scheint auch kein Vergleich und keine Relation das benennen zu können, was Gott ist. Selbst die Frage, was und wie Gott ist, verfehlt die Sache.

Wenn im Koran die Rede von Gott ist, dann ist diese Rede eigentümlich. Wie kann es Gott geben? Und wenn es ihn gibt, dann müsste er doch unsagbar sein. Doch der Koran fließt von Bestimmungen und Aussagen über Gott über. Die schönsten Namen sind ihm eigen. Er wendet sich explizit dem Menschen zu, teilt ihm mit, dass er ihm Gehör schenkt, ihn trägt und tröstet. Mehr noch, »ihn ergreift weder Schlummer noch Schlaf«, wie es im Koran heißt. Seine Gegenwart ergreift vielmehr die gesamte Schöpfung. Denn vor seinem Antlitz kann keine Grenze bestehen, er überschreitet und durchdringt alles; damit ist er keineswegs ein Wesen der Ferne, sondern näher als nahe.

Wie einmal der islamische Theologe Ahmad al-Ghazzālī aus dem 11./12. Jahrhundert feststellte, ist derjenige dem Geheimnis des Ganzen nahe, der in allem die Gegenwart Gottes erblickt, vielleicht in der Bildenden Kunst, vielleicht in der Gestalt der Blumen des Gartens, vielleicht in einer Synagoge oder bei der Betrachtung einer Ikone Mariens, vielleicht im Antlitz einer geliebten Frau, eines geliebten Mannes oder eines schlafenden Kindes, »denn es gibt im Sein nichts als ihn!«. Sich danach zu sehnen, in einem und allem Gott zu erblicken, dürfte die höchste Bestimmung des Islams als einer Religion der Hingabe sein.

Doch Gott ist nicht bloß da; die Weise seines Daseins ist ein Mitsein: »Und er ist mit euch, wo ihr auch seid.« So kommentiert der große islamische Mystiker Maulana Rumi aus dem 13. Jahrhundert diesen Vers des Korans mit den Worten:

Wenn wir einschlafen, sind wir trunken von ihm.
Und wenn wir erwachen, sind wir in den Händen von ihm.
Wenn wir weinen, sind wir seine Regenwolke,
Und wenn wir lachen, so sind wir seine Blitze.
Wenn wir wütend sind und streiten, sind wir ein Bild seiner Gewalt.
Versöhnen wir uns und vergeben wir, dann sind wir ein Bild seiner Barmherzigkeit.
Wer sind wir in dieser schwierigen Welt?

Selbst dann, wenn uns Schmerz und Leid ergreifen, wenn Ungerechtigkeit geschieht und alles Gute sich zu verflüchtigen droht, ist Gott nahe. Vielleicht ist es gerade das, was am meisten schmerzt: Seine Nähe im Angesicht des Bösen. Wenn alles eine Prüfung sein soll, wer könnte sie bestehen?

Der zitierte Vers lautet: »Und er ist mit euch, wo ihr auch seid.« Wo sind wir denn in dieser schwierigen Welt? Ist es nicht bereits die Hölle, in der wir sind, wenn in seinem Namen unschuldige Menschen enthauptet werden? Doch es ist unzureichend, sich seinen Namen auf die Stirn zu binden, anstatt ihn im Herzen zu tragen, also in Verantwortung vor ihm zu handeln. Vielleicht ist es Zeit, nicht mehr die schützende Hand über Gott zu halten, sondern sich von ihm beschützen zu lassen.

Auch dann, wenn wir den klagenden Blick von ihm abwenden und selbst für das geradestehen, was um uns geschieht, wenn wir selbst Verantwortung übernehmen, da er uns in Freiheit entlassen hat, so ist er mit uns.

Der Lichtvers

Gott ist das Licht der Himmel und der Erde. Das Gleichnis von seinem Lichte: Das Licht ist wie eine Nische, in der eine Leuchte. Die Leuchte ist in einem Glas. Das Glas gleicht einem Stern, einem funkelnden. Angezündet von einem Baum, einem gesegneten. Einem Ölbaum, nicht östlich, nicht westlich, dessen Öl leuchtet beinahe, ohne dass es berührt hätte das Feuer. Licht über Licht. Gott leitet zu seinem Licht, wen er will.

(Sure 24,35)

Von Prof. em. Dr. Stefan Wild

Viele Suren sind klar strukturiert. Andere, besonders die längeren, wurden offensichtlich zusammengesetzt, ohne dass man genau sagen kann, warum verschiedene Themen zu einer Sure verschmolzen sind. Die Sure 24 ist ein solcher Fall. Sie beginnt mit ausführlichen Geboten und Verboten über Heirat, Sklaverei, Ehebruch, Kastration und Prostitution.

Ohne Vorwarnung erscheint dann ein Vers, der formal und inhaltlich vollkommen Neues bringt: der »Lichtvers« – ein dunkler, atemloser Vers. Er beginnt mit: »Gott ist das Licht der Himmel und der Erde.« Diese göttliche Selbstaussage scheint dem koranischen Satz zu widersprechen: »Nichts ist Gott gleich« (Sure 42,11).

Islamische Theologen hatten oft davor gewarnt, Gott menschliche Attribute beizulegen. Dies wurde ein zentraler Streitpunkt der islamischen Frühzeit. Wenn Gott Licht ist und »wie eine Nische, in der eine Leuchte« steht, hatte man dann nicht bereits Gott unzulässig mit irdischen Kategorien beschrieben? War das alles noch Vergleich oder Metapher? Oder musste man den Vers, »ohne nach dem ›Wie‹« zu fragen, also erklärungslos, hinnehmen?

Das koranische Lichtgleichnis führt von einem ungelösten Rätsel zum anderen: Die Leuchte ist in einem Glas wie ein funkelnder Stern, angezündet von einem gesegneten Olivenbaum, weder östlich noch westlich ... Der Koran entwirft hier Elemente einer Lichtmystik, welche die Aussage des Nizänischen Glaubensbekenntnisses »Gott von Gott, Licht vom Lichte« bei Weitem übertrifft.

Gelehrte und Fromme schrieben dicke Bücher über diesen Vers. Manche lehrten, dass mit der »Nische« der Prophet Mohammed gemeint sei, da er in Sure 33,46 eine »leuchtende Lampe« genannt wird.

Andere sahen im Lichtvers, insbesondere im Satz »Licht über Licht«, einen Hinweis auf das sogenannte »Licht Mohammeds«. Gott soll dieses noch vor den Menschen erschaffen und alle Propheten damit erleuchtet haben. In Mohammed schließlich hat sich dieses Licht dann der Vorstellung zufolge manifestiert.

Spätere Mystiker entwarfen ganze »Licht- und Illuminationsphilosophien«. Hier tat sich besonders die schiitische Richtung hervor: Für sie bedeutete etwa die Aussage, der Ölbaum sei weder westlich noch östlich, dass die Religion Abrahams weder jüdisch noch christlich, sondern eben muslimisch sei.

Man übertreibt nicht, wenn man in diesem Vers eine wesentliche Wurzel der islamischen Mystik sieht. Osmanische Prachtmoscheen in Istanbul verewigen in ihren lichtdurchfluteten Fenstern bis heute kalligraphisch diesen Vers.

Dankbarkeit und Gottes Gedenken

So gedenkt meiner, damit (auch) ich euer gedenke, und seid mir dankbar und nicht undankbar!

(Sure 2,152)

Von Dr. Mohammed Rustom

Eine Aussage, die vielen frühen Korankommentatoren zugeschrieben wird, besagt: »Gott gedenkt, wer immer seiner gedenkt, erhöht, wer immer ihm dankbar ist, und bestraft, wer auch immer nicht an ihn glaubt.«

Einigen Koraninterpretationen zufolge gedenkt man Gottes, indem man ihn preist oder ihm Gehorsam erweist. Im Gegenzug gedenkt Gott jemandes durch Vergebung.

Ein verbreitetes Mittel, um diesen Vers zu verstehen, ist der Hinweis auf einen berühmten *»hadīth qudsī«* – einen sogenannten heiligen Hadith, eine Aussage Gottes, die der Prophet Mohammed zwar zitiert hat, die aber nicht Eingang in den Koran gefunden hat.

Dieser besagte *»hadīth qudsī«* lautet:

Gott, der Erhabene, sagt: »Ich bin, wie mein Diener es von mir annimmt. Und ich bin mit ihm, wenn er meiner gedenkt. Gedenkt er meiner in seinem Inneren, gedenke ich seiner in meinem Inneren. Gedenkt er meiner in einer Gruppe, gedenke ich seiner in einer besseren Gruppe. Nähert er sich mir um eine Handbreit, nähere ich mich ihm um eine Elle.

Nähert er sich mir um eine Elle, nähere ich mich ihm um einen Klafter. Kommt er mir gehend entgegen, komme ich ihm laufend entgegen.«

Einige Korankommentatoren meinen, obwohl der eingangs zitierte Koranvers anzudeuten scheint, dass Gott seines Dieners erst gedenken wird, wenn dieser seiner gedenkt, ist es in Wahrheit so, dass der Diener überhaupt erst kraft Gottes Gedenkens die Fähigkeit hat, Gottes allererst zu gedenken. Wenn er Gottes dann aber gedenkt, wird dieser sich auf noch speziellere Weise an ihn erinnern, als er es allgemein mit seinen Kreaturen tut.

In der Sprache der spirituellen Alchemie wird das Gedenken Gottes als Elixier beschrieben. Es verwandelt das Basismetall der Seele am Ende in reines Gold. Wird ein Elixier auf Kupfer angewandt, gestaltet es das Kupfer mit der Zeit in reines Gold um. Eine ähnliche Wirkung wird erzielt, wenn sich Gottes Name in der Seele seines Dieners durch den Akt des Gedenkens fest verwurzelt. Der göttliche Name wirkt wie ein Elixier für die Seele und wandelt sie nach und nach von einer dunklen, trüben Substanz in eine reine, leuchtende und unveränderliche Substanz um.

Der Koranvers 2,152 kann sich auch darauf beziehen, dass sich kraft Gottes Gedenkens der Menschen Frieden entfaltet. Eine entsprechende Auslegung besagt: »Es gibt Menschen, deren Herzen Frieden gefunden haben, weil sie Gottes gedenken. Und es gibt Menschen, deren Herzen Frieden gefunden haben, weil Gott ihrer gedenkt.«

Auch der Versabschnitt »und seid mir dankbar« steht im Kontext des Gedenkens Gottes. Jemand, der sich der Gnaden seines Wohltäters vergewissert, wird ihm nämlich mit höherer Wahrscheinlichkeit für diese Gnaden dankbar sein. Und indem man Gott dankbar ist, nährt man eine positive seelische und geistige Haltung zu all den Segnungen, die einem gewährt wurden – selbst wenn sie im Alltag oft unbewusst bleiben wie die einfache Tatsache des Atmens.

Die geistige Tugend der Dankbarkeit gegenüber Gott ist so essenziell, dass viele Koranexegeten sie als eine der bestimmenden Eigenschaften des Islams hervorgehoben haben. Sie verbanden sogar den Begriff für »Unglaube«, der am Ende dieses Verses im arabischen Original benutzt wird, etymologisch mit der Vorstellung, Gott undankbar zu sein, beziehungsweise mit der »Undankbarkeit« gegenüber Gott.

Der obige Beitrag basiert auf einer Überarbeitung meiner Ausführungen in: *The Study Quran: A New Translation and Commentary*, herausgegeben von Seyyed Hossein Nasr, Caner Dagli, Maria Dakake, Joseph Lumbard und Mohammed Rustom, New York: HarperOne 2015.

Das Problem der Prädestination und des freien Willens

Und wir haben keinen Gesandten (zu irgendeinem Volk) geschickt, außer (mit einer Verkündigung) in der Sprache seines Volkes, damit er ihnen Klarheit gibt. Gott führt nun irre, wen er will, und leitet recht, wen er will. Er ist der Mächtige und Weise.

(Sure 14,4)

Von Prof. em. Dr. Kees Versteegh

Der Vers legt dar, dass sich niemand auf Wissenslücken in Bezug auf die Gebote Gottes berufen kann: Jeder Gesandte brachte die Botschaft Gottes in der Sprache seines eigenen Volkes. Somit hatten alle die Chance, die Worte zu hören und zu verstehen. Mose unterwies die Juden in Hebräisch, der Prophet Saleh, der lange vor dem Aufkommen des Islams zu den Thamud auf der Arabischen Halbinsel gesandt worden war, sprach Thamudisch, und Mohammed sprach Arabisch, um den Mekkanern die Botschaft Gottes zu erklären.

Üblicherweise reagierten die Völker mit Skepsis und Gespött auf die Gesandten. Die Mekkaner bildeten dabei keine Ausnahme. Auch sie machten sich über Mohammed lustig und wiesen seine Botschaften zunächst zurück.

Darüber hinaus geht der Vers auf einen der kompliziertesten Aspekte im Koran ein: das Verhältnis zwischen Gottes Allmacht und dem freien Willen des Menschen. Eines der zentralen Motive im Koran besagt, dass Gott gerecht sei, angemessene Urteile bei der Bestrafung von Missetätern vollziehe und Gläubige belohne. Seine Urteile können aber nur dann als gerecht bezeichnet werden, wenn ein Mensch für seine Taten voll verantwortlich ist.

Nun betont der Koran aber zugleich Gottes Allmacht und erklärt, dass Gott entscheide, wer ihm gehorchen und wer ihm nicht gehorchen werde. Zudem unterstreichen viele Koranverse, dass das Schicksal eines Menschen vorherbestimmt sei: Gott kenne jeden Gedanken eines Menschen, bevor er entstehe, und jede Tat, bevor sie ausgeführt werde. Er bestimme, wer ins Paradies eingehe und wer in der Hölle bestraft werde.

Es ist nicht einfach, beide Botschaften zusammenzuführen. Durch die Geschichte des Islams hindurch bemühten sich Theologen, diese vermeintlichen Widersprüche aufzulösen.

Rationalistische Theologen nahmen Gottes Gerechtigkeit zum Ausgangspunkt für ihre Argumentation. Sie verfochten die Meinung, Menschen müssten einen freien Willen haben, andernfalls könne Gottes Urteil niemals als gerecht bezeichnet werden. Gott befähige die Menschen zwar zum Handeln, aber sie selbst müssten zwischen Gut und Böse auswählen. Da Gott gerecht sei, sei es undenkbar, dass er sie für etwas bestrafe, das sie nicht selbst gewählt hätten.

Eher traditionalistische Theologen stellten Gottes Macht ins Zentrum ihres Glaubens. Sie legten dar, Gott sei der Schöpfer aller Dinge, inklusive jedes individuellen menschlichen Handelns, egal ob gut oder böse. Trotzdem behaupteten die Menschen, all ihr Handeln entspringe ihrem eigenen Tun. Durch diese Behauptung eigneten sie sich das Handeln an. Und deshalb seien die Menschen auch verantwortlich für ihr Verhalten und verdienten es, entsprechend belohnt oder bestraft zu werden.

Einfache Gläubige haben sich damals wenig um solche theologischen Feinheiten gekümmert und tun es heute ebenso wenig. Sie glauben, dass Gott barmherzig, gerecht und allmächtig zugleich ist und dass all ihre Taten und Gedanken auf Gottes Gnade beruhten. Zudem wissen sie um ihre Pflicht, die Regeln des göttlichen Rechts zu befolgen, und um ihre Verantwortlichkeit für ihr Tun.

Wenn Muslime über die Zukunft sprechen, gebrauchen viele von ihnen im Alltag den Ausspruch: *in schā'a llāh* (zu Deutsch: »so Gott will«). Das verdeutlicht, wie sehr sie spüren, dass ihr Leben in Gottes Hand ist. Zu keinem Zeitpunkt der Geschichte ist es der rationalen Theologie gelungen, diesen tief verwurzelten Glauben zu erschüttern.

Das Universum in Gottes Schemel

Sein Schemel reicht weit über die Himmel und die Erde.

(Sure 2,255)

Von Prof. Behnam Sadeghi, Ph. D.

Mit Schemel ist hier das gemeint, was ein König vor seinen Thron stellte, um seine Füße darauf ruhen zu lassen. Wenn man sagt, das Universum sei in Gottes Schemel enthalten, illustriert das Gottes Größe im Vergleich zum Menschen und zur Welt.

Vormoderne Koranexegeten stimmten darin überein, dass der Vers Gott glorifiziere. Bei der Frage, ob der Schemel oder – weiter gefasst – der gesamte Thron tatsächlich existiert oder ob es sich um eine Metapher handelt, vertraten sie indes unterschiedliche Auffassungen. Die Interpretationen lassen sich in ein Spektrum einordnen, das von der rein metaphorischen bis zur rein buchstabengetreuen und gegenständlichen Auslegung reicht.

Auf der einen Seite des Spektrums stehen einige frühe Vertreter der sogenannten *ahl al-hadīth* – zu Deutsch: »Anhänger der prophetischen Tradition«. Sie überlieferten Berichte, die besagen: Als Gott auf dem Thron saß, »blieb davon so viel Platz übrig, wie vier Finger einnehmen«, und »es gab ein Knirschen ähnlich dem eines neuen Kamelsattels unter der Last eines Reiters«. Indem solche Überlieferungen Dimensionen und Geräusche beschreiben, implizieren sie, dass Gott in einem physikalischen Sinn auf einem Thron sitzt.

Eine solche Auffassung dürfte allerdings nur eine Minderheit unter den »Anhängern der prophetischen Tradition« vertreten haben. Für die meisten hat Gott keinen Körper und sitzt nicht auf einem Thron, wie ein Mensch es tun würde. Die Mehrheit ging zwar auch davon aus, dass Gott prinzipiell auf einem Thron sitzt, sie lehnte es aber ab, darüber zu spekulieren, wie oder in welchem Sinn er das tut.

Auf der anderen Seite des Spektrums steht die metaphorische Auslegung einer Gruppe, die Mu'taziliten genannt wurde. Die Mu'taziliten interpretierten Verse, die Gott menschenähnlich (anthropomorph) beschreiben, stets metaphorisch. Sie glaubten, dass koranische Aussagen wie: Gott habe Hände, befinde sich an einem Ort oder bewege sich von einem Ort zum anderen, im übertragenen Sinn verstanden werden müssen. Sie verneinten also, dass es einen Thron beziehungsweise einen Schemel gibt. Für sie steht der Schemel für Gottes Würde, Wissen oder Herrschaft, nicht für einen echten Gegenstand.

Das Aufeinanderprallen gegensätzlicher Ansichten führt oft zum Entstehen von Zwischenpositionen, die jeweils Elemente beider Seiten kombinieren. So kamen zwei neue Gruppierungen auf, genannt Ascharíten und Maturiditen. Sie interpretierten den Begriff »Thron« wortwörtlich, Gottes Sitzen jedoch metaphorisch. Sie glaubten zwar wie die Anhänger der prophetischen Tradition *(ahl al-ḥadīth)*, dass es tatsächlich einen Thron und einen Schemel gibt. Aber wie die Mu'taziliten glaubten sie nicht, dass Gott wirklich auf dem Thron sitzt, denn Gott ist weder physisch, noch nimmt er Raum ein.

Was mag die ascharitischen und die maturiditischen Theologen zu dieser Annahme bewogen haben? Ihr Prinzip bestand darin, die wortwörtliche Bedeutung so lange zu akzeptieren, bis diese mit dem menschlichen Wissen kollidiert.

Die Existenz eines kosmischen Throns und Schemels widersprach vor tausend Jahren nicht dem menschlichen Wissen. Schließlich konnte die Existenz durch Beobachtung weder widerlegt noch gestützt werden. Folglich konnte man die wortwörtliche Bedeutung akzeptieren.

Aber die Idee, dass Gott auf einem Thron sitzt, verletzte nach Auffassung dieser Theologen das durch menschliche Vernunft gewonnene Wissen: Denn ein ewiges Wesen kann nicht physischer Natur sein. Um ihre These vom ewigen Wesen zu belegen, nutzten sie philosophisches Denken, das griechischen Vorstellungen der Antike ähnelt.

Es hat sehr verschiedene Ansätze zur Interpretation des Korans gegeben. Aber eines haben alle gemein: Sie gründen auf früheren Vermutungen über die Sprache, die Welt und über Gott. Denn letztlich ist es schlicht unmöglich, einen Text zu interpretieren, ohne dabei Vermutungen zu tätigen.

ÜBER DEN PROPHETEN MOHAMMED

Von der Waise zum Propheten

Fand er dich nicht als Waise und nahm dich auf? Und fand dich umherirrend und leitete dich? Und fand dich arm und machte dich reich?

(Sure 93,6-8)

Von Prof. em. Dr. Andrew Rippin

Traditionell wird die Entstehungszeit dieser Verse einer frühen Phase der Prophetenschaft Mohammeds zugeordnet. Die meisten gehen davon aus, dass die Verse an Mohammed persönlich gerichtet waren. So wird der Koran jedenfalls üblicherweise interpretiert, wenn er die zweite Person Singular verwendet – also, »du«, »dir« oder »dich«. Um solche Passagen auszulegen, greift man auf jene Geschichten zurück, die in Mohammeds Biografie Eingang gefunden haben. Diese Biografie wird *Sīra* genannt und wurde vom Autor Ibn Ishāq im 8. Jahrhundert aufgeschrieben.

Danach starben der Vater, bevor Mohammed geboren wurde, und seine Mutter, als er gerade fünf Jahre alt war. Die Waise wurde zunächst dem Großvater väterlicherseits übergeben. Als dieser starb, kam Mohammed in die Obhut seines Onkels Abū Tālib, den Bruder seines Vaters.

Geläufig ist auch, dass Mohammed als Säugling mit einer Amme in der Wüste gelebt hat. Damals herrschte eine Hungersnot in Mekka. Doch wie durch ein Wunder hatte die Amme genügend Milch, um das Kind zu stillen.

Einer anderen Geschichte zufolge hütete Mohammed mit seinem Milchbruder Schafe. Als dieser einschlief, streifte Mohammed umher. Da begegneten ihm zwei Männer. Sie öffneten seine Brust und wuschen sein Herz mit reinem Schnee – ein Akt göttlicher Reinigung.

Der Koran wird vor dem Hintergrund solcher Erzählungen verstanden. Hier übermittelt er demnach die Botschaft: Für Mohammed ist stets gesorgt gewesen. Er hat immer genug zu essen und zu trinken gehabt und wurde schon früh von Gott geleitet. Das versetzte ihn in die Lage, im späteren Leben seine vorherbestimmte Rolle als Prophet einzunehmen.

Die Verbindung des Korantexts mit der Biografie Mohammeds ist zentral für muslimische Interpretationsansätze. Man darf daraus nur nicht den Schluss ziehen, der gesamte Koran werde in seiner Bedeutung durch den historischen Kontext beschränkt. Es ist immer wichtig zu wissen, wann sich der Koran auf bestimmte Situationen bezieht und wann er allgemeine Aussagen trifft. Das gilt zwar vor allem für Koranstellen, in denen es um religionsrechtliche Belange geht. Prinzipiell findet diese Differenzierung aber überall Anwendung.

Nicht alle Muslime wollen die Verse 6-8 der Sure 93 auf Mohammed beschränken. Es gibt Interpretationen, wonach sie sich an jeden einzelnen Gläubigen richten. Die Botschaft lautet dann: In unserer Beziehung zu Gott sind wir alle »Waisen«. Wir alle bedürfen der Rechtleitung, die uns vom Pfad des Irrtums wegführt.

Zeitgenössische Fachgelehrte verstehen die Verse noch einmal anders. Sie stellen sie häufig in den religiösen Gesamtkontext der Spätantike im Mittelmeerraum. Dazu wird zunächst die Verbindung zu Vers 3 derselben Sure gezogen: »Dein Herr hat dich nicht verlassen und nicht gehasst.« Auch dieser Vers wird traditionell so verstanden, dass er direkt an Mohammed gerichtet war; anscheinend hatte er sich Sorgen gemacht, weil

Gott ihm längere Zeit keine neue Offenbarung mehr hat zuteilwerden lassen.

Die Wissenschaftler weisen nun darauf hin, dass diese Verse auch eine Reaktion auf das biblische Motiv der Klage über einen scheinbar abwesenden Gott sein könnten – beziehungsweise ein Echo dieses Klagemotivs. In der Bibel ruft David laut Psalm 22,1: »Mein Gott, mein Gott, warum hast du mich verlassen? Ich weine; aber meine Hilfe ist fern.« Und auch Jesus ruft vom Kreuz herab: »Mein Gott, mein Gott, warum hast du mich verlassen?«

Der Koran, so wird nun angenommen, antwortet auf diese biblischen Auszüge mit seiner eigenen Erklärung der Eigenschaften Gottes. Solche wissenschaftliche Lesarten können dem Korantext neue Bedeutungsebenen hinzufügen. Aus dieser Sicht ist der Koran keine Ableitung der Bibel, steht aber im aktiven religiösen Austausch mit ihr. Auch das könnte aus diesen Versen deutlich werden.

War der Prophet Mohammed ungerecht zu einem Blinden?

Er runzelte die Stirn und wandte sich ab, dass ein blinder Mann zu ihm kam.

(Sure 80,1-2)

Von Prof. Dr. Michael Cook

Diese Verse wurden nach Auffassung der Exegeten zu einer Zeit offenbart, als sich der Prophet Mohammed noch in Mekka aufgehalten hat, das heißt also vor seiner Auswanderung nach Medina, wo er schließlich auch zu einem Staatsgründer wurde.

Der Überlieferung zufolge sprach Mohammed gerade mit einem wohlhabenden und einflussreichen Mekkaner, den er für den Islam zu gewinnen hoffte. Da wurde er von einem gewissen Ibn Umm Maktūm gestört. Der kam zum Propheten, weil er irgendetwas von ihm wollte. Der Mann war blind und weder von hohem sozialen noch politischen Rang. Mohammed, irritiert ob der Unterbrechung, wies den Mann schroff ab.

Gott missfiel dieses Verhalten, und so offenbarte er die beiden Verse, um seinen Propheten zu tadeln. Mohammed akzeptierte den Tadel, und fortan grüßte er Ibn Umm Maktūm als »die Person, um derentwillen mein Herr mich getadelt hat«.

Das alles klingt einleuchtend. Doch die Verse bergen einige Probleme.

Das erste Problem ist ein philologisches. Die Verse werden durch eine untypische Wortwahl miteinander verbunden: Im Arabischen steht die Konjunktion *an* – zu Deutsch: »dass« mit zwei »s«. Viele Exegeten übersetzen *an* jedoch mit »weil«. Also: »Er runzelte die Stirn und wandte sich ab, WEIL ein blinder Mann zu ihm kam.« Aber wenn Gott »weil« gemeint hat, warum sagt er es dann nicht?

Mindestens einer der frühen Koranrezitatoren las anstatt *an* – *a-an*, was sich grammatikalisch zu dem ähnlichen Wort *ān* verkürzen ließe. Das zusätzliche »a« vor dem *an* hat die Funktion eines Fragezeichens. Das würde es ermöglichen, den Vers in etwa so zu lesen: »Er runzelte die Stirn und wandte sich ab. [Aber warum tat er das?] War es, weil der blinde Mann zu ihm gekommen war?«

Ein zweites Problem mit den beiden Versen betrifft die islamische Lehre. Wenn Mohammed etwas tut, was Gott tadelt, könnte man denken, der Prophet habe sich moralisch falsch verhalten. Mit dem Voranschreiten der Jahrhunderte aber setzte sich unter den Muslimen mehr und mehr die Doktrin durch, Gott habe die Propheten davor bewahrt, eine Sünde zu begehen.

Wenn der Prophet somit nichts falsch machen konnte, wie konnte er den blinden Mann so schroff abweisen? Eine Antwort darauf lautete: Man akzeptiert, dass der Prophet die Stirn gerunzelt und sich abgewandt hat, lehnt es aber ab, dies als Sünde zu betrachten. Im Gegenteil. Die Irritation des Propheten war demnach gerechtfertigt: Die Blindheit des Mannes hinderte ihn nicht daran wahrzunehmen, dass der Prophet in ein Gespräch vertieft gewesen ist. Der Mann hätte also trotz seiner Behinderung wissen können, dass man den Propheten nicht unterbricht.

In diesem Sinne hätte Mohammed nicht gesündigt. Der Kern des Tadels bestünde dann darin, dass Mohammeds Verhalten – obwohl an sich gerechtfertigt – zu einem falschen Eindruck geführt habe, nämlich dass Reiche den Armen vorzuziehen seien. Deshalb solle Mohammed künftig vorsichtiger sein, um Fehlinterpretationen solcher Vorfälle zu vermeiden.

Eine noch radikalere Reaktion auf dieses dogmatische Problem findet sich unter schiitischen Exegeten. Hier wird der Umstand genutzt, dass der Koran nur selten Personen, die zur Zeit Mohammeds gelebt haben, bei ihrem Namen nennt. So beginnen die hier erläuterten Verse der Sure entsprechend abrupt mit den Worten: »ER runzelte die Stirn.« Woher weiß man aber, dass mit dem Pronomen »er« der Prophet Mohammed gemeint ist? Besagten schiitischen Exegeten zufolge bezieht sich das »er« schlicht auf jemand anderen, womit der Eindruck umgangen wird, Gott habe seinen Propheten getadelt.

Streit um Mohammeds Hochzeit mit der Exfrau seines Sohnes

Und siehe! Als du demjenigen, dem Gott und du Gnade erwiesen hattet, damals sagtest: »Behalte deine Frau bei dir und fürchte Gott! und du in deiner Seele jedes Mal geheim hieltest, was Gott unausweichlich enthüllen würde, und du die Menschen dabei ständig fürchtetest – dabei steht es doch Gott zu, dass du ihn fürchtest.«

(Sure 33,37)

Von Dr. Ayşe Başol

Die 33. Sure im Koran heißt »Die Gruppen«. Sie besteht aus 73 Versen und wurde passagenweise ungefähr im fünften Jahr nach der Auswanderung des Propheten Mohammed von Mekka nach Medina offenbart.

Die Sure enthält zwei Hauptthemen: erstens Reflexionen über den »Grabenkrieg«, wie eine berühmte Schlacht um Medina im Jahr 627 genannt wird, und zweitens Neuordnungen der Beziehung von Mohammed zu seiner Familie und seiner Gemeinschaft.

Um eine dieser Neuordnungen geht es in dem eingangs zitierten Beginn von Vers 37. Dieser stellt den Anfang einer längeren Passage von mehreren zusammenhängenden Versen dar und wird unter muslimischen wie unter nichtmuslimischen Gelehrten seit Jahrhunderten kontrovers diskutiert.

Die frühislamische Quellenliteratur besagt, dass Mohammed im Haus seines Ziehsohns Zaid gewesen und dort dessen Ehefrau Zainab begegnet sei. Zainab war zugleich Schwiegertochter und Cousine Mohammeds. In einem Moment dieser

Begegnung soll Mohammed Gefallen an Zainab gefunden haben.

Als Zaid davon erfuhr, wollte er sich von seiner Frau trennen. Wie aus dem Vers hervorgeht, versuchte Mohammed jedoch, diese Trennung zu verhindern – aber vergeblich, wie der weitere Verlauf von Vers 37 deutlich macht:

> Folglich dann, nachdem Zaid sich von ihr getrennt hatte, haben wir sie mit dir verheiratet, damit auf den Gläubigen künftig keine Bedrängnis mehr liegt, die Gattinnen der Nennsöhne zu ehelichen, wenn diese die Ehe mit ihnen beendet haben. Was Gott befohlen hat, ist bereits vollzogen.

Die Eheschließung fand offenkundig keinen Zuspruch innerhalb der Gemeinschaft Mohammeds. Im Gegenteil. Es wurde ihm vorgeworfen, die Exfrau seines Sohnes geheiratet zu haben. Das Problematische an dieser Eheschließung war vermutlich Folgendes: Zaid war nicht der leibliche Sohn Mohammeds. Er galt jedoch als solcher, weil Mohammed ihn vor geraumer Zeit zum Sohn ernannt hatte. Damals unterschied man nicht zwischen leiblichen und angenommenen Söhnen. Eine Ehe mit deren geschiedenen Frauen kam für ehemalige Schwiegerväter nicht infrage.

Wir können also davon ausgehen, dass zwischen der Furcht des Propheten vor den Menschen, die in dem Vers zum Ausdruck kommt, und seinem Gefühl der Bedrängnis ein direkter Zusammenhang besteht. Daraus lässt sich schlussfolgern, dass diese Ehe aus der Perspektive der Zeitgenossen nicht nur als Tabubruch gewertet wurde, sondern sich zunehmend zu einem Unruhefaktor entwickelt hatte.

So scheint der Koran nach der Hochzeit von Mohammed und Zainab auch auf diese Kritik zu reagieren. Er macht aus dieser Eheschließung einen Präzedenzfall, und fortan war es Schwiegervätern erlaubt, die geschiedenen Frauen ihrer Nennsöhne zu heiraten.

Die Bürden des Propheten

Keine Enge lastet auf dem Propheten Mohammed in dem, was Gott ihm zur Pflicht gemacht hat. Das entspricht dem Vorgehen Gottes bezüglich derer, die zuvor dahingegangen sind. (...) Mohammed ist nicht der Vater von einem eurer Männer, sondern er ist der Gesandte Gottes und der Bestätiger der Propheten.

(Sure 33,38-40)

Von Dr. Ayşe Başol

Dies ist der Auszug aus einer Passage in Sure 33. Sie umfasst die Verse 38-40. Die Passage spricht zuerst von einer Pflicht, die Mohammed auferlegt wurde. Dann stellt sie Mohammeds Position innerhalb seiner Gemeinschaft sicher und hebt ihn gleichzeitig als ihren Propheten hervor.

Zwei Botschaften in diesen Versen sind zentral. Die erste lautet: Gott legte Propheten schon immer Lasten auf, die sie zu tragen hatten, ohne dies zu hinterfragen. So ist das auch mit Mohammed. Die zweite Botschaft lautet: Mohammed ist für euch nicht der Vater von irgendjemandem, sondern der Prophet.

Propheten sind nach islamischem Glauben von Gott auserwählte Menschen. Der wichtigste göttliche Auftrag war, den Glauben an einen einzigen Gott, an die Auferstehung und an das Jüngste Gericht innerhalb ihrer Gemeinschaft wiederherzustellen. So war das auch mit Mohammed.

Diese Aufgabe war eine große Herausforderung für ihn. Sie erforderte – angesichts der vielen Widerstände in seiner Umgebung – viel Geduld und Durchhaltevermögen.

Gleichzeitig war Mohammed aber auch ein Mensch, der mitten im Leben stand. Er hatte eine Großfamilie. Das heißt, er hatte mehrere Frauen, Kinder, Enkel und Bedienstete im Haushalt. Auch das scheint ihn, wie aus den Versen hervorgeht, mitunter belastet zu haben.

Der Koran nimmt Mohammed nun vor seiner Gemeinschaft in Schutz. Aber was war geschehen, damit das passierte? Die frühislamischen Quellen besagen, dass Mohammed unterstellt worden sei, die Frau seines Sohnes geheiratet zu haben. Tatsächlich handelte es sich aber um die Frau seines Adoptivsohnes Zaid, der sich von ihr getrennt hatte. Die Offenbarung reagierte auf dieses Ereignis. Der unmittelbar vorhergehende Vers 37 erlaubt es früheren Schwiegervätern, Frauen zu heiraten, die sich von deren Adoptivsöhnen getrennt haben. Wie es scheint, führte das jedoch zu keiner zufriedenstellenden Lösung innerhalb der muslimischen Gemeinschaft.

Mohammeds Gefährten berichten, dass den Propheten keine Offenbarung härter getroffen habe als diese. Im Detail lässt sich das Ereignis der Eheschließung nicht nacherzählen. Der Koran enthält nur Andeutungen. Wir können aber davon ausgehen, dass die Adressaten der Offenbarung die Zusammenhänge damals besser erkennen konnten als wir heute.

Auch die frühislamischen Berichte lassen Fragen offen. Sie sind lückenhaft und enthalten nur bestimmte Informationen. Zu berücksichtigen ist ferner, dass zwischen der Offenbarung der Passage und den ersten schriftlichen Zeugnissen darüber eine Lücke von mehr als 120 Jahren besteht. Das nahmen manche Menschen als günstige Gelegenheit wahr, um ihren Fantasien freien Lauf zu lassen. Und so entstanden mannigfaltige Interpretationen.

Bei einer wissenschaftlichen Auswertung dieser Koranstelle und der späteren historischen Texte dazu lässt sich nur sagen: Es handelt sich um eine innere Familienangelegenheit, die aufgrund der gesellschaftlichen Bedeutung der Beteiligten alleine nicht gelöst werden konnte.

Die Vorbildfunktion des Propheten

Tatsache ist, ihr habt im Gesandten Gottes ein schönes Beispiel für den, der auf Gott und das Jenseits hoffte und viel an Gott dachte.

(Sure 33,21)

Von Dr. Ayşe Başol

Dieser Vers ist ein Auszug aus einer längeren Koranpassage. Er spricht die Gemeinschaft Mohammeds an und preist den Propheten für dessen Verhalten während des sogenannten Grabenkrieges im Jahr 627.

Die frühen Quellen der Geschichtsschreibung berichten uns folgenden Hintergrund: Mohammeds Feinde vom Stamm der Quraisch aus Mekka waren mit ihren Bündnispartnern nach Medina in den Krieg gegen ihn gezogen. Als Mohammed von dem Unternehmen und der Überzahl seiner Gegner erfuhr, ließ er einen Graben um die Stadt ausheben. Aus diesem Grund wurde die Stadt belagert. Die Belagerung soll länger als zehn Tage, nach anderen Angaben bis zu einem Monat gedauert haben. Bis auf einige Zweikämpfe und Bogenschießereien kam es zu keinen Kriegshandlungen. Den Quraisch gelang es nicht, den Graben zu überwinden. Zudem sollen Interessenkonflikte zwischen ihnen und ihren Bündnispartnern sowie schlechte Wetterverhältnisse dazu geführt haben, dass sie schließlich die Belagerung abbrachen und zurückkehrten.

Das Lob, das Mohammed im eingangs zitierten Vers ausgesprochen wird, steht zunächst in diesem spezifischen Kontext.

Für Mohammed und seine Gemeinschaft muss die Belagerung eine außerordentlich große Herausforderung gewesen sein. Aus den Versen der gesamten Koranpassage geht hervor, dass der Zusammenhalt der Glaubenden aus verschiedenen Gründen gefährdet gewesen sei. Die zentralen Gründe scheinen die Überzahl der Quraisch sowie Mohammeds Entscheidung für eine defensive Kriegsstrategie gewesen zu sein. Einige seiner Anhänger suchten daher nach Möglichkeiten, ihre Stellungen, ja sogar die Stadt Medina zu verlassen. Andere sprachen offen über das nicht eingelöste Versprechen eines sicheren Sieges und einer ertragreichen Beute.

Die Koranpassage ist im Grunde eine Kritik an Mohammeds Gemeinschaft. Sie richtet sich vor allem an jene, die sich in einer Zeit der Bedrohung dem Propheten gegenüber illoyal verhalten haben. Der eingangs zitierte Vers hebt deshalb Mohammeds Vorbildfunktion hervor und würdigt jene, die während dieser Tage treu an seiner Seite gestanden und unabhängig von ihrem persönlichen Schicksal auf Gott und auf Mohammed vertraut haben.

In zahlreichen Versen im Koran wird Mohammed gelobt. Dieser Vers ist allerdings überaus bedeutsam. Mohammeds Vorbildlichkeit hat sich über den ursprünglichen Kontext hinaus zu einem alle Lebensbereiche umfassenden und im islamischen Glauben fest verankerten Richtwert entwickelt.

Mohammeds Bedeutung für das Leben der Muslime ist deutlich größer als seine Aufgabe, Diener und Gesandter Gottes zu sein. Als solcher erfüllte er den Auftrag, Botschaften an die Menschen in Mekka heranzutragen. Zugleich aber begann er dadurch, die Menschen, die sich um ihn scharten, zu formen. So entstand eine neue Gemeinschaft. Sie entfaltete eine Überlebenskraft, welche bis heute anhält.

Mohammed war (und ist) so bedeutsam, weil er beispielhaft den Willen Gottes auf Erden verkörperte. Wissen zu wollen, wie er gelebt hat, und wissen zu wollen, was er gesagt beziehungsweise empfohlen hat, gibt seit jeher für viele Muslime den besten Zugang zu Gott vor.

Dieses Wissenwollen bezieht sich – vom Politischen bis ins Private – auf alle möglichen Lebensbereiche Mohammeds. An seinen Worten und seiner Praxis meinen Muslime, eine Orientierung zu finden, die ihr diesseitiges und jenseitiges Leben schützen kann. Und so versuchen sie, ihr Leben an seinem Vorbild auszurichten.

DIE PROPHETEN

Abraham und der Bau der Kaaba

Abraham und Ismael legten den Grundstein des Heiligen Hauses und beteten: »Unser Herr, nimm es von uns an! Du bist der Allhörende, der Allwissende.«

(Sure 2,127)

Von Prof. Dr. Mustansir Mir

Dieser Vers ist Teil der islamischen Darstellung Abrahams und befasst sich mit dem Bau der Kaaba in Mekka – lange Zeit vor dem Islam. Die Kaaba sollte als Ort für einen monotheistischen Kult und als Pilgerstätte dienen. Bei dem Bau wurde Abraham von seinem Sohn Ismael unterstützt.

Während der Grundsteinlegung sprachen beide ein Gebet. Dieses wird in den Versen 128 und 129 weiter ausgeführt. Abraham und Ismael erbitten fünf Dinge: Gott möge die Errichtung der Kaaba als Akt der Ergebenheit annehmen. Er möge aus ihnen Muslime machen, sprich, dem einen Gott ergebene Menschen. Er möge aus ihren Nachkommen eine Gemeinde von Muslimen entstehen lassen. Er möge sie die Riten der Pilgerfahrt lehren, und er möge aus ihrer Mitte einen Gesandten erwählen, der seine Verse vorträgt, der sie die heilige Schrift lehrt, der sie Weisheit lehrt und der sie reinigt.

Die Koranstelle vereinnahmt die für Juden und Christen so wichtige Figur Abraham auch für den Islam. Dazu werden er und Ismael zunächst als »Muslime« bezeichnet – wörtlich als »Gottergebene«. Damit wird nahegelegt, dass es falsch sei, Abraham in einem konfessionellen Sinn nur mit Judentum oder Christentum zu assoziieren. Das korrespondiert mit Koranvers 3,67, der explizit sagt: »Abraham war weder Jude noch Christ. Er war vielmehr ein Gott ergebener *hanīf* [ein Gottsucher] und kein Heide.«

Indem Abraham als Erbauer der Kaaba präsentiert wird, wird der Kaaba ein gewisser Vorrang vor dem Tempel in Jerusalem zugeschrieben. Als Mohammed und seine Anhänger anfänglich in Mekka das Gebet verrichteten, taten sie das mit Blick gen Jerusalem gerichtet. Auch nach der Auswanderung nach Medina 622 behielten sie dies zunächst so bei. Erst zwei Jahre später forderte eine Offenbarung, dass die Kaaba in Mekka die neue Gebetsrichtung vorgeben solle. Wenn die Kaaba nun älter als der Tempel in Jerusalem ist, ist die Änderung genau genommen eine Rückkehr zur ursprünglichen Gebetsrichtung. Das wiederum korrespondiert mit Sure 3,96, wo es unter Verwendung von Mekkas altem Namen, nämlich Bakka, heißt: »Das erste Gotteshaus, das den Menschen aufgestellt worden ist, ist dasjenige in Bakka, (aufgestellt) zum Segen und zur Rechtleitung für die Menschen in aller Welt.«

Die hier erläuterte Koranstelle besagt noch etwas: Mohammed wurde als Antwort auf das Gebet Abrahams von Gott gesandt, um die Menschen auf der Arabischen Halbinsel rechtzuleiten.

Das Gebet, das Abraham und Ismael verrichteten, ist gewissermaßen ein Modellgebet. Die Koranstelle lehrt die Etikette einer demütigen Anrede Gottes. Dazu wird die Ansprache »Unser Herr« – auf Arabisch: *rabbana* – viermal wiederholt.

Das Gebet enthält zudem Hinweise auf entsprechende Eigenschaften Gottes: Er wird ersucht, das Flehen zu erhören, weil er der »Allhörende, der Allwissende« ist; er wird um Vergebung und Gnade gebeten, weil er der »Allvergebende, der Barmherzige« ist, wie es in Vers 128 heißt. Und er wird darum gebeten, einen Propheten zu den Menschen zu schicken, weil er laut Vers 129 der »Allmächtige, der Allweise« ist.

Diese Eigenschaft »allmächtig« umfasst, dass Gott durch Offenbarungen Gesetze und Regelungen herabsendet, um seine Verfügungen auf Erden umzusetzen. Und da er nicht nur allmächtig, sondern zugleich allweise ist, sind seine Gesetze und Regelungen auch voll Weisheit.

Abraham und die Zweifel an der Auferstehung

Und gedenke, als Abraham sagte: »Mein Herr, lass mich sehen, wie du die Toten wieder zum Leben bringst.« Er sprach: »Glaubst du denn nicht?« Er sagte: »Doch! Aber ich frage, um mein Herz zu beruhigen.«

(Sure 2,260)

Von Prof. Dr. Maha El-Kaisy Friemuth

Der Erzähler dieser Verse verweist auf eine interessante Szene. Abraham bittet Gott, ihm zu zeigen, wie er Tote wieder zum Leben erweckt. Gott antwortet ihm darauf mit einer Gegenfrage: »Glaubst du denn nicht?«

Wir treffen hier auf ein schwieriges Thema im Koran, das nur im Glauben zu erfassen ist. Mit rationalen Argumenten ist leibhaftige Auferstehung kaum zu erklären. An die Auferstehung als Wunsch des Weiterlebens zu glauben, ist möglich, nicht aber der tatsächliche Nachweis.

Für den Propheten Mohammed zählte die Auferstehung zu den Streitfragen bei seiner Mission in Arabien. Anders als bei den alten Ägyptern, in deren Religion das Weiterleben nach dem Tod eine zentrale Rolle spielte, hatte sich die Idee von einem Leben nach dem Tod im arabischen Kernland nicht entwickelt. Ganz im Gegenteil; hier war man realistisch und fand die Vorstellung unglaubwürdig, dass sich um tote Knochen lebendiges Fleisch legen würde.

Der Koran spiegelt diese Diskussion an mehreren Stellen wider – etwa in Sure 36,78-79: »›Wer kann die Gebeine beleben, wenn sie morsch geworden sind?‹ Sprich: ›Er, der sie das erste Mal erschuf – er wird sie beleben; denn er kennt jegliche Schöpfung.‹« Die Vorstellung von Gott als Neuschöpfer ist ein wichtiges Element im Koran und tritt dort im Zusammenhang mit den häufigen, sehr lebhaft beschriebenen Vorstellungen von Hölle und Paradies auf.

In den Versen vor Abrahams Frage nach der Auferstehung wird die Geschichte eines Mannes erzählt, der ein Leben nach dem Tod bezweifelt und es für unmöglich hält. Damit er am eigenen Leib erfahren kann, was Auferstehung ist, lässt Gott ihn sterben und erweckt ihn nach einhundert Jahren wieder zum Leben. Dieses Beispiel zeigt, dass es an dieser Stelle nicht um Abrahams persönlichen Zweifel an der Auferstehung geht, sondern um die Gläubigen an sich, die mit diesem Thema ihre Schwierigkeiten haben.

Ein zweites Thema in diesem Vers ist die Auseinandersetzung damit, ob Abraham tatsächlich als Zweifler anzusehen ist, wie es Gottes Gegenfrage: »Glaubst du denn nicht?« nahelegen könnte. Der scheinbare Konflikt besteht darin, dass Propheten – also auch Abraham – keine Sünden begehen, und das heißt eben auch, nicht an Gott und seinen Fähigkeiten zweifeln. Den Glauben zu stärken und Gottes Allmacht zu verkünden, ist der Kern prophetischer Weisheit und Vernunft.

In Wirklichkeit aber sehen wir am Beispiel von Abrahams Frage nach der Auferstehung etwas ganz anderes, nämlich dies, dass der Koran auch Zweifel am Glauben thematisiert. Er tut es auch an anderer Stelle, etwa in Sure 7,143 im Hinblick auf Moses Wunsch, Gott sehen zu wollen: »›Mein Herr, zeige Dich mir, auf dass ich Dich schauen mag.‹ Er sprach: ›Du wirst mich nicht sehen.‹«

Anzunehmen, dass jemand vollkommenen Glauben hat und keine Fragen stellt, ist naiv. Das zeigt hier der Koran, indem er zweifelnde Fragen nicht nur zulässt, sondern sie vielmehr direkt stellt. Er verlegt sie in die Stimmen großer Propheten wie Abraham und Mose; nicht um diese als glaubensschwach dastehen zu lassen, sondern umgekehrt: Ihre höchste prophetische Autorität wird in Anspruch genommen, um zu zeigen, dass Fragen und Zweifel durchaus legitim sind.

Gott setzt sich mit dem, was die Gläubigen bewegt, auseinander und gibt anschauliche Beispiele. Und so wird klar: Was schon ein Prophet sich fragte, das darf und soll auch ein Gläubiger tun, denn ein Wachsen im Glauben geht nicht ohne Zweifel und Fragen. Die Propheten selbst sind dafür das beste Beispiel.

Die Josefsgeschichte

Der König sagte: »Bringt mir Josef, damit ich ihn für mich persönlich ausersehen kann.« Als er ihn dann gesprochen hatte, sprach er: »Siehe, ab heute bist du bei uns hoch angesehen und vertrauenswürdig.« Josef sagte: »So setze mich an die Spitze der Vorratshäuser des Landes! Siehe, ich bin achtsam und wissend.«

(Sure 12,54-55)

Von Prof. Dr. Johanna Pink

Die Verse entstammen der längsten erzählenden Passage des Korans, der zwölften Sure, die sich der Figur des Josef aus dem Alten Testament widmet und seinen Namen trägt.

Sie hat große Ähnlichkeit mit der biblischen Geschichte des Josef, aber identisch ist sie nicht. Manches führt sie aus, was im Alten Testament nicht enthalten ist, und anderes fehlt. Teile der Geschichte fasst die Sure lediglich knapp zusammen, offenbar in der Annahme, dass den Zuhörern die Erzählung bekannt ist.

So verhält es sich auch mit der Begegnung zwischen dem Pharao, der hier als König Ägyptens vorgestellt wird, und Josef. Am Ende wird Josef zum Regenten Ägyptens ernannt. Die Sure liefert keine Details, und das eröffnet den Zuhörern und Exegeten viel Spielraum für Ausschmückungen und Auslegungen.

So schreibt die Überlieferung Ibn Abbās, einem Cousin des Propheten, eine ausführliche Schilderung des Ereignisses zu. Demnach legt der Pharao Josef nach biblischem Vorbild eine Goldkette um den Hals und bekleidet ihn mit einem Ehrengewand. Der Wagen, den Josef im Alten Testament besteigt, wird bei Ibn Abbās durch ein gesatteltes Pferd ersetzt. Das kam wohl der Vorstellungswelt seiner Zuhörer auf der Arabischen Halbinsel eher entgegen, ebenso wie der arabische Name, mit dem viele Überlieferungen den ägyptischen König versehen.

Fundamentalistische Exegeten weisen solche im Koran nicht genannten Details als überflüssige Spekulationen zurück. Sie lehnen sie auch wegen ihres jüdischen oder christlichen Ursprungs als unzuverlässig ab. Dafür diskutieren sie eingehend die Frage, wie ein Prophet – denn als solchen stufen die Muslime Josef ein – sich eigentlich darauf einlassen könne, für einen heidnischen Herrn zu arbeiten, ja, ihm dies sogar anzubieten. Das scheint aus ihrer Sicht nur dadurch erklärlich, dass Josef das Amt als Chance gesehen habe, den wahren Glauben zu verbreiten oder zumindest Gerechtigkeit walten zu lassen und den Armen zu helfen.

Warum aber machte der Pharao Josef dieses Angebot überhaupt? Die Geschichte lässt sich so lesen, wie es die Bibel andeutet, nämlich dass der Herrscher die enge Beziehung Josefs zu Gott erkannt hat und ihm deswegen eine so hohe Stellung verleiht.

Sie lässt sich aber auch so verstehen, dass es Josefs Tugenden, sein Wissen, seine Vertrauenswürdigkeit und seine Güte sind, die die denkbar höchste Belohnung erhalten – schließlich weist Josef selber darauf hin, achtsam und wissend zu sein. Es wären also keine prophetischen, sondern menschliche Eigenschaften, die Josef zu seinem Amt verhelfen. Solche Eigenschaften aber sind grundsätzlich für alle Menschen erreichbar, und damit kann die Geschichte auch erzieherisch genutzt werden.

Zum Beispiel betont der Korankommentar des indonesischen Religionsministeriums Josefs Loyalität zum Herrscher, die von diesem belohnt werde; die Figur des Josef wird damit als Rollenvorbild für einen treuen Staatsdiener interpretiert.

Überhaupt nutzen moderne Korankommentatoren die Verse gern, um den Wert des Dienstes an der Nation zu unterstreichen: Wer dessen fähig sei, der dürfe nicht nur, sondern der müsse sogar seine Dienste von sich aus anbieten, so wie es Josef getan habe. Er hätte ja auch einfach Geld oder andere persönliche Vorteile fordern können; stattdessen habe sich Josef aber zur Verfügung gestellt, um die Hungernden mit Nahrung zu versorgen. Daran, so sind sich die meisten heutigen Exegeten einig, sollten sich die Muslime ein Beispiel nehmen.

Jesus und seine Geburt. Teil 1

Und gedenke im Buch der Maria:
Da sie vor ihren Leuten sich an einen Ort im Osten zurückzog und sich vor ihnen abschirmte.
Da sandten wir unseren Geist zu ihr. Der trat als Mensch, wohlgestaltet, vor sie hin.
Sie sprach: »Siehe, ich suche meine Zuflucht vor dir bei dem Erbarmer, sofern du gottesfürchtig bist.«
Er sprach: »Ich bin der Gesandte deines Herrn, um dir einen lauteren Knaben zu schenken!«
Sie sprach: »Wie soll ich einen Knaben bekommen, da mich noch kein Mann berührt hat und ich auch keine Dirne bin?«
Er sprach: »So spricht dein Herr: Das ist für mich ein Leichtes.«

(Sure 19,16-21)

Von Prof. i. R. Dr. Hartmut Bobzin

So wie im gesamten Koran nur relativ wenige Personen namentlich erwähnt werden, nehmen Frauen darunter einen besonders geringen Anteil ein. Von insgesamt zehn Frauen wird nur eine einzige bei ihrem Namen genannt – und das ist Maria.

Die Mutter Jesu genießt nicht nur in vielen christlichen Ländern eine besondere Verehrung, sondern auch in Ländern, in denen der Islam die dominierende Religion ist. Dort bringen auch muslimische Mütter ihre kleinen Kinder zu Marienheiligtümern, um sie dort segnen zu lassen: eine eindrucksvolle Demonstration eines friedlichen Miteinanders zwischen – wie ich es selber in Ägypten erlebt habe – koptischen Christen und Muslimen.

Anders gesagt: Marienverehrung – das ist ganz und gar nicht allein eine Angelegenheit der Christen. Und ein Blick in den Koran bringt da Erstaunliches zutage. Denn Jesus, der im Islam als der letzte Prophet vor dem Auftreten von Mohammed gilt, wird mehrfach als der »Sohn der Maria« bezeichnet – insgesamt 22-mal. Das ist insofern ungewöhnlich und in besonderer Weise bemerkenswert, als Männern üblicherweise der Vatersname hinzugefügt wird. Also zum Beispiel: »Muhammad Ibn Abdallāh«, das heißt: »Mohammed, der Sohn des Abdallah«. Dementsprechend müsste Jesus, der von Muslimen gemäß dem Koran Īsā genannt wird, folgendermaßen tituliert werden: »Jesus, der Sohn des Joseph«, auf Arabisch also: »Īsā – Ibn Jūsuf«.

In unserer Koranpassage heißt es nun, Maria habe sich »an einen Ort im Osten« zurückgezogen. Wo man sich diesen Ort geographisch genau vorzustellen hat, wird nicht gesagt. Für die Erzählung ist von Bedeutung, dass es die Himmelsrichtung des Tagesanbruchs ist – also dass etwas Neues anbricht. Und es wird gesagt, dass Maria allein sein will, dass sie jedenfalls vor allem nichts mit ihrer Verwandtschaft zu tun haben will – oder noch drastischer ausgedrückt: nichts mit ihrem Klüngel.

Dann geschieht etwas Überraschendes. Ein Mensch, wohlgestaltet, tritt vor sie hin. Von einem »Engel« – wie im Neuen Testament – ist interessanterweise nicht die Rede. Maria ist so erschrocken, dass sie Gott als ihren Beschützer anruft. Ohne Umschweife gibt sich daraufhin der »Geist«, wie es im Koran wörtlich heißt, als »Gesandter Gottes« zu erkennen und verkündet Maria die Geburt eines »lauteren« beziehungsweise eines »reinen Knaben«. Worin diese »Reinheit« besteht, wird nicht gesagt. Der Auslegung ist hier Tür und Tor geöffnet.

Die Antwort Marias auf die Ankündigung dieses Gottesboten könnte nüchterner nicht sein: »Wie soll das möglich sein, da ich doch gar nicht mit einem Mann in Berührung gekommen bin?« Umso überraschender ist auch die Antwort des Boten. Er sagt: »Nichts leichter als das!«

Die Geburt Jesu ist also, so muss man die knappe Ausdrucksweise deuten, kein »Wunder«, sondern ein ganz normaler Vorgang. Jesus, der »Sohn der Maria«, ist Mensch – nicht mehr und nicht weniger.

Jesus und seine Geburt. Teil 2

Sie wurde mit ihm schwanger und zog sich zurück mit ihm an einen weit entfernten Ort.
Da überkamen sie am Stamm der Palme Wehen. Sie sprach: »Weh mir! Ach wäre ich doch vorher schon gestorben und ganz und gar vergessen!«
Da rief es ihr von unterhalb der Palme zu: »Bekümmere dich nicht! Dein Herr hat unter dir ein Bächlein fließen lassen. Rüttle den Stamm der Palme – hin zu dir, damit sie frische Früchte auf dich fallen lasse! Dann iss und trink, und sei guten Mutes! Wenn du dann irgendeinen Menschen siehst, so sprich: ›Siehe, ich habe dem Erbarmer ein Fasten gelobt; daher kann ich heute zu keinem Menschen sprechen.‹«
Dann kam sie, mit ihm, ihn tragend, zu den Ihren.
Sie sprachen: »Maria, da hast du etwas Unerhörtes getan! Schwester Aarons, dein Vater war doch kein unzüchtiger Mann und deine Mutter keine Dirne.«
Da deutete sie auf ihn.
Sie sprachen: »Wie sollen wir zu einem sprechen, der noch ein Kind ist in der Wiege?«

Er sprach: »Ich bin der Knecht Gottes! Er gab mir das Buch und machte mich zum Propheten.«

(Sure 19,22-30)

Von Prof. i. R. Dr. Hartmut Bobzin

Die Koranpassage beschreibt, was geschah, nachdem Maria die Geburt ihres Sohns Jesu angekündigt worden war.

Als ich zu Weihnachten 1977 von einem palästinensischen Freund, einem Muslim, eine Weihnachtskarte bekam, auf der eine Palme mit Maria und dem Jesuskind zu sehen war, wunderte ich mich – hatte ich mich bis dahin doch kaum mit dem Koran beschäftigt.

Später wurde es mir klar: Die Weihnachtskarte zeigte die muslimische Version, nach der sich Maria – auf Arabisch heißt sie: Maryam – vor den Ihren – also ihrer Sippe – weit nach Osten zurückgezogen hatte. Am Stamm einer Palme überkommen sie Wehen. Verzweifelt wünscht sie sich den Tod, so verlassen fühlt sie sich.

Da hört sie eine Stimme. Und hier ist der Korantext nicht eindeutig. Die heute oft vertretene Deutung meint, dass es die Stimme des Jesuskindes ist. Das erscheint mir aber nicht zwingend. Denn die daraufhin folgende Aufforderung kann eigentlich nur von Gott kommen: Maria soll nämlich an diesem Tag, wenn sie einen Menschen sieht, sagen, sie faste und könne daher nicht sprechen.

Als sie schließlich mit dem neugeborenen Kind zu den Ihren zurückkehrt, muss sie sich Vorwürfe anhören. Sie schweigt und deutet nur auf das neugeborene Jesuskind. Die Angehörigen sind erstaunt. Und nun geschieht das Wunder: Das Kind in der Wiege spricht.

So enthält die muslimische Weihnachtsbotschaft bereits einerseits die Ankündigung des »Buches«, also einer »heiligen

Schrift«, und anderseits die Berufung des Kindes Jesus zum Propheten, wie der Satz »Ich bin der Knecht Gottes« erkennen lässt.

Das Wunderbare dieses Geschehens wird durch die geradezu feierlichen Schlussverse 31-33 der Sure 19 unterstrichen:

> Er verlieh mir Segen, wo immer ich auch war, und trug mir das Gebet auf und die Armensteuer, solange ich am Leben bin. Und Ehrerbietung gegen meine Mutter. Er machte mich zu keinem elenden Gewaltmenschen. Und Friede über mir am Tag, da ich geboren wurde, am Tag, an dem ich sterben werde, und an dem Tag, da ich erweckt zum Leben auferweckt werde!

So ist die muslimische Weihnachtsbotschaft ein klares Wort über die menschliche Natur Jesu, über seine wundersame Empfängnis durch den »Geist Gottes« und die nicht minder wundersame Gabe des Kindes, schon in der Wiege reden zu können.

Jesus und sein Ende

> *Und weil sie sprachen: »Wir haben Christus Jesus, den Sohn Marias, den Gesandten Gottes getötet!« – Aber sie haben ihn nicht getötet und haben ihn auch nicht gekreuzigt (...), vielmehr hat Gott ihn zu sich erhoben.*
>
> (Sure 4,157-158)

Von Prof. Dr. Jacqueline Chabbi

Dieser Koranauszug gehört zu einer Sequenz, die vier Verse früher beginnt. Der Korantext antwortet auf eine Bitte der sogenannten Schriftbesitzer. Das ist die Bezeichnung für Juden und/oder Christen beziehungsweise Nazarener, wie sie im Koran der medinensischen Periode genannt werden.

Die Bitte der Schriftbesitzer bestand darin, dass sie einen nicht näher benannten Gesprächspartner aufforderten, ihnen als Zeichen der Bewährung eine neue himmlische Schrift *(kitāb)* zu bringen. Dass der Gesprächspartner nicht benannt wird, ist im Koran eine übliche Vorgehensweise. Gemeint ist der Überbringer der Offenbarung, also Mohammed.

Der Korantext reagiert auf die Bitte der Schriftbesitzer mit einer Anschuldigung. Er bezichtigt sie, den Urvertrag der Menschheit mit Gott *(mīthāq)*, den Mose in ihrem Namen geschlossen hatte, wiederholt und in betrügerischer Weise gebrochen zu haben *(naqd)*. Die angeblichen Verstöße – angefangen mit der Anbetung des »Goldenen Kalbs« – werden in den vorausgehenden Versen 153-156 aufgezählt.

Das Volk Moses wird somit als ein Volk gebrandmarkt, das permanent die Zeichen Gottes bestreitet *(al-kufr bi-l-ayāt)*. Die jüngste Leugnung bezieht sich auf ihre Behauptung, Jesus getötet zu haben – eine Darstellung, die der Koran zurückweist. Der Koran versichert, Jesus sei zu Gott emporgehoben worden.

Hintergrund dieser Verse könnte ein Dialog zwischen Mohammed im Exil in Medina und jenen Juden gewesen sein, die sich weigerten, seiner Offenbarung zu folgen. Mohammed stellte zwar seine Offenbarung in eine Reihe mit den früheren Offenbarungen, die der Koran biblischen Figuren wie Mose zuschreibt. Offensichtlich geschieht das aber ohne jede Verbindung zur jüdischen Realität der damaligen Zeit.

Man kann sich nämlich nur schwer vorstellen, dass sich die Juden von Medina in einem Austausch mit Mohammed die Kreuzigung Jesu selbst zugeschrieben hätten. Im Gegenteil. Man kann eher von einer Totalverweigerung eines solchen Dialogs ausgehen.

Das führte dann wohl dazu, dass der koranische Diskurs sozusagen zu einem Selbstgespräch wurde. Sowohl die Fragen als auch die Antworten in dieser Koranstelle werden formuliert, um den zeitgenössischen Juden ihre Verfehlungen vorzuhalten. Das Ganze scheint sich auf zwei Ebenen zu vollziehen: einmal auf der der Stammesgemeinschaft, die jeden unerlaubten Bruch des Zusammenhalts zu einem Verbrechen erklärt, und einmal auf der Ebene der koranischen Rhetorik selbst.

Jeder »Überbringer einer göttlichen Botschaft«, arabisch: *rasūl,* und jeder »Prophet«, arabisch: *nabī,* steht unter dem allumfassenden Schutz des göttlichen Verbündeten. Schließlich hat er ihnen ihren Status verliehen. Das macht es aus koranischer Sicht völlig undenkbar, ihre Tötung oder ihr Martyrium anzunehmen.

Aufgrund der eingangs zitierten Koranpassage wurde die Frage aufgeworfen, ob man eine Verbindung zu Spekulationen bestimmter frühchristlicher Strömungen ziehen könne. Im zweiten Jahrhundert behaupteten Vertreter des Doketismus oder Gnostiker wie Basilides von Alexandria, Jesus sei bei der Kreuzigung durch Simon von Cyrene ersetzt worden, den die Evangelisten Matthäus, Markus und Lukas als denjenigen erwähnen, der für Jesus das Kreuz getragen habe. Es ist aber nicht zu erkennen, auf welchen Wegen diese Vorstellung mehrere Jahrhunderte später Eingang in den Koran gefunden haben könnte.

Dem Koran genügt mithin seine eigene Logik, um in einem imaginären Dialog Mohammeds mit den Juden von Medina zu dem Schluss zu kommen: Jesus ist nicht am Kreuz gestorben.

DIE SCHÖPFUNG

Eine Schöpfung voller Gegensätze

Bei der Sonne und beim hellen Morgen
und beim Mond, wenn er ihr folgt;
beim Tag, wenn er sie erstrahlen lässt,
und bei der Nacht, wenn sie sie bedeckt;
beim Himmel und dem, was ihn erbaut hat,
und bei der Erde und dem, was sie ausgebreitet hat;
bei einer jeden Seele und dem, was sie geformt hat
und ihr Sünde und Gottesfurcht eingegeben hat!
Es gedeiht, wer sie läutert;
zuschanden wird, wer sie zugrunde richtet.

(Sure 91,1-10)

Von Dr. Nicolai Sinai

Zahlreiche frühe Koransuren werden von Schwüren eingeleitet, die häufig grundlegende kosmische Abläufe wie Tag und Nacht nennen. Die vorgetragene Passage setzt mit drei komplementären Paaren von Schwurgegenständen ein: Sonne und Mond, Tag und Nacht, Himmel und Erde. Die ersten beiden dieser Paare sind mit natürlichen und scheinbar eigenständig ablaufenden Vorgängen wie dem Anbrechen von Tag und Nacht kombiniert.

An die beiden Schwurgegenstände Himmel und Erde schließen sich hingegen indirekte Verweise auf ihren göttlichen Gestalter an: »beim Himmel und dem, was ihn erbaut hat, / und bei der Erde und dem, was sie ausgebreitet hat«. Der zunächst außerhalb des Blickfeldes befindliche göttliche Schöpfer tritt so allmählich hinter seiner Schöpfung hervor.

Danach verengt sich der Fokus der Passage auf das menschliche Subjekt und seine Fähigkeit zu »Sünde« und zu »Gottesfurcht«. Der Koranabschnitt gipfelt in einer Ankündigung jenseitiger Belohnung und Bestrafung: »Es gedeiht, wer sie« – damit ist die menschliche Seele gemeint – »läutert; / zuschanden wird, wer sie zugrunde richtet.«

Das grundlegende Thema dieser Koranverse sind binäre Gegensätze. So wie die natürliche Welt vom Kontrast zwischen Tag und Nacht geprägt ist und sich in Himmel und Erde gliedert, so ist die moralische Wirklichkeit vom Gegensatz zwischen »Sünde« und »Gottesfurcht« geprägt; und dieser moralische Gegensatz wiederum findet seine Fortsetzung im Kontrast zwischen jenseitiger Seligkeit und jenseitiger Verdammnis.

Islamischen Quellen zufolge fanden ähnliche Schwüre auch in den Aussprüchen altarabischer Wahrsager Verwendung. Auch wenn die historische Zuverlässigkeit solcher Berichte nicht unumstritten ist, ist es doch wahrscheinlich, dass sich koranische Schwurpassagen in der Tat einer bestehenden literarischen Gattung bedienen – einer Gattung, welche bereits die ersten Adressaten des Korans mit dem Anspruch auf übernatürliche Eingebung assoziiert haben dürften.

Zugleich wird diese vorgegebene Redeform auf literarisch ausgefeilte Weise in den Dienst einer neuen religiösen Botschaft gestellt: Die Welt ist das Produkt eines göttlichen Schöpfers; und sie ist in allen Bereichen durch eine zweiwertige Grundstruktur gekennzeichnet.

Der Koran erweist sich damit als ein Text, der sich Ausdrucksmittel aus seinem historischen Umfeld zu eigen macht, um diese zu Trägern seiner ureigenen theologischen Anliegen zu machen.

Dschinn – Von Gott geschaffene übernatürliche Wesen

Und die Geister (dschānn) haben wir (schon) vorher aus dem Feuer der sengenden Glut (nār al-samūm) geschaffen.

(Sure 15,27)

Von Prof. Dr. Jacqueline Chabbi

Der Vers in der Übersetzung von Rudi Paret handelt von der Erschaffung übernatürlicher Wesen: den sogenannten Dschinn (arabisch *dschānn*). Und darüber braucht niemand erstaunt zu sein. Auch der Koran konnte den verbreiteten Vorstellungen seiner Epoche kaum entgehen. Und zu diesen gehörte, dass all jene leeren, unbewohnten Orte in der arabischen Wüstenlandschaft gewissermaßen von einer unsichtbaren Präsenz erfüllt sind: den Dschinn.

Diese übernatürlichen Wesen galten als Pendant zu den Menschen. Die Menschen sind zum Überleben an die Oasen oder Wasserstellen gebunden. Den Dschinn wurde dagegen nachgesagt, dass sie in den sonnenverbrannten Weiten Arabiens leben konnten, ohne Schaden zu nehmen. Zudem hieß es, sie könnten sich, ohne einen festen Weg nutzen zu müssen, selbst in der tiefsten, mondlosen Nacht sicher fortbewegen.

Angesichts dieser Unterschiede maßen die Menschen den Dschinn Kräfte bei, die sie selbst nicht besaßen – zum Beispiel das Verborgene zu kennen (arabisch: *al-ghayb*). Damit ist das Wissen gemeint, das nur Gott besitzt und das den Menschen vorenthalten bleibt.

Wegen solcher den Dschinn zugeschriebener Fähigkeiten war es eminent wichtig für den Gott des Korans, seine Macht auch auf diese Wesen auszuweiten. Die Menschen sollten davon abgebracht werden, sich in ihrem Glauben am Ende auf sie zu berufen. Indem der Koran die Dschinn wie die Menschen als erschaffen einstuft, unterwirft er auch sie dem Schöpfer und dem Jüngsten Gericht (Sure 6,128).

Anders aber als es der Koran von den Menschen sagt, wurden die Dschinn nicht aus feuchter Erde oder formbarem Ton erschaffen. Das Wesen der Dschinn wird an das Bild geknüpft, das man sich von ihrem Lebensraum mit seiner extremen Hitze macht. So erfahren wir im eingangs zitierten Vers, dass die Dschinn aus *nār al-samūm* geschaffen wurden, wie es im arabischen Originaltext heißt.

Was bedeutet das? Lassen wir uns nicht von der Bedeutung des Wortes *nār* täuschen. Es verweist keinesfalls auf ein Feuer aus Flammen, wie es viele Koranübersetzer meinen – Rudi Paret eingeschlossen. Es verweist auf die Hitze des Samum. Das ist ein bestimmter Wüstenwind. Er weht über große Entfernungen hinweg in Arabien ebenso wie in der Sahara. Der Samum ist glühend heiß und unmöglich einzuatmen.

In einer anderen Koranpassage (Sure 55,15) heißt es, die Dschinn seien aus »Feuer ohne Rauch« erschaffen. Auch hier muss man wieder verstehen, dass es nicht um Flammen geht, sondern um die intensive Hitze, die im Hochsommer vom Boden der Wüste reflektiert wird.

Der Teufel – im Koran Iblīs genannt – geht laut Sure 38,76 davon aus, dass er aus derselben Materie wie die Dschinn geschaffen ist. Auch der Ursprung jenes übernatürlichen Rebellen, der sich weigerte, vor dem aus Erde geschaffenen Menschen niederzuknien, liegt also in der Hitze der Sonne und nicht in einer Flamme.

Anders ist das in der Bibel. Dort entstehen übernatürliche Wesen tatsächlich aus einer Flamme. Es existiert hier eine Art Grenze zu der Vorstellungswelt Arabiens mit seiner überhitzten Erde.

Im Koran ist das Göttliche nicht mit arabisch *nār* – also Feuer oder Sonne – verbunden, sondern mit Arabisch *nūr* – Licht. Der Begriff bezeichnet speziell die Klarheit des Mondscheins. An dessen kühles Licht wird im Koran all das gebunden, was dem Göttlichen entweicht, um dem Menschen nützlich zu sein.

DIE APOKALYPSE UND DAS JENSEITS

Der Untergang der Welt

Wenn der Himmel sich spaltet,
wenn die Sterne zerstreut werden,
wenn die Meere aufgerissen werden,
wenn die Gräber geleert werden –
dann erfährt eine jede Seele, was sie zuvor getan und was sie versäumt hat.

(Sure 82,1-5)

Von Dr. Nicolai Sinai

Im Mittelpunkt der frühesten Koranverkündigungen steht die Botschaft von der unausweichlichen Realität eines endzeitlichen göttlichen Gerichts. In dramatischen Szenen verkünden sie ihren Adressaten, dass die Schöpfung zu einem nicht genau benannten Zeitpunkt, der allerdings gelegentlich als »nahe« bezeichnet wird, einer umfassenden Zerstörung anheimfallen werde.

Höhepunkt dieses Vernichtungsgeschehens sind die Auferweckung der Toten, in der zitierten Koranpassage als »Leerung« der Gräber beschrieben, sowie das Jüngste Gericht, das die Menschen in die ewige Seligkeit oder Verdammnis entlässt. Auch wenn der Koran Gott immer wieder mit dem Attribut der Barmherzigkeit ausstattet, so wohnt seinem Gottesbild ähnlich dem biblischen auch der Aspekt strafender Gerechtigkeit inne.

Die Ankündigung eines endzeitlichen göttlichen Gerichts scheint viele von Mohammeds Hörern allerdings nicht sonderlich beeindruckt zu haben. Es handele sich bei ihnen nur um »Fabeln der Altvorderen«, werden Mohammeds Widersacher mehrfach im Koran zitiert – frei übersetzt: Das sei nur ein Neuaufguss altbekannter Ammenmärchen.

Eine solche Entgegnung deutet darauf hin, dass die Adressaten des Korans mit der Vorstellung einer endzeitlichen Auferstehung und eines Jüngsten Gerichtes durchaus vertraut waren. Tatsächlich weisen die koranischen Endzeitbeschreibungen zahlreiche Überschneidungen mit neutestamentlichen Aussagen auf, insbesondere mit der Offenbarung des Johannes: Auch dort ist die Rede von einer Verfinsterung der Himmelskörper und einem Herabfallen der Sterne, einem Erbeben der Erde, einer Zerstörung beziehungsweise Verrückung der Berge und einem die Auferstehung einleitenden Posaunenstoß.

Dass solche neutestamentlichen Endzeitvorstellungen auch noch im spätantiken nahöstlichen Christentum lebendig waren, belegt etwa ein syrisch-aramäischer Text, dessen Verfasser im Jahre 521 starb:

> Die Sonne verfinstert sich, der Mond wird dunkel, und die Sterne stürzen nieder. Alle Mächte der Höhe erzittern vor Gottes Herrlichkeit, alle leuchtenden Sterne verlassen ihre Bahnen, und sein Glanz allein erstrahlt über die gesamte Schöpfung.

Es ist denkbar, ja wahrscheinlich, dass Mohammeds Gegner solche christlichen Gerichtspredigten im Sinne hatten, als sie die Mahnung des Propheten mit den Worten »Fabeln der Altvorderen« schmähten. Vielleicht wurden christliche Gerichtspredigten sogar schon in arabischer Sprache gehalten.

Allerdings wäre es ein Fehler zu meinen, der Koran würde einfach wahllos in seiner Umwelt vorfindliches christliches Gedankengut reproduzieren. Konsequent vermeidet er beispielsweise die christliche Überzeugung von der Erlöserfunktion Jesu Christi sowie dessen Rolle als endzeitlicher Richter.

Die frühen Koransuren greifen also nur ganz bestimmte Aspekte des zeitgenössischen Christentums auf, während andere Vorstellungen gezielt ausgespart und später auch ausdrücklich kritisiert werden. Ein solches Vorgehen passt durchaus zur Selbstbeschreibung des Korans als einer göttlichen »Beglaubigung dessen, was vor ihm da war«.

Der Rauchvers und die Prophezeiung der Atombombe auf Hiroshima

Darum aber erwarte den Tag, an dem der Himmel sichtbaren Rauch hervorbringen wird.

(Sure 44,10)

Von Prof. em. Dr. Kees Versteegh

Dieser Vers und die folgenden Verse der Sure 44 malen ein apokalyptisches Bild der Strafe Gottes. Sie wird all jene treffen, die nicht auf seine Gesandten hören. Rauch wird sie umschließen, kochendes Wasser wird über sie geschüttet, und sie werden schmerzhafte Peinigung erfahren.

Der Rauchvers wurde in der Anfangsphase der Prophetie Mohammeds offenbart. Mohammed versuchte zu der Zeit, seine empfangenen Botschaften unter den Mekkanern zu verbreiten. Doch die stellten sich seinen Bemühungen entgegen und verfolgten seine Anhänger. Der zitierte Vers warnt die Mekkaner nun, dass auf die Ungläubigen am Tag des Jüngsten Gerichts ein schreckliches Schicksal wartet. Während der frühen mekkanischen Prophetenschaft Mohammeds wurden viele Verse offenbart, die die Aspekte im Zusammenhang mit dem Tag des Jüngsten Gerichts in grausamen Details darlegen.

Als die Verfolgungen der Mekkaner im Jahr 621 nicht mehr auszuhalten waren, entschied sich Mohammed dazu, ins nahe gelegene Medina auszuwandern. Dort hatte man ihm einen Zufluchtsort zugesichert.

Von Medina aus startete er eine Reihe von Feldzügen gegen Mekka. Daran nahmen diejenigen teil, die mit ihm ausgewandert waren, und jene Medinenser, die sich ihm angeschlossen hatten. Innerhalb weniger Jahre gelang es, die Mekkaner mehrfach zu besiegen. Dabei wurden sie in den Offenbarungen nicht nur vor Schicksalsschlägen am Tag des Jüngsten Gerichts gewarnt, sondern auch vor solchen, die sie im Diesseits treffen könnten, zu Hause oder auf dem Schlachtfeld.

Etwa um das Jahr 630 herum erklärten die Mekkaner ihre Niederlage und erlaubten Mohammed, die Stadt in großem Triumphzug wieder zu betreten. Mohammed wurde zum unangefochtenen Anführer der ganzen Gemeinschaft. Die meisten akzeptierten die neue Botschaft und konvertierten zum Islam.

In späteren Jahrhunderten vertraten die Korankommentatoren unterschiedliche Auslegungen des eingangs zitierten Verses und ähnlich lautender. Zunächst galten ihnen der Rauch sowie andere Menetekel als Hinweise auf die nahende Apokalypse. Diese eschatologische Interpretation verlor mit der Zeit aber an Bedeutung. Denn zunehmend weniger Menschen glaubten daran, dass tatsächlich das Ende der Welt bevorstehe.

Einige Korankommentatoren tendierten von da an dazu, Verse wie den eingangs zitierten im Licht der Ereignisse aus Mohammeds Leben zu betrachten. Sie meinten, der Rauch sei die Folge eines Gebets, das Mohammed gesprochen habe, um Gott darum zu bitten, die Mekkaner mit einer langen Hungersnot zu schlagen. Gott nahm sein Gebet an. Die Mekkaner wurden tatsächlich von einer Hungersnot heimgesucht, und diese machte sie so hungrig, dass ihr Sehvermögen dadurch wie von Rauch verschleiert wurde.

Eine solche Interpretation sollte den außerordentlichen Status des Propheten bestätigen: Durch seine direkte Verbindung zu Gott konnte er danach rufen, den Verlauf der Dinge zu ändern und Unheil über seine Feinde zu bringen.

Beide Interpretationen, die eschatologische und die weltliche, wurden in Korankommentaren stets nebeneinander genannt. Auch in heutiger Zeit erwähnen Prediger beide Varianten, wenn sie Gläubigen den Vers 10 aus der Sure 44 erläutern.

Manche Islamprediger halten aber auch noch eine dritte Deutung bereit. Der Koran gilt vielen Muslimen als heilige Schrift, die alle zukünftigen Ereignisse vorhersagt – von Naturkatastrophen bis zu technischen Erfindungen. Aus dieser Perspektive heißt es da, der Rauchvers habe die Explosion der Atombombe in Hiroshima prophezeit.

Einfache Gläubige halten es nicht für nötig, zwischen eschatologischen und weltlichen Interpretationen sauber zu unterscheiden. Ihnen reicht es, dass dieser Vers Angst und Schrecken vor der Macht Gottes einflößen und Muslime dazu motivieren soll, auf dem rechten Pfad zu bleiben.

Die Spaltung des Mondes

Die Stunde ist nah, und der Mond hat sich gespalten.

(Sure 54,1)

Von Prof. Dr. Marco Schöller

Dass der Koran an vielen Stellen kein Buch ist, das sich durch einfache Lektüre erschließt, ist bekannt. Es gibt aber einige viel diskutierte Passagen, deren genaue Aussage nicht nur umstritten, sondern unklar ist. Oder anders gesagt: Man kann nicht genau bestimmen, auf welches Ereignis sich ein bestimmter Vers tatsächlich bezieht.

So etwa im eingangs zitierten ersten Vers der Sure 54. »Die Stunde« bezeichnet höchstwahrscheinlich die Stunde des Jüngsten Gerichts. Demnach beschreibt die Mondspaltung ein Ereignis, welches den nahenden Gerichtstag ankündigt. Es handelt sich somit um ein Anzeichen für den Beginn der Endzeit, wie es an vielen Stellen des Korans ähnlich geschildert wird.

Tatsächlich aber gehen die muslimischen Koranausleger mehrheitlich davon aus, dass es sich bei der erwähnten Mondspaltung um ein Wunder handelt, das sich zur Zeit des Propheten zugetragen haben soll. Als die Ungläubigen ihm nämlich nicht glaubten, der wahre Gottgesandte zu sein, ließ Gott ein Wunder sichtbar werden: Über den Bergen von Mekka teilte sich der Mond in zwei Hälften, die in den Osten und den Westen wanderten, um sich anschließend wieder zu vereinen. Das wird in zahlreichen Überlieferungen von Leuten berichtet, die dieses Schauspiel gesehen haben wollen. Zugleich gilt die Mondspaltung – neben der Offenbarung des Korans selbst – als das wichtigste Wunder, welches für Muslime die Wahrhaftigkeit Mohammeds bezeugt.

Einige muslimische Koranausleger aber behaupteten stets, die in Sure 54,1 geschilderte Mondspaltung meine nicht ein historisches, also ein vergangenes Ereignis, sondern ein erst vor dem Anbruch des Jüngsten Tages stattfindendes Geschehen.

Der Kontext des Verses hilft im Übrigen nicht weiter, um die Frage zu klären, ob hier ein vergangenes oder ein künftiges Ereignis angesprochen ist. Wichtig ist das deshalb, weil hiervon abhängt, ob eines der wichtigsten Wunder, das die Prophetenschaft Mohammeds beglaubigen soll, im Koran erwähnt wird oder nicht.

Eine vergleichbare Problematik ergibt sich in Sure 59,2.

Dort wird von einer Vertreibung von »Leuten der Schrift« gesprochen – so werden im Koran vor allem Juden oder Christen genannt. Die muslimische Überlieferung setzt diese Stelle mit der Vertreibung eines jüdischen Stammes aus Medina in Beziehung, die sich zu Mohammeds Lebzeiten zugetragen haben soll.

In der Mitte des Verses heißt es jedoch, diese Vertreibung habe »zu Beginn der Zusammenscharung« stattgefunden. Das arabische Wort für »Zusammenscharung« lautet *al-haschr*. Es ist dasjenige, welches im Koran sonst stets die Versammlung der Menschen am Jüngsten Tag bezeichnet. Also auch hier kein Bezug auf ein historisches Ereignis, sondern auf ein künftiges, endzeitliches Geschehen? Der Kontext gibt erneut keine eindeutigen Hinweise.

Die große Mehrzahl der muslimischen Koranausleger bezieht diesen Vers dennoch auf das historische Ereignis – nämlich die Vertreibung eines jüdischen Stammes aus Medina. Sie erklären den Begriff »zu Beginn der Zusammenscharung« entweder damit, dass hier die Juden zum ersten Mal »zusammengeschart« wurden, oder damit, dass sich die Truppen Mohammeds damals zum ersten Mal »zusammengeschart« hätten.

Doch in diesem Fall behaupten ebenfalls einige Exegeten, das angesprochene Ereignis beziehe sich sehr wohl auf die Endzeit und habe noch gar nicht stattgefunden. Es bleibt also offen, ob die Vertreibung von Juden zu Mohammeds Lebzeiten im Koran erwähnt ist oder nicht.

Wir können das aus heutiger Sicht nicht mehr klären. Der Koran bleibt in diesen Passagen ein besonders schwer zu entschlüsselnder Text. Wenn es sich aber in beiden Fällen um endzeitliche Ereignisse handeln sollte, was nicht unwahrscheinlich ist, dann enthielte der Koran weit weniger historische Informationen, als allgemein angenommen wird.

Über die Reue der Menschen in der Hölle

Es mag wohl sein, dass diejenigen, die ungläubig sind, es dereinst gern hätten, wenn sie in ihrem Erdenleben Muslime gewesen wären.

(Sure 15,2)

Von Prof. Dr. Walid Saleh

Der Anfang von Sure 15 klingt zunächst nach einem vertrauten Koranthema: Aufsässige und Ungläubige werden irgendwann einen Tag erleben, an dem sie ihre Unnachgiebigkeit und ihre Weigerung, an Gott zu glauben, bedauern werden. An jenem Tag werden sie sich wünschen, doch gläubig gewesen zu sein und ein rechtschaffenes Leben geführt zu haben.

Die Syntax und die Formulierungen im Arabischen aber kommen bei dieser Übersetzung nicht zum Tragen. Wörtlich besagt der Vers nämlich: »Die Ungläubigen könnten sich manchmal (oder selten) wünschen, Muslime gewesen zu sein.«

Die gängige Übersetzung richtet sich nach dem *tafsīr* – also der Interpretationstradition im Islam. Danach besagt der Vers eben, dass alle Ungläubigen eines Tages, wenn sie von den Toten auferstehen, ihren Unglauben bedauern werden. Und so übersetzt auch Rudi Paret, der große deutsche Koranwissenschaftler, den Vers wie eingangs zitiert.

al-Tabarī ist einer der frühesten Korankommentatoren. Er hat den Grundstein für die traditionelle Interpretation gelegt und den Zusammenhang mit der Situation der Menschen im Jenseits hergestellt. al-Tabarī schreibt, nach der Auferstehung erfolge Gottes Urteil. Die Geretteten kämen ins Paradies, die Verdammten in die Hölle. Auch Muslime, die schwere Sünden begangen hätten, würden so wie die Ungläubigen in die Hölle geschickt.

In der Hölle, so al-Tabarī weiter, begannen die Ungläubigen alsbald, die verurteilten Gläubigen zu verspotten. Dies habe Gott missfallen. Durch seine Gnade zum Handeln bewegt, erlöste er die sündigen Muslime und errettete sie. Sodann hätten die Ungläubigen ihren Wunsch geäußert.

Wie lässt sich nun aber die grammatikalische Konstruktion des Satzes, wonach die Ungläubigen sich nur manchmal wünschen, Gläubige gewesen zu sein, mit der traditionellen Auslegung in Einklang bringen, wonach sie alle einmal zu diesem Wunsch kommen? Waren die klassischen Gelehrten unfähig, sich mit dem Vers kritisch auseinanderzusetzen?

Es gibt einen Korankommentator, der zur gleichen Zeit wie al-Tabarī gelebt hat. Sein Name ist al-Māturīdī. Er erkannte das Problem und wandte sich mit rationalen Argumenten gegen die Auslegung. Es sei sehr weit hergeholt, argumentierte al-Māturīdī, dass sich die Ungläubigen nach der Vergebung der sündigen Muslime nur manchmal danach gesehnt hätten, Monotheisten und Muslime gewesen zu sein. Man würde doch erwarten, dass sich jede vernünftige Person in diesem Moment wünsche, anders gehandelt zu haben.

al-Māturīdī führte aus, es gehe also in dem Vers vermutlich gar nicht ums Jenseits, sondern um den Zustand der Menschen im Diesseits: Darum, wie ein Nichtgläubiger sich möglicherweise manchmal flüchtig mit dem Gedanken des Glaubens und des Monotheismus trage, nur um dann wieder in den Bequemlichkeitszustand dessen zurückzukehren, woran er ohnehin schon glaube. So verharrten viele Menschen aus Angst, die Annehmlichkeiten des Lebens zu verlieren oder etwas Begehrenswertes zu versäumen, in ihrer Weigerung zu konvertieren.

Wie al-Māturīdī weiter ausführt, bezieht sich der Vers konkret auf den Zustand jener Menschen in Mohammeds Umfeld, die sich der neuen muslimischen Gemeinde nicht anschließen wollten. Somit wird hier also die Schwierigkeit thematisiert, die eigenen Angewohnheiten und Vorstellungen zu ändern. Der Vers ist eine schlichte Erinnerung daran, dass Glaube beschwerlich ist und einen gewissen Mut erfordert – einen Mut, den offenbar nur eine Minderheit aufbrachte – zumindest zu Lebzeiten des Propheten Mohammed.

EIGENSCHAFTEN UND PFLICHTEN DES MENSCHEN

Von Arroganz und Übermut

(Mein lieber Sohn), schaue nicht verächtlich auf die Menschen! Und wandle nicht auf Erden voller Übermut. Siehe, Gott liebt keinen Eingebildeten, Stolzen.

(Sure 31,18)

Von Dr. Tuba Isik

Die Sure, aus der dieser Koranvers stammt, ist betitelt mit dem männlichen Namen Luqmān. Die frühzeitlichen Korankommentatoren sind unterschiedlicher Ansicht darüber, wer Luqmān eigentlich war. Sie sind sich jedoch einig darüber, dass er weder ein Prophet noch ein Gesandter Gottes gewesen ist.

Doch betrachten wir, was der Koran selbst über ihn berichtet. Gott sagt in Vers 12 derselben Sure, dass er Luqmān Weisheit gegeben habe. Diese gibt Luqmān im weiteren Verlauf des Textes, in Ratschläge und Ermahnungen verpackt, an seinen Sohn weiter.

Der Koran ist in Dingen, die die menschliche Natur betreffen, weder an Zeit noch an Ort gebunden. Deshalb steht der Sohn womöglich stellvertretend für alle Zuhörer, die die Verse hier und jetzt oder in Zukunft lesen und hören.

Im Vers, der eingangs zitiert wurde, spricht Luqmān insgesamt drei Punkte an, die im zwischenmenschlichen Zusammenleben große Bedeutung haben, weil sie die Beziehungen maßgeblich beeinflussen.

Es beginnt mit einer Mahnung, wonach man sich nicht verächtlich von den Menschen abwenden solle. Es wird vor Stolz und Überheblichkeit gewarnt – Eigenschaften, die die Menschen voneinander entfremden. Sie tragen dazu bei, dass Menschen sich gegenüber anderen verhärten, sodass sie einander schlecht behandeln, sich gegenseitig verachten oder gar beleidigen. Für Gott sind alle Menschen gleich an Würde. Weder sozialer Status noch persönlicher Reichtum zeichnet den einen vor dem anderen aus. Beides gibt einem Menschen nicht das Recht, sich gegenüber anderen Menschen als etwas Besseres zu fühlen.

Die zweite Ermahnung lautet: »Und wandle nicht auf Erden voller Übermut.« Diesen Appell findet man im Koran sehr oft. Der Mensch soll sich seiner Geschöpflichkeit und Abhängigkeit von Gott bewusst werden und das im Alltagstrubel nicht vergessen. Der Aufruf zu mehr Demut schützt nicht nur vor Größenwahn, sondern auch vor sozialer Distanz.

Die dritte Ermahnung warnt davor, sich eingebildet zu verhalten, da Gott Menschen mit diesen Eigenschaften nicht liebt. Wir alle wissen einerseits, dass man als Mensch stets der Gefahr ausgesetzt ist, solche Regungen zu spüren und sich von Menschen abzuwenden, denen man sich überlegen fühlt. Andererseits wissen wir alle, wie schwierig es ist, mit eingebildeten Menschen zusammenzuleben und nicht dem Reflex zu folgen, einer Beziehung zu ihnen aus dem Weg zu gehen.

Die Aussage Gottes, dass auch er diejenigen nicht liebt, die vermessen handeln und hochmütig sind, ist für einen Gläubigen ein starker Anreiz, seine Gefühle, Beweggründe und sein Handeln immer wieder kritisch zu betrachten und sich ständig zu verbessern. Durch den sozialen Umgang, der sich daraus ergibt, können Menschen die göttliche Fürsorge erfahren.

Engel contra Mensch

Als dein Herr zu den Engeln sagte: »Ich will auf der Erde einen Statthalter bestellen.« Sie sagten: »Willst du auf ihr einen bestellen, der auf ihr Unheil stiftet und Blut vergießt, wo wir doch dein Lob preisen und deine Heiligkeit rühmen?« Er sagte: »Ich weiß, was ihr nicht wisst.«

(Sure 2,30)

Von Dr. Nicolai Sinai

Dieser Koranvers beschreibt eine Szene im Vorfeld der Erschaffung des ersten Menschen Adam: Gegen Gottes Absicht, auf der Erde einen »Statthalter« oder »Stellvertreter« einzusetzen, geben die Engel skeptisch das menschliche Potenzial zum Bösen zu bedenken.

Man kann das als Verweis auf eine den Menschen auszeichnende Wahlfreiheit zwischen Gut und Böse verstehen: Mit dem Rang eines »Stellvertreters« Gottes auf Erden werden gerade nicht die Engel gewürdigt, die mit unfehlbarer Zuverlässigkeit Gottes Lob singen; sondern als »Stellvertreter« Gottes wird ein Geschöpf bezeichnet, in dem die Möglichkeit angelegt ist, sich gegen den Willen seines Schöpfers aufzulehnen.

Eine ähnliche Auseinandersetzung zwischen Gott und den Engeln findet sich bereits in einer vorkoranischen jüdischen Erzählung. Sie setzt ein mit Gottes Schöpfungsankündigung aus Genesis 1,26: »Lasset uns einen Menschen machen, nach unserem Bilde und in unserer Gestalt; und er soll herrschen über die Fische im Meer und über die Vögel unter dem Himmel.« Als Entgegnung hierauf wird den Engeln ein berühmtes Zitat aus Psalm 8 in den Mund gelegt: »Was ist der Mensch, dass du seiner gedenkst?« Wie der eingangs zitierte Koranvers werden so Hoheit und Niedrigkeit des Menschen nebeneinandergestellt. Die jüdische Erzählung endet damit, dass die Engel in die Schranken gewiesen werden: Gott fordert sie auf, für die von ihm geschaffenen Dinge Namen zu finden. Die Engel sind dazu nicht imstande, doch Adam meistert die Aufgabe ohne Schwierigkeiten und findet sogar passende Namen für sich selbst und für Gott. Im Unterschied dazu ist es in der koranischen Erzählung Gott, der den frisch erschaffenen Adam die Namen aller geschaffenen Dinge lehrt und ihn so mit einem den Engeln überlegenen Wissen ausstattet.

Es ist nicht unwahrscheinlich, dass zumindest manchen Hörern Mohammeds diese jüdische Erzählung vertraut war. Umso wichtiger ist es, die abweichende Kernaussage der koranischen Version zu beachten: Sie stellt ausdrücklich klar, dass Adam sein überlegenes Wissen einzig und allein Gott verdankt. Während es der jüdischen Fassung darum geht, die in der Natur des Menschen angelegte Klugheit herauszustellen, betont der Koran das umfassende und unüberbietbare Wissen Gottes.

Daneben fällt eine weitere Differenz ins Auge. »Lasset uns einen Menschen machen, nach unserem Bilde und in unserer Gestalt«, heißt es in der Bibel. Das lässt die theologisch problematische Folgerung offen, Gott sei als ein körperliches Wesen vorzustellen, das anatomische Ähnlichkeit zum Menschen aufweist. Der Koran vermeidet die Schwierigkeit, indem die Vorstellung einer Gottesebenbildlichkeit des Menschen durch den Begriff des Statthalters ersetzt wird: »Ich will auf der Erde einen Statthalter bestellen.«

Hinter dem Wort »Statthalter« verbirgt sich übrigens der arabische Ausdruck *khalīfa,* der auch die Bedeutung »Nachfolger« haben kann. In diesem zweiten Sinne wurde das Wort zum uns vertrauten Herrschaftstitel »Kalif«, womit im klassischen Islam die Nachfolger des Propheten Mohammed in seiner politischen Führungsrolle bezeichnet werden.

Taqijja – oder die Frage, ob Muslime betrügen dürfen

Die Gläubigen sollen sich nicht die Ungläubigen anstatt der Gläubigen zu Freunden nehmen. (...) Anders ist es, wenn ihr euch vor ihnen wirklich fürchtet.

(Sure 3,28)

Von Prof. em. Dr. Etan Kohlberg

Der Koran verbietet in diesem Vers, Ungläubige anstelle von Gläubigen zu Freunden oder Alliierten zu erwählen. Dieselbe Botschaft findet sich in Sure 4,144. Beide Verse unterscheidet jedoch der Zusatz im eingangs zitierten Vers, wonach es eine Ausnahme gibt. Wenn die Gläubigen Furcht vor Ungläubigen haben und sich gegen sie verteidigen müssen, ist das Verbot aufgehoben.

Der arabische Begriff für »Furcht«, der in dieser Koranstelle benutzt wird, lautet *tuqāt*. Einer anderen Lesart zufolge heißt er *taqijja*. Das Wort *taqijja* wurde früh zu einem theologischen Prinzip und erlangte die fachliche Bedeutung von »Vorsicht« oder »Verheimlichung«. Demnach ist es Gläubigen bei Gefahr gestattet, ihren wahren Glauben zu verheimlichen. Manche sagen, sie dürften sich sogar verstellen und Unglauben vortäuschen. Die Grundlage für letztere Interpretation ist Vers 106 aus Sure 16. Er besagt: »Diejenigen, die nicht an Gott glauben, nachdem sie gläubig waren – außer wenn einer (äußerlich zum Unglauben) gezwungen wird (...) –, (...) haben (dereinst) eine gewaltige Strafe zu erwarten.«

Es heißt häufig, dieser Koranabschnitt sei in Verbindung mit Ammār Ibn Yāsir offenbart worden. Er war einer der ersten

Anhänger des Propheten Mohammed und wurde von den mekkanischen Ungläubigen so lange gefoltert, bis er sich von seinem Glauben lossagte. Als er Mohammed davon berichtete, ließ dieser laut Überlieferung Ammārs Verhalten gelten und wies ihn an, künftig wieder so zu handeln, sollte er noch einmal in eine solche Situation geraten.

An anderer Stelle jedoch wird das Einwilligen in die Forderungen von Ungläubigen nur als Zugeständnis – arabisch: *rukhsa* – anerkannt. Die Standhaftigkeit im Angesicht der Not wird dagegen als lobenswerteste Handlungsoption dargestellt. Ein solches Verhalten wird etwa Ammārs Eltern zugeschrieben. Diese wurden umgebracht, weil sie es abgelehnt hatten, ihren Glauben preiszugeben.

Die Ausnahmeregelung in Sure 3,28 bezog sich vorrangig auf die ersten Jahre des Islams, als die kleine Gruppe von Mohammeds Anhängern Ziel von Schikane und Verfolgung durch das ihnen feindlich gesinnte Umfeld gewesen ist.

Die Ausgangslage veränderte sich deutlich mit Mohammeds Siegen auf der Arabischen Halbinsel und der raschen Expansion der Muslime nach seinem Tod. Die Wahrscheinlichkeit, dass Gläubige Verfolgung erfahren mussten, ging stark zurück. Innerhalb des sunnitischen Islams verlagerte sich die Frage nach einem angemessenen Verhalten in solchen Situationen somit weitgehend in den Bereich der theoretischen Rechtsdiskussionen.

Es gab allerdings Minderheitengruppen im Islam, für die Sure 3,28 ebenso wie Sure 16,106 eine unmittelbare Relevanz behielten. Das betraf insbesondere die Schiiten – die Anhänger des vierten Kalifen Alī. Sie fanden sich unter zunehmendem Druck der ursunnitischen Mehrheit wieder. Die Auseinandersetzung zwischen beiden Lagern gipfelte in der Schlacht von Kerbela im Jahr 680, bei der mehrere Mitglieder von Mohammeds Familie starben. Im Anschluss an die Schlacht nahm ein Teil der Schiiten – die späteren sogenannten Zwölferschiiten – eine quietistische Grundhaltung zur Obrigkeit an. Sie hielten *taqijja* als Hauptinstrument zum Schutz vor Gefahren aufrecht.

Mehrere Aspekte sind für die Auffassung von *taqijja* unter den Zwölferschiiten charakteristisch. Erstens, *taqijja* wurde zum Glaubensgrundsatz erhöht. Eine schiitische Tradition besagt: »Ein Gläubiger ohne *taqijja* ist wie ein Körper ohne Kopf.«

Zweitens, *taqijja* ist nicht nur gegenüber Ungläubigen auszuüben, sondern auch gegenüber nicht schiitischen Muslimen.

Drittens, sie wird ebenso benutzt, um das von den Imamen weitergegebene geheime Wissen – zum Beispiel über die wahre Bedeutung der Koranverse – vor Fremden zu verheimlichen.

Vom Umgang mit den Eltern

Und entschieden hat dein Herr: »Ihr sollt ihm dienen nur, und behandelt die Eltern gut! Wenn einer oder beide bei dir alt geworden, so sag nicht zu ihnen ›Oh!‹ und fahre sie nicht an, sondern sprich zu ihnen Worte, edle! Und senke für sie den Flügel der Demut in Barmherzigkeit und sag: ›Mein Herr, erbarme dich ihrer, wie sie mich aufgezogen, als ich klein war!‹«

(Sure 17,23-24)

Von Prof. Dr. Milad Karimi

Diese Verse beginnen mit einer Entscheidung, einem Entschluss, den der Ewige nahelegt. Bemerkenswert wirken die Worte, die im gleichen Atemzug den Gottesdienst und den guten Umgang mit den Eltern ansprechen. Beides wird nicht voneinander getrennt. Seine Eltern nicht gut zu behandeln und zugleich einen guten Gottesdienst zu feiern, erscheint unmöglich. Was heißt aber: »Behandelt die Eltern gut!«? Dieser Imperativ wird hier näher erläutert, indem grundsätzlich die Haltung zu den Eltern umrissen wird.

Wenn die Eltern alt werden, verlieren sie im eigentlichen Sinne des Wortes ihr Elterndasein. Ihre Stärke schwindet, ihre Beherrschung lässt nach; sie werden bedürftig und gebrechlich. All dies wird in diesem Vers mit dem Wort »alt« zusammengefasst. Das Alter hat einen vorzüglichen Wert, der im Koran besonders hervorgehoben wird. Die Eltern stehen für die Würde des Altwerdens. Ihre Schwäche wird zur Stärke. Sie mögen zuweilen lästig wirken, an Kleinigkeiten scheitern und nichts Gelingendes hervorbringen können, aber der Koran fährt mit dem Imperativ weiter: »so sag nicht zu ihnen ›Oh!‹ und fahre sie nicht an«! Denn gerade dann, wenn die Eltern am schwächsten und bedürftigsten sind, »sprich zu ihnen Worte, edle!«, ohne ihnen auch mit einem Seufzer zu begegnen.

Die Stimme des Korans schützt die Schwachen und Bedürftigen; der Blick ist nicht auf den Gewinn und auf die Produktivität gerichtet, sondern gewürdigt werden hier Menschen als Menschen – gerade in ihrer Eigenschaft als alte Menschen.

Die Güte und anmutige Haltung, die der Koran einem im Umgang mit den Eltern nahelegt, ist nicht direkt mit einem Lohnversprechen verbunden. Damit werden die Eltern nicht als Mittel zur eigenen Belohnung begriffen. Gut zu sein, ist hier der Befehl Gottes – ohne dafür einen Lohn zu erwarten. Die zitternden Hände der Eltern mit Achtung zu halten, ist selbst Belohnung. Bedürftigen Gutes zu tun, bereichert einen selbst unmittelbar. (Unzählige Überlieferungen dokumentieren, wie ernst und konsequent der Prophet Mohammed diese Worte in seinem Leben in die Tat umgesetzt hat.)

Mit einer der schönsten Wendungen, die dem Koran eigen sind, wird sodann das Verhältnis zu den Eltern präzise gefasst: »Und senke für sie den Flügel der Demut in Barmherzigkeit.« Demut bestimmt also dieses Verhältnis. In einem Verhältnis, das aus dem Bewusstsein der Demut gewachsen ist, erwartet man nämlich keine Dankbarkeit. Der Koran beschreibt diese Beziehung zu den Eltern so: Weil sie auf Demut beruht, ist sie selbst ein Akt der Dankbarkeit. So lässt sich auch erklären, warum das Verhältnis zu Gott und das zu den Eltern am Anfang des Verses im gleichen Atemzug Erwähnung finden, basieren sie doch beide auf Dankbarkeit – obgleich das uneinholbar einzigartige Verhältnis des Menschen zu Gott keinen Vergleich duldet: »Ihr sollt Ihm dienen nur, und behandelt die Eltern gut!«

So dürfte nicht überraschen, dass die Verse in ein Gebet münden, das dem Menschen ans Herz gelegt wird: »Mein Herr, erbarme Dich ihrer, wie sie mich aufgezogen, als ich klein war!« Die Erinnerung an die eigene Bedürftigkeit und Schwäche, die einst im Schoße der Eltern Geborgenheit fanden, dient hier als ein Gleichnis, in jeder Unzulänglichkeit zunächst die eigene Unzulänglichkeit zu erblicken.

Über die Frömmigkeit

Nicht ist Frömmigkeit, wenn ihr euer Angesicht wendet nach Osten oder Westen. Vielmehr ist Frömmigkeit, dass man an Gott glaubt, den Jüngsten Tag, die Engel, die Schrift und die Propheten, dass man das Geld – obwohl man es liebt – für den Verwandten, die Waise, den Armen, den Reisenden, den Bettler und für die Sklaven hergibt, dass man das Gebet verrichtet und entrichtet die Armenspende.

(Sure 2,177)

Von Prof. Dr. Milad Karimi

Diese Verse bestehen aus zwei Gedankeneinheiten. Der erste Gedanke beginnt mit einer Verneinung. Zurückgewiesen wird zunächst ein Habitus. Sein Angesicht nach Osten oder Westen zu wenden, kann Ausdruck der Frömmigkeit sein, aber wovor hier gewarnt wird, ist der bloße Vollzug einer religiös beabsichtigten Handlung, die als reiner Selbstzweck dient. Gerade darin besteht Frömmigkeit eben nicht, dass eine für fromm gehaltene Handlung bloß ausgeführt wird.

Die Erwartung, die nach der Verneinung der scheinbaren Frömmigkeit erzeugt wird, ist bedeutsam. Die eigentliche Frömmigkeit geht der bloßen Handlung voraus; sie steht gleichsam hinter der Handlung. Sachgemäß beginnt also die zweite Gedankeneinheit mit einer positiven Bestimmung der Frömmigkeit.

Frömmigkeit besteht demnach im Glauben an Gott, den Jüngsten Tag, die Engel, die Schrift und den Propheten. Sodann liegt die Frömmigkeit in der selbstlosen Zuwendung des Gläubigen zu anderen Menschen, den Verwandten, den Waisen, den

Armen, den Reisenden, den Bettlern und den Gefangenen. Und schließlich ist die Frömmigkeit im Verrichten des Gebets verankert.

Diese Worte, die für das Entstehen einer islamischen Glaubenslehre von immenser Bedeutung gewesen sind, sehen Frömmigkeit als etwas Innerliches. Denn der Glaube, worin die Frömmigkeit zunächst und wesentlich bestehen soll, als Zustimmung des Herzens, entzieht sich jeder Äußerlichkeit, entzieht sich dem fremden Urteil.

Wer glaubt, der geht eine Bindung mit Gott ein, indem er das mit dem Herzen für wahr hält, was ihm durch die Offenbarung vermittelt ist. Der Gläubige wird damit in seinem Glauben geschützt, sodass allein sein Bekennen Gegenstand des Urteilens und Verurteilens sein kann. Ob er tatsächlich glaubt, darüber kann kein anderer Mensch verfügen. Frömmigkeit ist also die innere Entschiedenheit im Glauben.

Und doch bleibt die Frömmigkeit nicht im Innern des Gläubigen. Sie geht über zum Nächsten, zum Bedürftigen und Schwachen, zur Waise und Unfreien, um Gerechtigkeit hervorzubringen, ohne dabei auf die eigene Belohnung zu achten. Damit scheint sich die Frömmigkeit im und für den Anderen zu bewahrheiten. Hier zeigt sich eine Grundhaltung der islamischen Religiosität, die nicht theoretisch oder praktisch orientiert ist, sondern stets eine ganzheitliche Haltung einnehmen will. Mithin zeigt sich die Frömmigkeit als eine Schlüsselfigur. Frömmigkeit fordert sowohl eine wahrhaftige innere Haltung als auch ethische Verantwortung und das Bemühen um Gerechtigkeit.

Vertrauen, Demut und Obrigkeitsvorstellungen

Eure wahren Beschützer sind Gott, sein Gesandter und die Gläubigen; jene, die das Gebet verrichten, die Almosen geben und sich verneigen.

(Sure 5,55)

Von Dr. Maria Massi Dakake

In diesem Vers steht das Wort »Beschützer« als Übersetzung für das arabische Wort *walī*. Man könnte es auch mit »Freund« oder »Verbündeter« wiedergeben.

Im Arabien der Stammesgemeinschaften bezeichneten *walī*-Beziehungen Arrangements zwischen Stämmen und Klanen zum gegenseitigen Schutz – oder zwischen Einzelpersonen und einem Klan oder einem Stamm. In Sure 5,51 werden die Gläubigen gewarnt, solche Allianzen nicht mit Juden und Christen zu bilden, da einzelne externe Bündnisse die Einheit der unerfahrenen muslimischen Gemeinde untergraben könnten. Die junge Gemeinde war in ihren frühen Jahren in Medina existenziellen Gefahren ausgesetzt. Der hier behandelte Vers ist nun dazu gedacht, die Muslime dahin gehend zu beruhigen, dass sie sich hinsichtlich Unterstützung auf Gott, den Gesandten und aufeinander verlassen können und das auch tun sollten.

Korankommentatoren erklären, das Wort »Beschützer« stehe hier im Singular, auch wenn der Vers eine Mehrzahl von Beschützern auflistet. Sie argumentieren, Gott sei die Quelle allen Schutzes. Der Schutz, den man durch den Gesandten und die Glaubensgeschwister genieße, gehe von jenem ursprünglich göttlichen Schutz aus.

Der Vers ist Teil einer längeren Koranpassage, die von Vers 51 bis Vers 59 reicht. Darin geht es um die Förderung von Solidarität in der muslimischen Gemeinde. Das ist nötig sowohl wegen Gefahren von außen als auch wegen möglichen Verrats im Inneren durch die Heuchler in Medina, die sich der muslimischen Gemeinde nur vordergründig verschrieben haben oder sie insgeheim sogar bekämpften.

Der konkrete Anlass, auf den die Offenbarung des eingangs zitierten Verses zumeist bezogen wird, hat mit dem Juden Abdallāh Ibn Salām zu tun. Er war einst Rabbi in Medina und konvertierte dann zum Islam. Abdallāh beklagte sich beim Propheten, weil seine früheren Klanmitglieder den Kontakt zu ihm vollständig abgebrochen hatten. Der Koranvers versichert nun ihm und seinen Mitkonvertiten, dass die einzig wahren Beschützer, die ein Muslim habe und brauche, Gott, der Gesandte und die Glaubensgeschwister seien.

Diese Gruppe der Gläubigen beschreibt der Vers als diejenigen, die das »Gebet verrichten« und »Almosen geben«. Die wahren Gläubigen sind demnach jene, die ihren Glauben zeigen, indem sie diese beiden fundamentalen religiösen Pflichten verrichten.

Die Aussage »und sich verneigen« könnte schließlich ein Hinweis auf die Demut sein, die man haben soll, wenn man betet und Almosen gibt. Viele Gelehrte verknüpfen sie aber mit einer weitverbreiteten Geschichte über Alī Ibn Abī Tālib, dem Cousin und Schwiegersohn Mohammeds, dem späteren Kalifen und ersten Imam der Schiiten. Alī gab einst während der Verneigung beim Gebet in einer Moschee einem Bettler Almosen, indem er ihm diskret signalisierte, er könne den Ring von seinem Finger nehmen.

Da das Wort *walī* auch in Verbindung mit Obrigkeitsvorstellungen steht, lesen Schiiten den erläuterten Koranvers typischerweise auch als Zeichen für Alīs Macht über die muslimische Gemeinde. Demnach ist Alī nach Gott und Mohammed der wahre *walī* der Gläubigen.

Die Verbindung des Verses mit Alīs außergewöhnlichem Beispiel fürs Almosengeben wird von sunnitischen wie schiitischen Korankommentatoren überliefert. Die Interpretation hinsichtlich Alīs Machtstellung jedoch lehnten die sunnitischen Korankommentatoren ab. Einige von ihnen bezweifelten auch die Authentizität der Geschichte vom gespendeten Ring.

Derweil empfehlen diejenigen, die einen Bezug zwischen dem Koranvers und der Spendengeschichte herstellen, allen Muslimen, Alīs Handlung als Beispiel für die Dringlichkeit zu verstehen, mit der man spenden sollte, wenn man darum gebeten wird.

Der Hadsch – die Pilgerfahrt nach Mekka

> *Darin sind klare Zeichen: Abrahams Platz. Wer ihn betritt, ist sicher. Es ist von Gott den Menschen aufgetragen, zum Haus die Pilgerfahrt zu vollziehen – wer einen Weg dorthin zu finden in der Lage ist. Doch wer ungläubig ist – Gott ist nicht auf die Weltbewohner angewiesen!*
>
> (Sure 3,97)

Von Prof. Dr. Ousmane Oumar Kane

Dieser Vers gebietet den Muslimen, mindestens einmal im Leben den Hadsch, also die große Pilgerfahrt nach Mekka, zu machen – sofern ihnen das möglich ist. Zwar gibt es kein Einvernehmen, was mit der erwähnten Fähigkeit zum Vollziehen der Pilgerfahrt gemeint ist. Die meisten muslimischen Theologen meinen allerdings, die Voraussetzungen seien erfüllt, wenn jemand das Beförderungsmittel und eine ausreichende Versorgung für die Reise sicherstellen kann.

Vergangenes Jahr begaben sich rund zwei Millionen Muslime auf Pilgerfahrt. Das ist eine kleine Minderheit der Muslime weltweit. Ihre Gesamtzahl wird auf mehr als eineinhalb Milliarden geschätzt. Dennoch ist der Hadsch eine der größten und völkerverbindendsten Versammlungen von Menschen an einem Ort zur selben Zeit. Die zwei Millionen Pilger im Jahr 2015 kamen aus 188 Ländern.

Neben seinen Ausmaßen und seiner weltweiten Reichweite ist der Hadsch auch wegen seiner historischen Kontinuität und seiner zentralen Bedeutung für die Glaubenslehre einzigartig unter den Pilgerfahrten der Welt. Araber pilgerten schon vor dem Islam zum Heiligtum der Kaaba. Dann erhielt das Ritual seine islamische Prägung, und seit der Zeit des Propheten Mohammed unternahmen jedes Jahr Muslime die Pilgerfahrt.

Zentral für die Lehre ist sie, weil ein Muslim, der sie vollzieht, so rein nach Hause zurückkehrt, wie er am Tag seiner Geburt war. Der Hadsch bietet Gläubigen also die Chance auf Vergebung der Sünden, die sie im Leben angesammelt haben.

Er besteht aus sechs Hauptritualen:

Für das erste zieht man sich zwei nicht genähte Tücher an. Das symbolisiert die Gleichheit und die Demut aller Gläubigen. Ferner ist es ein bildlicher Ausdruck dafür, wie sich die Menschen am Tag des Jüngsten Gerichts aus ihren Gräbern erheben werden.

Das zweite Ritual besteht aus dem Gang um die Kaaba herum. Die Kaaba ist das spirituelle Zentrum, dem sich alle Muslime während eines Gebets zuwenden. Mit der Umrundung, so heißt es, ahmen die Menschen die Engel nach, die zu Ehren Gottes um seinen Thron kreisen.

Beim dritten Ritual läuft man eiligen Schrittes zwischen

Safa und Marwa hin und her, den zwei Hügeln nahe der Kaaba. Dadurch erinnert man an die Suche von Abrahams Ehefrau Hagar nach Wasser, als Abraham gezwungen war, sie und ihren Sohn Ismael in der Wüste zurückzulassen.

Für das vierte Ritual müssen sich die Gläubigen am Berg Arafat, 25 Kilometer von Mekka entfernt, aufhalten. Viele Muslime glauben, dass Gottes Geist dort zur vorgeschriebenen Zeit für den Hadsch der Erde am nächsten kommt. Das macht es einfacher, mit Gebeten Gottes Aufmerksamkeit zu erlangen.

Für das fünfte werfen die Gläubigen in der Stadt Mina sieben Kiesel auf einen Stein, der den Teufel symbolisiert. Dadurch empfinden sie Abraham nach, der nach dem Satan warf, als dieser versuchte, ihn von der Opferung seines Sohnes abzubringen.

Das sechste und letzte Ritual besteht im Opfern eines Schafbocks. Auch dadurch erlebt der Pilger die Geschichte Abrahams nach.

Der Hadsch muss in der zweiten Woche des Monats Dhu l-Hidscha gemacht werden, dem letzten im islamischen Kalender.

Es gibt im Islam auch eine kleinere Pilgerfahrt nach Mekka. Sie heißt Umra. Das Umra-Ritual entspricht in seinem Ablauf dem Hadsch mit einer Ausnahme: Die Station am Berg Arafat entfällt. Weitere Unterschiede zum Hadsch sind, dass man die Umra zu jedem beliebigen Zeitpunkt im Jahr machen kann und dass sie einem nicht den Ehrentitel Hadschi einbringt.

Almosen ist nicht gleich Almosen

Siehe, diejenigen, welche Almosen geben, Männer und Frauen, und Gott ein schönes Darlehen leihen, verdoppeln wird er es ihnen, und ihnen wird edler Lohn.

(Sure 57,18)

Von Dr. Tuba Isik

In diesem Koranvers betont Gott wie an vielen weiteren Stellen die Bedeutung des Almosengebens, im Arabischen *sadaqa* genannt. Eine Sadaqa ist zu unterscheiden von Zakāt. Die Zakāt ist eine finanzielle Pflichtabgabe, die jeder religionsmündige Muslim, Mann oder Frau, der oder die über ein bestimmtes Vermögen verfügt, entrichten muss. Diese Einkünfte kommen dann bestimmten bedürftigen Gruppen zugute. Die Sadaqa hingegen meint im Unterschied dazu ein nicht verpflichtendes Geben. Sie umfasst nicht nur Spenden wie Geld, Kleidung, Spielzeug oder Lebensmittel an Bedürftige, sondern geht weit darüber hinaus. Zu ihr zählen beispielsweise ebenso ein Lächeln, ein wahres Wort oder die Mediation in einem Streit.

Geben ist dann eine Sadaqa im Sinne Gottes, wenn diese aus der Absicht heraus erfolgt, Gottes Wohlgefallen zu erwerben, freiwillig und ohne die Hoffnung auf Erwiderung. Der Helfer erwartet weder unmittelbar danach noch zu einem späteren Zeitpunkt einen weltlichen Nutzen. Mit dem hier zitierten Koranvers will Gott somit das bedingungslose, uneigennützige Geben anregen. Die Tatsache, dass eine Sadaqa nicht unbedingt materieller Natur sein muss, ermöglicht jedem, egal, ob reich oder nicht, Gottes Lohn zu erhalten.

Ein Hadith – also eine Überlieferung vom Propheten Mohammed – berichtet, wie ein mittelloser Mensch vorgehen sollte: Zunächst wird ihm geraten, er solle arbeiten – damit er neben dem Verdienst für sich in die Lage versetzt wird zu spenden. Falls er keine Arbeit findet, soll er einem Bedürftigen aus der Not helfen, darunter können auch Handlungen fallen wie ein guter Rat oder der Besuch eines Kranken. Falls es auch diese Gelegenheit nicht gibt, soll er ein positives Vorbild sein und sich vom Übel fernhalten.

Wenn man genau hinschaut, wird man feststellen, dass Frauen mehr Möglichkeiten haben, eine Sadaqa zu geben als Männer. Wie das? Nach koranischem Verständnis hat eine Frau lediglich religiöse Pflichten – keine weltlichen. Zum Beispiel muss sie keine finanziellen Beiträge zum Unterhalt der Familien leisten. Ein zeitgenössischer saudischer Gelehrter formulierte einmal treffend: »Bereits die Arbeit der Frau zu Hause ist eine Sadaqa an den Ehemann und die Kinder.« Die Arbeit des Mannes zu Hause dagegen wird nicht als solche angesehen.

Damit wird deutlich, dass die Sadaqa, wie auch die finanzielle Pflichtabgabe Zakāt, eine klare sozialethische Dimension hat. Der Helfer legt Tugenden an den Tag. Vielleicht hat er die Einigkeit und Harmonie in der Gesellschaft vor Augen, oder er hat ein Gefühl für soziale Gerechtigkeit und Gleichbehandlung.

So ist Vers 18 der Sure 57 wie eine Erinnerung daran zu verstehen, sensibel zu sein und auf den Nächsten zu achten. In jedem Fall geht es hier nicht darum, dass Gott allein diejenigen belohnt, die reichlich spenden.

DIE FRAU

Die Erschaffung von Mann und Frau

Und zu seinen Zeichen gehört es, dass er für euch von euch selber Partnerwesen erschuf, auf dass ihr bei ihnen Ruhe findet, und er hat zwischen euch Liebe und Barmherzigkeit gesetzt: Hierin sind wahrlich Botschaften für nachdenkende Leute.

(Sure 30,21)

Von Dr. Tuba Isik

Diesem Vers geht der Hinweis auf die Erschaffung von Mann und Frau aus Erde voraus – wie es auch im Alten Testament überliefert ist. Nun geht es um das Verhältnis beider zueinander.

Mann und Frau sind nach koranischer Auffassung Partnerwesen. Gott hat sie aus einer Essenz oder aus einem einzigen lebenden Wesen, sozusagen einer Vorstufe der Geschlechter, erschaffen. Daraus wird abgeleitet, dass Mann und Frau nach Gottes Willen komplementär sind, also sich gegenseitig ergänzende Wesen. Die Aussage, dass beide aus einer und derselben Essenz stammen, begründet die Gleichheit von Mann und Frau.

Damit verneint Gott im Koran eine Wertigkeit oder Hierarchie zwischen den Geschlechtern, die man beispielsweise aus einer Abfolge der Erschaffung ableiten könnte. Dementsprechend heißt es in einem Hadith, einer Überlieferung vom Propheten Mohammed, sehr treffend, dass die Frauen die Zwillingshälften der Männer sind.

An keiner anderen Stelle spricht Gott so im Koran über das emotionale Verhältnis zwischen Mann und Frau wie in dem hier zitierten Vers 21 der Sure 30. Drei Begriffe werden genannt: Ruhe, Liebe und Barmherzigkeit.

Für das erste Wort, auf Arabisch lautet es *sakīna,* gibt es im Deutschen keine eindeutige Übersetzung. Es ließe sich auch mit Begriffen wie Frieden und Gelassenheit oder mit Gottesbewusstsein übersetzen. Demnach kann man seinen Partner oder seine Partnerin – metaphorisch gesprochen – als einen Ort verstehen, an dem man Ruhe, Wärme und Geborgenheit findet. Diese Zweisamkeit von Partnern kann dann zugleich ein Moment von starker Gottesgegenwart sein.

Ferner sollen die Partner beieinander Liebe, arabisch *mawadda,* und Barmherzigkeit, arabisch *rahmā*, finden. In der arabischen Sprache gibt es unterschiedliche Worte für die verschiedenen Arten der Liebe. So wird die Liebe zwischen Eltern und Kindern, Geschwistern oder auch Gläubigen beispielsweise mit *hubb* bezeichnet. *Mauadda* indes bezeichnet die Liebe zwischen Eheleuten, bei der die gegenseitige Anziehungskraft eine Rolle spielt. Diese ist nicht nur Grundvoraussetzung für eine beide Seiten erfüllende Beziehung. Diese Anziehungskraft ist auch Quelle und Energie für das Miteinander von zwei Menschen.

Die dritte Eigenschaft, die Gott den »Partnerwesen« Mann und Frau gegeben hat, ist Barmherzigkeit. Sowohl Liebe als auch Barmherzigkeit gehören zu den 99 aus dem Koran bekannten schönsten Namen Gottes. Mit ihnen werden die Eigenschaften Gottes beschrieben. Vor allem ist die Barmherzigkeit jene Eigenschaft, die sich Gott uneingeschränkt gegeben hat. Und damit beschenkt Gott auch jedes seiner Geschöpfe.

Im Sinne dieses Koranverses kann Barmherzigkeit in der Ehe bedeuten, dass Ehepartner füreinander Sorge tragen, für den anderen Verständnis aufbringen, sich gegenseitig unterstützen und sich dem Partner, wenn er eine Zeit der Schwäche erlebt, barmherzig zuwenden.

Das Kopftuch

Und sag den gläubigen Frauen, sie sollen ihre Augen niederschlagen und ihre Keuschheit bewahren, den Schmuck, den sie tragen, nicht offen zeigen, soweit er nicht normalerweise sichtbar ist, und ihre Tücher über ihre Busen ziehen.

(Sure 24,31)

Von Prof. em. Dr. Gerald Hawting

Dieser Koranvers fährt mit der Aufzählung bestimmter Kategorien von Verwandten und Sklaven fort, denen eine Frau ihren Schmuck zeigen darf, weil ihr sexuelle Kontakte mit diesen Personen verboten sind.

Der Vers ist einer von mehreren, die sich mit der weiblichen Sittsamkeit befassen. Er folgt auf einen Vers, der einige derselben Aufforderungen gegenüber Männern erhebt. Auch ihnen wird die Abneigung gegen das Anstarren ebenso entgegengehalten wie der Appell, die Intimbereiche zu bedecken.

Die Formulierung »die Augen niederschlagen« wird im Allgemeinen so verstanden, dass man das andere Geschlecht nicht anschauen soll, um keine Leidenschaft zu entfachen. Manche Korankommentatoren ziehen als Beweis einen Ausspruch des Propheten Mohammed heran, wonach man bereits mit den Augen Unzucht begehen könne. Mitunter wird auch auf einen Bericht verwiesen, dem zufolge Mohammed befohlen habe, eine kürzlich geschiedene Frau im Haus eines seiner Gefährten unterzubringen, der blind gewesen sei.

Soll die Aufforderung an Frauen nun verhindern, dass bei Männern Leidenschaft geweckt wird oder bei ihnen selbst? Die meisten verstehen den Koranvers so, dass weibliche Sittsamkeit vonnöten ist, um unangemessene Gefühle bei Männern zu vermeiden. Die Gelehrten zitieren aber auch eine weitere Erzählung über den Propheten: Er habe zwei Frauen getadelt, weil sie in Gegenwart eines Blinden ohne Kopftuch – arabisch: *hidschāb* – erschienen seien. Als die Frauen protestierten, der Blinde könne sie sowieso nicht sehen, habe Mohammed geantwortet: »Und seid ihr beide auch blind? Schaut ihr ihn etwa nicht an?«

Große Teile der Kommentare zu diesem Vers befassen sich mit der Bedeutung des arabischen Worts *zīna*, hier übersetzt als »Schmuck«. Dabei geht es vor allem darum, wie man zwischen Schmuck unterscheiden kann, der mit Ausnahme des engeren familiären Umfelds anderen verborgen bleiben soll, und Schmuck, der öffentlich gezeigt werden darf. Manche Kommentatoren verstehen unter dem Begriff »Schmuck« primär das, was zusätzlich zur natürlichen Schönheit getragen wird – also Kleider, Juwelen, Schminke usw. Umfassender ist die Vorstellung, dass mit dem Wort auch Körperbereiche wie das Gesicht gemeint sind.

Sure 24,31 greift nun einen Teil dieses Schmucks mit der Beschreibung heraus, »soweit er nicht normalerweise sichtbar ist«. Für gewöhnlich wird das auf Gesicht und Hände, inklusive der sie zierenden Schminke und Juwelen, sowie auf die Bekleidung bezogen. Als Argument wird oft auf die Regelung hingewiesen, wonach eine Frau bei Gebet und Pilgerfahrt weder Gesicht noch Hände bedecken darf. Beides sei somit auch gemeint, so der Analogieschluss, wenn der Koran von jenem Schmuck spreche, den eine Frau zeigen dürfe.

Ferner diskutieren die Gelehrten, inwieweit das Wort für »Hände« auch die Arme umfasst. Viele nehmen dabei Bezug auf eine Überlieferung, wonach Mohammed präzisiert habe, die Wortbedeutung erstrecke sich etwa auf die Hälfte der Unterarme.

Einige Gelehrte sagen auch, dass alle, die eine Frau zu Hause besuchen, ihren Schmuck sehen dürfen. Allerdings treffen diese Gelehrten keine klare Unterscheidung zwischen privatem und öffentlichem Raum. Zudem belassen sie es im Unklaren, inwiefern der Schmuck dann in der Öffentlichkeit bedeckt werden muss.

Interpretationsspielraum bietet auch der Satzteil, sie sollen »ihre Tücher – arabisch: *khumur* – über ihre Busen ziehen«. Einer der angeführten Gründe für diese Offenbarung besagt, früher hätten die Frauen ihre Tücher oder Schals benutzt, um den Kopf zu bedecken. Dabei hätten sie diese über ihre Schultern nach hinten fallen lassen, sodass Nackenpartien, Hals und Gesicht sichtbar blieben. Sure 24,31 soll nun sicherstellen, dass die Brust zusätzlich bedeckt wird.

Die meisten Kommentatoren konzentrieren sich neben dem Busen auf das Verschleiern des Halses, wobei eben Haare und Ohren zwangsläufig mit bedeckt werden. Die Unterschiede machen sich primär an der Frage fest, ob auch das Gesicht verdeckt werden muss. Die Befürworter meinen, dass die Frauen, um ihre Brust zu bedecken, die Tücher über das Gesicht nach unten fallen lassen müssen.

Ungeachtet all solcher Überlegungen gibt es aber auch Interpretationen, wonach eine Frau all ihren Reiz bedecken soll. Die Aussage »soweit er nicht normalerweise sichtbar ist« ist dieser Lesart zufolge nur deshalb nötig, weil bei alltäglichen Bewegungsabläufen unweigerlich Körperpartien enthüllt werden.

Wenig überraschend wird vereinzelt auch argumentiert, die Pflicht zur Verschleierung von Gesicht und Händen gelte nur für attraktive Frauen – alte und hässliche dürften beides ohne Einschränkung zeigen.

Moderne Wissenschaftler untersuchen derweil die soziologische und politische Bedeutung des Schleiers in modernen islamischen und nichtislamischen Gesellschaften. Zugleich versuchen sie, den Koranvers in Relation zum Wissen über weibliche Bekleidungsformen in vorislamischen Gesellschaften zu setzen.

Maria – eine ganz besondere Frau im Koran

Und als (die Ehefrau von Imran) es geboren hatte, sprach sie: »Mein Herr, ich habe es als Mädchen geboren!« – Gott wusste sehr genau, was sie geboren hatte; denn ein Knabe ist nicht wie ein Mädchen! »Sieh, ich nannte sie Maria, und sie und ihre Kindeskinder, die stelle ich unter deinen Schutz vor dem verfluchten Satan.«

(Sure 3,36)

Von Dr. Kecia Ali

Die dritte Sure mit Namen »Die Sippe des Imran«, aus der dieser Vers stammt, gibt Ereignisse aus der Abstammungslinie von Maria wieder – mithin auch von ihrem Sohn Jesus. In dem zitierten Vers weiht eine nicht näher benannte Frau das Kind, das sie in ihrem Mutterleib trägt, dem Dienste Gottes. Als ein Mädchen geboren wird, gibt sie ihm einen Namen und bittet Gott um Schutz für das Kind und seine Nachkommen.

Der Korankommentar *Tafsīr al-Dschalālain* aus dem 15. Jahrhundert besteht auf der Auslegung, dass Marias Mutter lieber einen Jungen gehabt hätte, weil ein Junge für den Dienst an Gott geeignet sei. Ein Mädchen indes sei ungeeignet, heißt es weiter, aufgrund seiner Schwachheit, seiner zu bedeckenden Scham – arabisch: *aura* – und aufgrund von Begleiterscheinungen der Menstruation.

Andere Korankommentatoren, darunter der berühmte al-Tabarī (9. Jahrhundert), bilden Meinungen ab, die die männliche Stärke als Hauptunterschied zur Frau betonen oder die auf die weibliche Unreinheit abheben – vor allem während der Menstruation.

Diese Hervorhebung weiblicher Defizite, ausgehend von einer männlichen Norm, ist merkwürdig. Der Vers selbst gibt keinerlei Hinweise auf Mängel oder Fehler einer Frau. Stattdessen erhebt er eher das Weibliche zur Norm, an der das Männliche gemessen wird – verglichen und vermutlich für mangelhaft befunden, denn wenn ein Mann für die vorgesehene Aufgabe des Dienstes an Gott besser geeignet gewesen wäre, wäre Gott sicherlich in der Lage gewesen, die Geburt eines Jungen sicherzustellen – schließlich formt Gott die Menschen im Mutterleib.

Grammatikalisch wird in vielen Koranpassagen die männliche Form benutzt, wenn es neutral um alle Menschen geht. Frauen sind dann entweder indirekt mit eingeschlossen (Sure 4,1) oder werden als zweite Geschlechtskategorie direkt erwähnt (Sure 33,35). Im hier vorliegenden Vers liegt der Fokus jedoch allein auf einer Frau, wenn auch auf einer besonderen.

Man könnte daraus schließen, dass gerade der Menstruationszyklus, den die klassischen Korankommentatoren als Mangel abtun, entscheidend für Marias Rolle ist: Schließlich folgen in ihrem Leben die Empfängnis, die Schwangerschaft und die Entbindung Jesu. Und das sind nun einmal Aufgaben, die gemäß Gottes üblicher Bestimmung eine Frau erfordern.

Maria ist die einzige Frau, die im Koran explizit mit Namen

genannt wird. Auf die anderen Frauen wird lediglich Bezug genommen als Ehefrauen oder Verwandte von Männern – zum Beispiel die Frauen des Propheten oder die Mutter und die Schwester von Mose. Wieder andere werden bei ihrem Titel genannt wie die Königin von Saba. Marias Name indes ist so signifikant, dass Jesus im Koran mit einem Matronymikon bezeichnet wird – also: Jesus, Sohn der Maria.

Zudem wird Maria – obwohl sie eine Frau ist – explizit aufgefordert, sich zum Gebet niederzuwerfen, und zwar im gleichen Atemzug mit der üblichen Aufforderung an die Gruppe der Männer (Sure 3,43).

Selbst wenn also die Weiblichkeit in manchen Belangen entscheidend für die Rolle einer Frau ist und selbst wenn »ein Knabe nicht wie ein Mädchen« ist, so ist die Frau dem Mann in anderen Belangen sehr wohl gleichgestellt – in jedem Fall ist es diese besondere Frau namens Maria.

Männer stehen über den Frauen

Die Männer stehen den Frauen in Verantwortung vor (qauwāmūn), weil Gott die einen vor den anderen ausgezeichnet hat und weil sie von ihrem Vermögen hingeben.

(Sure 4,34)

Von Dr. Asad Q. Ahmed

Die Diskussion über die Stellung der Frau im Islam hat eine lange Geschichte. Zur Analyse wurden vormoderne, moderne und postmoderne Ansätze gewählt. Es wurden literarische, feministische und philologische Perspektiven eingenommen.

In dieser Sendung geht es nun um zwei miteinander verknüpfte Fragen, nämlich ob man Frauen als Männern gleichgestellt betrachten kann und ob Männer aus einer Position der Macht heraus Frauen führen können. Beide Fragen werden aus Sicht der vormodernen und modernen Auslegungstraditionen thematisiert, die aus der islamischen Gemeinschaft selbst hervorgegangen sind.

Historisch betrachtet, konzentrierte man sich auf zwei Aspekte. Das war zunächst die Bedeutung des Begriffs *qauwāmūn* – hier übersetzt mit »in Verantwortung«. Der Begriff kann sich darauf beziehen, dass eine Person gegenüber einer anderen vorgesetzt ist, dass eine Person über eine andere herrscht oder dass eine Person einer anderen überlegen ist. Je nach Begriffsverständnis versuchten die muslimischen Koranausleger also zuerst zu klären, ob der Vers eine gesellschaftlich determinierte Führungsrolle empfiehlt oder ob eine wie auch immer geartete Vorrangstellung der Männer gemeint ist.

Das zweite Interesse der klassischen Gelehrten bestand in der Klärung der Frage, warum ein solcher Status von Männern in der heiligen Schrift überhaupt erwähnt wird. Sind Männer, wie der Vers besagt, *qauwāmūn* aufgrund äußerer Faktoren oder aufgrund ihrer ureigenen Natur? Die traditionellen islamischen Gelehrten gelangten in keiner dieser Fragen zu einem Konsens.

Einige argumentierten, der Begriff *qauwāmūn* beziehe sich auf eine von Natur aus angelegte Überlegenheit der Männer gegenüber den Frauen. Zum Beleg zogen sie die unmittelbar folgende Aussage in dem Vers heran: »weil Gott die einen vor den anderen ausgezeichnet hat«. Dieselben Gelehrten verwiesen auf ähnlich lautende Aussprüche des Propheten Mohammed, um ihre Sichtweise zu untermauern.

Andere Gelehrte meinten, der Begriff *qauwāmūn* hebe im Grunde darauf ab, dass sich der Mann um die Angelegenheiten der Frau kümmere, weil er ihren Unterhalt aus seinem Vermögen bestreite. Sie fügten hinzu, dass der erste Teil der Aussage, nämlich dass Gott einigen den Vorzug vor anderen gegeben habe, dem zweiten Teil untergeordnet sei, nämlich der Tatsache, dass Männer ihr Vermögen für Frauen aufwendeten. Mit anderen Worten, weil in einer patriarchalischen Gesellschaft Männer die Ausgaben für ihre Frauen übernehmen, hat Gott den Männern Vorrang gegeben und ihnen eine Weisungsbefugnis eingeräumt.

Ein Teil dieser Gelehrten betonte ferner, weil den Männern eine solche bevorzugte Rolle gegeben worden sei, verlange Gott von ihnen, dass sie sich auch wie Männer verhielten. Das heißt, sie müssten Frauen würdevoll, bescheiden und ehrwürdig behandeln. Sollten sie dazu nicht in der Lage sein, werde ihnen der bevorzugte Status in der Beziehung zu den Frauen entzogen.

Aus dieser Haltung heraus haben moderne Koranausleger sogar schon geschlossen, da eine Frau in den gegenwärtigen Wirtschaftssystemen bisweilen mehr verdiene als ihr Mann und damit de facto die Ernährerin der Familie sein könne, müsste die Weisungsbefugnis eigentlich ihr zufallen. Die Geschichte der Auslegung dieses Verses zeigt, wie breit gefächert die islamische Tradition bei der Interpretation des Korans ist. Aus den verschiedenen Analysen kann sogar – wie gehört – auf die Überlegenheit von Frauen geschlossen werden.

Allerdings wurde die Geschlechtergerechtigkeit in vielen Fällen weder von den Koranauslegern in vormoderner noch in moderner Zeit überhaupt als ein Problem wahrgenommen.

Geschlechtergerechtigkeit in der Sprache und der Theologie

Gott hält Vergebung und reichen Lohn bereit für:
gottergebene Männer und Frauen,
gläubige Männer und Frauen,
fromme Männer und Frauen,
die Wahrheit sprechende Männer und Frauen,
geduldige Männer und Frauen,
demütige Männer und Frauen,
wohltätige Männer und Frauen,
fastende Männer und Frauen,
ehelich treue Männer und Frauen
und Gottes oft gedenkende Männer und Frauen.

(Sure 33,35)

Von Dr. Orhan Elmaz

Obwohl das Arabische zwischen männlichem und weiblichem Geschlecht unterscheidet, ist es die Norm, Kollektive mit mindestens einem männlichen Mitglied als grammatisch maskulin anzusehen. Daher spricht der Koran die junge muslimische Gemeinde in ihrer Gesamtheit als generisches Maskulinum an – zumeist mit: »Ihr [Männer], die ihr glaubt«.

Verschiedenen Überlieferungen zufolge fühlten sich jedoch zum Islam konvertierte Frauen unbeachtet und fragten Mohammed, warum Gott sie denn in seinen Offenbarungen nicht spezifisch erwähne. Daraufhin wurde Sure 33,35 offenbart. Einer Überlieferung zufolge kam die Beschwerde über das, was man heute »Gender Bias« nennt, von keiner Geringeren als Umm Salama, einer der Ehefrauen des Propheten Mohammed.

Der offenbarte Vers ist ein klassischer Vers der zeitgenössischen Diskurse über Frauenrechte. Er besteht aus einer Liste von zehn göttlichen Erwartungen oder Geboten an den Menschen. Ihren Höhepunkt findet die Liste im häufigen Gedenken Gottes. Die Einhaltung der Gebote verspricht göttliche Vergebung und Belohnung.

Der Vers richtet sich in seiner getrenntgeschlechtlichen Formulierung gleichermaßen an Männer wie auch an Frauen und spricht beiden Geschlechtern Vergebung und Belohnung im Jenseits zu, sofern sie die im Vers enthaltenen zehn Gebote beherzigen. Damit wird Frauen am Tag des Jüngsten Gerichts in expliziter Form eine identische Behandlung garantiert.

Diese Gleichheit ist allerdings religiöser, spiritueller oder moralischer Natur. Das zeigt sich auch an anderen Stellen im Koran, etwa in Sure 3,195: »Ich werde keine Handlung unvergolten lassen, sei der Urheber männlich[en] oder weiblich[en Geschlechts].« Es besteht kein Zweifel daran, dass der Koran – als chronologisch späteste Offenbarungsschrift unter den abrahamitischen Religionen – in Bezug auf Frauenrechte fortschrittlich ist.

Es besteht aber auch kein Zweifel daran, dass der Koran – aus moderner Perspektive betrachtet – Benachteiligungen für Frauen enthält: etwa im Vertragsrecht (Sure 2,282), da das Zeugnis von zwei Frauen dem eines einzelnen Mannes entspricht, oder im Erbrecht (Sure 4,11), dem zufolge etwa einem männlichen Kind der Anteil von zwei weiblichen Kindern zusteht.

Doch eben in diesen zwei Fällen muss man dem Koran auch zugutehalten, dass er Frauen zumindest dem soziohistorischen Umfeld seiner Offenbarung entsprechend äquivalente und revolutionäre Rechte zugesprochen hat – obschon wiederum manche Regelungen wie die Kleiderordnung für Frauen (Sure 24:31, Sure 33:59) – dort wo sie gegenwärtig gesetzlich vorgeschrieben ist – mitunter als belastend empfunden werden.

Bemühungen um eine zeitgemäße islamische Geschlechtergerechtigkeit müssen sich daher mit der Auslegung und insbesondere der Anwendungsgeschichte ebensolcher Koranstellen befassen. Das muss historisch wie auch rechtsgeschichtlich, kulturübergreifend und umfassend erfolgen, um angemessene Lösungsvorschläge bieten zu können.

JUDEN UND CHRISTEN

Schöne Streitgespräche

Und streitet mit den Leuten der Schrift auf die schönste Weise nur, außer mit denen, die Übles tun!

(Sure 29,46)

Von Prof. Dr. Milad Karimi

Die Religion verspricht die Rückkehr des Menschen zu sich selbst aus dem schlechthin Unverfügbaren. Daraus ergibt sich die Frage, ob Religiosität im gegenwärtigen Leben überhaupt noch einen rechten Ort finden kann. Und daraus folgt eine weitere Frage, nämlich in welchem Verhältnis die Religionen zueinander stehen. Öffentliche Religionsgespräche zwischen Muslimen, Christen und Juden haben eine lange und reiche Tradition.

Ein Streitgespräch zu entfachen, welches das Prädikat »schön« trägt, ist – nimmt man den Imperativ »Streitet!« im zitierten Vers ernst – die Pflicht der Muslime. Aus dieser Tradition sind zahlreiche Schriften islamischer Autoren entstanden. So erklärt sich der Umstand, dass eine Reihe dieser Streitschriften in der islamischen Tradition das Prädikat »schön« ernst nehmen. So lautet beispielsweise der Titel einer dem Theologen Abū Hāmid Muhammad al-Ghazzālī aus dem 12. Jahrhundert zugeschriebenen Streitschrift *Die schöne Widerlegung der Gottheit Jesu.*

Die Gegner in diesem Streitgespräch werden als Leute der Schrift angesprochen, also vornehmlich Juden und Christen.

Sie sollen nicht ignoriert oder gar verachtet werden; das Verhältnis zu ihnen wird als strittig beschrieben. Wie und worüber soll gestritten werden? Ist überhaupt Streit die angemessene Methode? Der Islam versteht sich nicht als eine jüdische oder christliche Sekte. Vielmehr wird der Islam gleichsam mit der Offenbarung des Korans als eine selbstständige Weltreligion mit einem genuin eigenen Anspruch begriffen. So gilt der Koran als Instanz der Unterscheidung zwischen Wahr und Falsch und Gut und Schlecht, also in logischer und ethischer Hinsicht.

Zugleich aber begreift sich der Islam wesentlich als eine Religion, die die überlieferte abrahamitische Tradition neu formuliert und sich zum Judentum und Christentum kritisch verortet. So überrascht es nicht, dass diese Adressaten im Koran direkt angesprochen, gewürdigt, gelobt und kritisiert werden. Dabei geht es an keiner Stelle um eine Pauschalverurteilung, sondern stets um eine konkrete Kritik.

Der Koran ist eben kein Eigentum der Muslime und schon gar nicht die monotone Ansprache eines selbstgefälligen Gottes. Vielmehr entspringt der Islam aus einem interreligiös bestimmten Dialog. Denn der Islam ist, wie auch der Koran belegt, mit den Theologien der anderen monotheistischen Religionen eng verwoben. Die Selbstständigkeit des Islams als Weltreligion ist ohne den Bezug auf Christentum und Judentum kaum zu verstehen. Die jüdisch-christlich-islamische Tradition ist unter anderem auch dadurch in sich verflochten, dass sie insgesamt auf die hellenistisch-antike Tradition zurückgreift. Gerade deshalb ist Streit geboten. Denn allein im Angesicht des Anderen wird man seiner eigenen Religion gewahr.

Die Wahrheit scheint nicht einfach gegeben zu sein. Wer an der Wahrheit teilhaben will, muss um sie ringen. Die Streitkultur fordert nämlich das Miteinander: das Miteinander-Streiten um die Wahrheit, um sich zu kennen, den anderen zu verstehen und miteinander zu lernen. Es ist jedoch notwendig zu erkennen, dass keine Religion Besitzer der absoluten Wahrheit ist, sondern – wenn überhaupt – dann an ihr teilhat, solange sie nicht triumphierend im Namen Gottes, sondern demütig in Verantwortung vor Gott handelt.

So ist der Dialog nicht eine Plattform, auf der man den Anderen belehrt und bestenfalls auch das Andere kennenlernt; vielmehr ist der Dialog insofern bereichernd, als man in der Auseinandersetzung mit dem Anderen seine eigene Religion präziser begreift und kritisch hinterfragt. Denn – und darin liegt gerade die Stärke des Islams – das theologische Gespräch über die Grenzen der eigenen Religion hinaus zu wagen, fordert notwendig, auf die bloße und gemütliche Autorität der eigenen Offenbarung zu verzichten. Dieses Gespräch über die Grenzen hinaus gelingt allein, indem man sich auf das Argument des Anderen einlässt. Das kann zuweilen schmerzlich sein, aber es ist ohne Zweifel heilsam. Denn die Wahrhaftigkeit der Autorität zeigt sich nicht in der Voraussetzung, sondern im Resultat.

Wozu dient die Religion heute überhaupt, und wie ist der adäquate Ort der Religion und des Glaubens in unserer pluralen Mehrheitsgesellschaft zu bestimmen? Die Antworten auf diese Fragen können nur gemeinsam errungen werden, aus einer gemeinsamen und wahrhaftigen theologischen Streitkultur heraus. In dieser Streitkultur überragen – wie der Koran nahelegt – Ästhetik und Vernunft die Gewalt. Dann haben die Muslime, wie der Koran es formuliert, »an den Gesandten ein Vorbild, ein schönes« (Sure 33,21).

Freundschaften zwischen Muslimen, Juden und Christen

Ihr, die ihr glaubt! Nehmt euch die Juden und Christen nicht zu Freunden! Sie sind einander Freunde. Wer von euch sich ihnen anschließt, der gehört zu ihnen. Siehe, Gott leitet die Frevler nicht recht.

(Sure 5,51)

Von Prof. Dr. Johanna Pink

Hört man diesen Vers, scheint die Aussage klar: Muslime sind dazu angehalten, größtmögliche Distanz zu Juden und Christen zu wahren. Tatsächlich ist das arabische Wort *walī*, das hier als »Freund« übersetzt ist, jedoch mehrdeutig und schwer zu fassen; seine Bedeutung war und ist unter muslimischen Exegeten umstritten.

Einig sind sie sich bloß darin, dass es um eine enge persönliche Beziehung geht, die Verbindlichkeiten umfasst. In der Stammesgesellschaft, in der der Koran entstand, waren das zum Beispiel Bündnisverpflichtungen: Ein *walī*, das war jemand, der im Fall eines Krieges oder einer Blutfehde Beistand leistete oder Lösegeld zahlte.

Viele klassische muslimische Korankommentare gingen in ihren Auslegungen trotzdem weit darüber hinaus. Sie erklärten sehr wohl, man solle generell mit Juden und Christen keine zu freundschaftliche, vertrauensvolle oder intime Beziehung eingehen.

In der Moderne entstand ein breites Spektrum neuer Deutungen. So wurden in Zeiten des Kolonialismus politische Interpretationen populär. Hier wurde der Vers als Verbot der Kollaboration mit den zumeist christlichen Kolonialherren verstanden: »Nehmt euch die Juden und Christen nicht zu Führern!«, lautete ihre Lesart.

Im fundamentalistischen Spektrum hingegen diente der Vers dazu, Forderungen nach radikaler Abgrenzung von allem Nichtmuslimischen zu untermauern. Diese Auslegung beruft sich unter anderem auf den Anlass, zu dem der Vers offenbart worden sein soll.

Der Überlieferung zufolge geschah das während Mohammeds Zeit in Medina. Der Vers stellte eine Ermahnung an einen Heuchler dar, der zwar äußerlich Muslim, innerlich aber noch dem Unglauben verhaftet war. Dieser Heuchler soll sich aus Gründen des persönlichen Profits und aus mangelndem Gottvertrauen nicht von seinen jüdischen Bündnispartnern losgesagt haben, obwohl diese mit den Muslimen verfeindet waren.

Fundamentalistische Kommentatoren folgern daraus eine Pflicht zur vollständigen Lossagung von Nichtmuslimen. Allein die Beziehung zu Muslimen sei erlaubt. Wer sich nicht an diesen Grundsatz halte, sei kein Muslim mehr, argumentieren sie.

Man kann den Vers aber auch ganz anders lesen. Dem Offenbarungsanlass zufolge verbietet er das Bündnis mit einer bestimmten Gruppe von Juden, die sich mit den Muslimen im Krieg befand. Ist so eine Situation auf das Zusammenleben in heutigen pluralistischen Gesellschaften überhaupt noch übertragbar? Sind die damaligen Bündnisstrukturen der arabischen Stammesgesellschaft heute nicht obsolet? Hat nicht im Übrigen der Prophet selber Bündnisse mit Nichtmuslimen geschlossen? Erlaubt nicht der Koran an anderer Stelle muslimischen Männern, eine jüdische oder christliche Frau zu heiraten, legitimiert also zweifellos intime Beziehungen?

Gemäß vielen neueren Auslegungen verbietet dieser Vers lediglich ein Schutzverhältnis zu feindseligen nichtmuslimischen Gruppen in einer Kriegssituation. Die Frage der Freundschaft mit Nichtmuslimen, die dem Islam nicht feindselig gegenüberstehen, wird ihnen zufolge demnach gar nicht berührt. Schließlich sage der Koran an anderer Stelle, im 8. Vers der 60. Sure: »Gott verbietet euch nicht, zu denen, die euch nicht der Religion wegen bekämpft und nicht aus euren Häusern vertrieben haben, freundlich zu sein und sie gerecht zu behandeln. Siehe, Gott liebt die, die gerecht handeln.« Und im 7. Vers derselben Sure heißt es: »Vielleicht stiftet Gott ja zwischen euch und zwischen denen unter ihnen, die euch feindselig gesinnt sind, Liebe.«

Eine deutliche Abgrenzung des Christentums

Sprich: Gott ist Einer,
Ein ewig Reiner,
Hat nicht gezeugt und ihn gezeugt hat keiner,
Und nicht ihm gleich ist einer.

(Sure 112,1-4)

Von Prof. em. Dr. Stefan Wild

Dies ist eine der kürzesten Suren des Korans. Gleichwohl sagen viele Muslime, sie fasse den Islam in seiner Essenz zusammen. Diese Sure hat fünf wichtige Merkmale, zwei formale, drei inhaltliche:

Formal besteht diese Sure wie der gesamte Koran aus Versen, die sich reimen oder Assonanzen bilden. Die eben gehörte Übersetzung stammt von Friedrich Rückert, einem der genialsten deutschen Dichter und Übersetzer aus dem 18./19. Jahrhundert.

Vers 1 der Sure wird eingeleitet durch das Wort »sprich«: Damit fordert Gott den Propheten Mohammed auf, Gottes Wort zu verkünden. Was nach diesem Wort kommt, ist für Muslime eine unmittelbar göttlich inspirierte Rede. Gott spricht durch das Sprachrohr des Propheten. Über den ganzen Koran verteilt fordert der göttliche Sprecher mit diesem Wort »Sprich« mehr als dreihundert Mal den Propheten zur Verkündigung auf.

Inhaltlich lehrt die Sure die absolute Einheit Gottes. Der Koran nimmt auf, was die Juden meinten, wenn sie sagten: »Höre Israel: ›Der Herr, unser Gott, ist Einer.‹« Für mehrere Götter oder eine Dreifaltigkeit ist in diesem Monotheismus kein Platz.

Ebenso wenig darf der Muslim Gott als zeugend oder gezeugt denken. Der Vers: »Hat nicht gezeugt und ihn gezeugt hat keiner« ist eine direkte Ablehnung des christlichen Dogmas von der Gottessohnschaft Jesu. Im Felsendom zu Jerusalem steht diese Sure geschrieben und dient der Belehrung der Christen. Isa, wie Jesus im Koran heißt, ist im Islam ein großer Prophet, auch der Koran nennt ihn »Messias«, aber er bleibt hier ein Mensch. Er und seine Mutter Maria, arabisch: Maryam, genießen hohe Verehrung unter Muslimen. Der Koran bezeugt auch die jungfräuliche Geburt Isas. Aber Isa ist eben nicht göttlich.

Und dann ist da noch der zweite Vers der Sure, in dem sich »Gott ist Einer« reimt auf »ein ewig Reiner«. Das arabische Wort *samad,* das Rückert mit »ein ewig Reiner« übersetzt, kommt nur einmal im Koran vor. Die vielfältigen Bedeutungen, die spätere muslimische Exegeten in das Wort hineinlasen, sind so heterogen, dass man zu dem Schluss kommt, sie hätten es selber nicht genau gewusst. Aber nicht alles in einer heiligen Schrift muss klar sein. Der Koran selbst weist darauf hin, dass es in ihm klare und weniger klare Verse gibt. Die arabischen Exegeten pflegten in solch schwierigen Fällen zu sagen: »Und Gott weiß es am besten.«

Diese Sure 112 ist somit monotheistisches islamisches Urgestein. Sie bezieht sich auf den jüdischen Monotheismus und weist christliche Kerndogmen scharf ab. In dieser Hinsicht steht der Islam dem Judentum also näher als dem Christentum.

Es ist aber in der unübersichtlichen Landschaft der Spätantike oftmals nicht leicht, zwischen den konkurrierenden religiösen Gruppen Juden, Christen, monotheistischen Gottsuchern und Heiden, zwischen Häresie und Polemik auf der Arabischen Halbinsel zu unterscheiden. Wie gingen im Entstehen begriffene muslimische Gruppen unter der Leitung des Propheten und des Korans mit religiösen Konkurrenten um? Hier ist noch viel im Dunkel. Deshalb sagen wir auch hier vorläufig: »Und Gott weiß es am besten.«

Gott wollte keine Religionsgemeinschaften stiften

So richte dein Angesicht aufrichtig zum Glauben – einer Schöpfung Gottes, zu der er die Menschen erschaffen. Es gibt keine Änderung in der Schöpfung Gottes; dies ist der rechte Glaube, jedoch wissen es die meisten Menschen nicht.

(Sure 30,30)

Von Prof. Dr. Ömer Özsoy

Der Koran begründet seine Botschaft nicht mit einer besonderen Heilsgeschichte. Er begründet sie mit einer natürlichen Veranlagung, mit der Gott die Menschen ausstattete. Diese natürliche Veranlagung des Menschen, auf Gott ausgerichtet zu sein, heißt im Koran *fitra*.

Der Koran beschreibt diesen natürlichen Monotheismus am

Beispiel der sogenannten Hanifen, die im Arabien des 7. Jahrhunderts eine kleine Gruppe bildeten. Sie gehörten nicht zu einer der vorherrschenden, monotheistischen Religionen und beteten dennoch einen einzigen Gott an. Auffällig ist hierbei, dass der Koran den Propheten Mohammed nicht etwa dazu auffordert, die Hanīfen in seiner Umgebung zum Islam zu bekehren. Gott ruft ihn selbst auf, ihrem Bekenntnis zu folgen. Entsprechend wird Mohammed im eingangs zitierten Vers angesprochen.

Der *fitra*-Begriff wurde besonders durch die Lehre des 1905 verstorbenen ägyptischen Gelehrten Muhammad Abduh zur wesentlichen Grundlage des modernen islamischen Denkens. Auch für viele außenstehende Islamforscher unterscheidet diese koranische Schöpfungs- und Offenbarungstheologie den Islam von anderen monotheistischen Religionen, insbesondere vom Christentum.

Einer der wenigen christlichen Theologen, die sich mit dem Islam theologisch auseinandersetzen, ist Hans Zirker. Er schreibt:

> Die fundamentale Offenbarung Gottes ist mit seiner Schöpfung identisch. (...) Dies bekräftigt der Koran in einer selbst für ihn einmaligen mythologischen Szene, in der Gott die Menschen schon vor ihrer irdischen Existenz auf das wahre Bekenntnis verpflichtet, damit ihre Religion allen Zufällen irdischen Lebens und menschlicher Geschichte enthoben sei und sie sich ihr nicht schuldlos entziehen können.

Die von Zirker angesprochene Koranstelle ist Sure 7,172:

> Und als dein Herr aus den Lenden der Kinder Adams ihre Nachkommenschaft nahm und wider sich selber zu Zeugen nahm und sprach: »Bin ich nicht euer Herr?«, sprachen sie: »Jawohl, wir bezeugen es.«

Aufgrund dieser prähistorischen Offenbarung ist der Mensch also nicht auf eine zusätzliche Anleitung durch Boten Gottes angewiesen. Gott bliebe auch dann gerecht, wenn er sich in der Geschichte über seine prähistorische Offenbarung hinaus nicht melden würde.

Er hat sich aber aus seiner Barmherzigkeit heraus zusätzlich gemeldet, um die Menschen an ihre Uridentität als Geschöpfe Gottes zu erinnern. Gott hat sich nicht bei den Menschen gemeldet, um ihnen religionsgemeinschaftliche Identitäten wie die jüdische, christliche oder muslimische zu verleihen. Gott duldet unsere religiösen Identitäten lediglich als menschliche Realitäten, solange sie nicht zu »mörderischen Identitäten« gemacht werden, die monopolistische Heilsansprüche produzieren.

Gottes Barmherzigkeit – und die Frage, ob nur Muslime sie erlangen

Und wir sandten dich nur als Barmherzigkeit zu den Weltbewohnern.

(Sure 21,107)

Von Dr. Sahiron Syamsuddin

Sure 21 trägt den Namen: »Die Propheten«. Sie umfasst 112 Verse und wurde vor der Auswanderung des Propheten Mohammed nach Medina offenbart.

Der zitierte Vers kombiniert zwei zentrale Begriffe miteinander: *rahma* – zu Deutsch: Barmherzigkeit – und *ālamīn* – zu Deutsch: Weltbewohner. Über den Kontext gibt es zwei verschiedene Interpretationsrichtungen.

Der berühmte Korankommentator al-Zamachscharī erklärte im 12. Jahrhundert, der Begriff für Weltbewohner sei in seiner Bedeutung eingeschränkt. Die Entsendung Mohammeds sei ein Akt der Barmherzigkeit allein für jene Weltbewohner, die auch an seine Prophetenschaft glaubten. al-Zamachscharī schreibt:

Gott hat den Propheten Mohammed aus Barmherzigkeit gesandt, denn Gott bringt alle Dinge hervor, die den Weltbewohnern Fröhlichkeit geben, sofern diese ihm folgen. Wenn aber jemand Mohammed aus freien Stücken ablehnt und ihm nicht folgt, kommt die Ablehnung von ihm selbst. Er wird Barmherzigkeit nicht erlangen.

Zur weiteren Erläuterung zieht al-Zamachscharī einen Vergleich mit einer Wasserquelle heran. Wer Nutzen aus der Quelle ziehen will, schöpft Wasser zum Trinken oder Bewässern daraus. Wer das Wasser nicht genießen will, greift nicht zu. Nach al-Zamachscharī erfahren also nur die Muslime Barmherzigkeit.

Anders sieht das Muhammad al-Tabarī. Aus Sicht des großen Gelehrten aus dem 9. Jahrhundert erstreckt sich die Barmherzigkeit auf alle Weltbewohner, egal, ob sie Muslime sind oder nicht sind. al-Tabarī sagt:

Diejenigen, die die Prophetenschaft Mohammeds anerkennen, erhalten dadurch *hidāya* – göttliche Führung. Sie kommen hernach ins Paradies, weil sie Mohammed folgen und sich an die Belehrungen halten, die er mitgebracht hat. Die Barmherzigkeit gegenüber den Ungläubigen ergibt sich daraus, dass sie durch Mohammeds Präsenz vor den Strafen Gottes bewahrt wurden, die frühere Völker in dieser Welt noch getroffen hatten.

Eine ähnliche Auslegung findet sich bei Ibn Kathīr, der im 14. Jahrhundert wirkte. Er erklärt: »Gott hat Mohammed als Gnadenerweis zu allen Menschen geschickt.« Allerdings kommt auch Ibn Kathīr wieder zu der Schlussfolgerung:

»Wer auch immer diese Barmherzigkeit annimmt und dafür dankbar ist, wird im Diesseits und im Jenseits glücklich sein.

Jeder, der sie ablehnt, wird aber im Diesseits wie im Jenseits verloren gehen.«

Ein weiterer wichtiger Korankommentator ist Mahmūd al-Ālūsī. Er lebte im 19. Jahrhundert. Er vertritt die gleiche Interpretation, benutzt allerdings freundlichere Worte. al-Ālūsī schreibt:

»Es ist klar, dass das Wort Weltbewohner Ungläubige einschließt. Mohammed wurde schließlich gesandt, um das zu bringen, was die Basis des Glücks in beiden Welten darstellt. Aber die Ungläubigen haben diese Basis nicht genutzt.«

Obwohl al-Ālūsī, Ibn Kathīr und al-Zamachscharī auf der einen und al-Tabarī auf der anderen Seite ein unterschiedliches Verständnis des Kontexts vertreten, interpretieren alle das Wort Barmherzigkeit auch als eschatologischen Gewinn.

Muhammad Ibn Āschūr, ein tunesischer Gelehrter aus dem 20. Jahrhundert, interpretiert Barmherzigkeit hier nicht eschatologisch, sondern als Charakteristikum des Propheten Mohammed und des Islams. Er begründet das mit zwei Argumenten: Erstens, den Propheten zeichne Barmherzigkeit aus, und zweitens, die Religion des Islams ermögliche Frieden und Sicherheit für alle und alles – nicht nur für Menschen, auch für die Natur als Ganze. Zudem lasse sich das islamische Recht stets in Übereinstimmung mit der jeweiligen Zeit interpretieren.

Ich persönlich stimme Ibn Āschūr zu. Die Lehren des Islams wurden gegeben, damit die Menschen und die Natur als Ganze einen Nutzen davon haben.

Glaubensbekenntnisse

Der Gesandte glaubt an das, was ihm von seinem Herrn herabgesandt, und auch die Gläubigen: Ein jeder glaubt an Gott und seine Engel, seine Bücher und seine Gesandten – wir unterscheiden zwischen keinem seiner Gesandten! Sie sprechen: »Wir hören und gehorchen! Vergib uns, unser Herr!« Und: »Zu dir hin ist das Ziel.«

(Sure 2,285)

Von Dr. Emran El-Badawi

Auf diesen Koranabschnitt bezieht sich das, was hier das Glaubensbekenntnis des Gesandten genannt wird. In der späteren islamischen Tradition erklärt das Hadith-Schrifttum, also die Bücher zu den Überlieferungen Mohammeds, die doktrinären Elemente dieses Verses zu den Grundsätzen des Glaubens – arabisch: *arkān al-īmān*: Das sind Gott, die Engel, die heiligen Schriften, die Gesandten und die Vorherbestimmung. Offenkundig gibt es eine Entwicklung vom »urmuslimischen« Glauben auf Basis des Korans hin zu einem feststehenden Gebilde des »muslimischen« Glaubens auf Basis des Hadith.

Jahrhunderte nach der Offenbarung entstand die Auslegungsliteratur zum Koran. Sie liefert wertvolle kleine Hinweise auf den intertextuellen und historischen Hintergrund von Sure 2,285. Aber sie hat kaum Erläuterungen zu den rechtlichen, philologischen und hagiographischen Details.

Dieser Vers ist einer von mehreren Glaubensbekenntnissen im Koran. Um die Doktrin zu bekräftigen, benutzt er die klar umrissene Terminologie der christlichen Credos – und zwar so, wie sie am Vorabend des Islams vorgetragen wurden; oder allgemeiner gesprochen, wie sie in der Spätantike etwa vom 2. bis 7. Jahrhundert kursierten. Hören wir Auszüge aus dem Nizänischen Glaubensbekenntnis:

> Wir glauben an den einen Gott,
> den Vater, den Allmächtigen,
> der alles geschaffen hat, Himmel und Erde,
> die sichtbare und die unsichtbare Welt.
> Und an den einen Herrn Jesus Christus,
> Gottes eingeborenen Sohn,
> aus dem Vater geboren vor aller Zeit:
> ...
> Wir glauben an den Heiligen Geist,
> der Herr ist und lebendig macht.
> ...
> Wir bekennen die eine Taufe zur Vergebung der Sünden.
> Wir erwarten die Auferstehung der Toten
> und das Leben der kommenden Welt.
> Amen.

Ähnlich klingt das heute verbreitetere Apostolische Glaubensbekenntnis. So wie das Glaubensbekenntnis des Gesandten bezeugen das Nizänische und das Apostolische Glaubensbekenntnis erstens den Glauben an Gott, zweitens den Glauben an die Vergebung der Sünden und drittens den Glauben an die Auferstehung und das Leben nach dem Tod.

Wenig überraschend widerspricht das Bekenntnis des Gesandten in Bezug auf Jesus Christus und den Heiligen Geist. Die Menschwerdung Gottes und die Trinitätslehre werden zurückgewiesen. Ganz eindeutig heißt es: »Wir unterscheiden zwischen keinem seiner Gesandten!«

Ferner werden das Nizänische wie das Apostolische Bekenntnis als Akt einer gemeinschaftlichen Rede verkündet. Es heißt:

»WIR glauben an ...« Darin spiegeln sich die Ursprünge in den Konzilien und Synoden der Ostkirchen wider.

Dieser Brauch wird im Bekenntnis des Gesandten und dessen Abwandlungen bewahrt. Hier heißt es: »WIR« beziehungsweise »ALLE glauben an ...« Gelehrte argumentierten, bestimmte Koranpassagen seien in Form theologischer Glaubensbekenntnisse ausgedrückt worden, um die christlichen Bekenntnisse, wo sie Trinität und Menschwerdung umfassen, zu widerlegen. Es kann gut sein, dass die vier Verse aus Sure 112 mit Namen »Das reine Gottesbekenntnis« eine solche »Widerlegung« darstellen.

Dagegen können einige längere und diskursivere Koranpassagen ebenfalls in Form theologischer Bekenntnisse in den Suren 2, 3 und 4 gut als Bestätigung der Doktrin dienen. Wie in dieser Sendung gezeigt, ist der erläuterte Vers eine dieser Bestätigungen.

Der Koran und seine Widersprüche in der Haltung zu Christen und Juden

Siehe, diejenigen, die glauben, die sich zum Judentum bekennen, die Christen und die Sabier – wer an Gott glaubt und an den Jüngsten Tag und rechtschaffen handelt, die haben ihren Lohn bei ihrem Herrn, sie brauchen keine Furcht zu haben und sollen auch nicht traurig sein!

(Sure 2,62)

Von Prof. Dr. Fred M. Donner

»Christen und die Sabier – wer an Gott glaubt und an den Jüngsten Tag und rechtschaffen handelt, die haben ihren Lohn bei ihrem Herrn, sie brauchen keine Furcht zu haben und sollen auch nicht traurig sein!«

Der Koran spricht in erster Linie Menschen an, die er »Gläubige« nennt – arabisch: *muminūn*. Er definiert sie als diejenigen, die die Einzigkeit Gottes und die Unvermeidbarkeit des bevorstehenden Tags des Jüngsten Gerichts anerkennen und die rechtschaffen in Übereinstimmung mit Gottes offenbartem Wort leben. Gläubigen wird nach dem Tod ewiges Leben im Himmel versprochen, den der Koran gewöhnlich nur »den Garten« nennt – arabisch: *al-dschanna*.

Der Koran spricht in zahlreichen Passagen auch über die sogenannten »Leute der Schrift« oder »Schriftbesitzer« *(ahl al-kitāb)*. Es handelt sich dabei um einen Sammelbegriff für Christen und Juden. Sie werden so genannt, weil man anerkennt, dass sie frühere Offenbarungen der Worte Gottes empfangen haben – und zwar über Propheten, die aus koranischer Sicht Mohammeds Vorgänger sind.

Die Äußerungen im Koran über die Schriftbesitzer sind jedoch widersprüchlich: Manchmal werden sie scharf kritisiert und ihre Vorstellungen verworfen – vor allem die von der Gottessohnschaft Jesu. Dann wiederum werden positive Ansichten über die sie geäußert.

Der Vers, um den es heute geht, gehört zu den »positiven«. Er gibt eindeutig an, dass Juden und Christen, die rechtschaffen sind und an Gott und den Jüngsten Tag glauben, dieselbe Belohnung im Jenseits erhalten wie die Gläubigen. In der Tat besagt der Vers mit Nachdruck, dass solche redlichen Schriftbesitzer wirklich Gläubige sind.

Weitere Verse bekräftigen die Vorstellung, rechtschaffene Christen und Juden hätten als Teil der Gläubigen zu gelten – auch wenn das nicht auf alle zutreffe; was vermutlich daran liegt, dass sich manche von ihnen nicht ausreichend fromm verhalten – dass sie keine guten Dinge verrichten, wie es an anderen Stellen im Koran heißt (z. B. Sure 3,199).

Wie lassen sich die Widersprüche erklären zwischen jenen Versen, die Juden und Christen als Gläubige einschließen, und jenen, die sie pauschal verurteilen? Muslimische wie nichtmuslimische Korankommentatoren treibt das seit Jahrhunderten um.

Manche versuchten, Zusammenhänge mit den verschiedenen Phasen in Mohammeds Prophetenlaufbahn aufzuzeigen. Sie meinten, in der Zwiespältigkeit spiegele sich Mohammeds dynamisches Verhältnis zu den Juden und Christen seiner unmittelbaren Umgebung wider. Dieser Ansatz wird mitunter benutzt, um feindliche Haltungen zu Christen und Juden zu begründen. Die traditionelle Prophetenbiographie legt nämlich nahe, dass Mohammeds Verhältnis zu den Schriftbesitzern im Laufe der Zeit feindseliger geworden ist.

Manche Korankommentatoren argumentierten auch, gewisse Koranverse – zumeist die negativen – hätten nur bezogen auf ein spezifisches historisches Ereignis Relevanz. Andere Verse dagegen sollen universelle und ewige Gültigkeit haben. Dieser Ansatz wiederum wird mitunter benutzt, um eine eher tolerantere Vorstellung vom Islam zu begründen, in der Juden und Christen als monotheistische Partner eingebunden werden.

Mit dem Koran ist es mithin wie mit allen heiligen Schriften: Die Wahrheit liegt im Auge des Betrachters. Und die Diskussionen werden zweifelsohne noch lange anhalten.

GEWALT UND KRIEG

Die sogenannten Skandalverse

Und erschlagt sie, wo immer ihr auf sie stoßt, und vertreibt sie, von woher sie euch vertrieben; denn Unterdrückung ist schlimmer als Totschlag. (...) Und bekämpft sie, bis die Unterdrückung aufgehört hat und der Glaube an Gott da ist. Und so sie ablassen, so sei keine Feindschaft, außer wider die Ungerechten.

(Sure 2,191-193)

Von Prof. Dr. Ömer Özsoy

Der Koran ist in einem Zeitraum von über 22 Jahren stückweise offenbart worden. Er bezieht sich auf verschiedenste Geschehnisse und Gegebenheiten der Offenbarungszeit zwischen 610 und 632. Deshalb finden wir in ihm Spuren fast aller Ereignisse seiner Zeit: Alltägliches und Rituelles, Friedliches und Kriegerisches, Rechtliches und Religiöses. Er behandelt seine Themen nicht abstrakt, sondern in bestimmten Kontexten und anhand von Beispielen. So ist es auch mit dem Thema »Religionsfreiheit und Gewalt«.

Bei einer genaueren historischen Betrachtung des Korans lässt sich feststellen: Gerade in Koranversen, die aufgrund ihres kriegerischen Inhalts von vielen Hasspredigern und Islamgegnern hervorgehoben werden, steckt eigentlich eine freiheitliche Grundhaltung zu Glaubens- und Meinungsverschiedenheit. Zu diesen Koranstellen zählen vor allem die sogenannten »Skandalverse«, die in den letzten Jahren der Offenbarung in Medina herabgesandt worden sind – dazu gehören auch die Verse 191 bis 193 in Sure 2.

Das Schlüsselwort im arabischen Original lautet *fitna*: »Und bekämpft sie, bis die *fitna* aufgehört hat«. Das Wort bedeutet ursprünglich »Unterdrückung«, »Folter« und »Prüfung«. In vielen Korankommentaren aus dem Mittelalter wird *fitna* als »Unruhe« und »Aufruhr« verstanden und als »Unglaube«, »Götzendienst« und »Häresie« interpretiert. Diese Aussage bekam nachträglich eine Bedeutung, mit der man rechtfertigen konnte, Nichtmuslime oder andersdenkende Muslime als »Unruhestifter« zu unterdrücken und zu verfolgen. Denn ebendieser Wortlaut bietet sich für weitgehende Überinterpretationen an: »Kämpft gegen sie, bis niemand mehr Unruhe stiftet«, »... bis niemand mehr ungläubig ist«, »... bis niemand mehr anders denkt« usw.

Der Vers spricht ursprünglich nicht von einer Auseinandersetzung mit denjenigen, die nicht glauben oder anders glauben. Vielmehr geht es in dem Vers um die kriegerischen Auseinandersetzungen mit den heidnischen Mekkanern. Diese Mekkaner übten gegenüber den ersten, noch schwachen Muslimen Gewalt aus, bis diese ihre Heimat verlassen und nach Medina auswandern mussten. So gesehen, geht es in dieser Koranpassage um nichts anderes als um das Prinzip, sich gegen Verfolgung und Unterdrückung zur Wehr zu setzen und auf Glaubensfreiheit zu beharren.

Dieser Ansatz stimmt mit der UNESCO-Erklärung über die Prinzipien der Toleranz überein. Dort heißt es in Artikel 1, Absatz 4: »In Übereinstimmung mit der Achtung der Menschenrechte bedeutet praktizierte Toleranz weder das Tolerieren sozialen Unrechts noch die Aufgabe oder Schwächung der eigenen Überzeugungen.«

So weit die UNESCO-Erklärung über die Prinzipien der Toleranz. Zum Abschluss nun noch einmal die Verse, die hier erläutert wurden: »Und erschlagt sie, wo immer ihr auf sie stoßt, und vertreibt sie, von woher sie euch vertrieben; denn Unterdrückung ist schlimmer als Totschlag. (...) Und bekämpft sie, bis die Unterdrückung aufgehört hat und der Glaube an Gott da ist. Und so sie ablassen, so sei keine Feindschaft, außer wider die Ungerechten.«

Apostasie – Droht beim Abfall vom Islam der Tod?

Die Beduinen sagen: »Wir sind Gläubige.«
Sag: »Ihr seid nicht wirklich Gläubige. Sagt vielmehr: ›Wir haben den Islam angenommen.‹ Denn der Glaube ist euch nicht in eure Herzen eingegangen. Wenn ihr aber Gott und seinen Gesandten gehorcht, schmälert er euch nichts von euren Werken.«

(Sure 49,14)

Von Prof. Dr. Frank Griffel

Einer der heftigsten Streitpunkte unter Muslimen heute dreht sich darum, wer wirklich Muslim ist und wer nicht. Radikale muslimische Terrorgruppen wie der sogenannte Islamische Staat behaupten, dass sie allein wahre Muslime seien, wohingegen all jene, die an Mohammed als Propheten glaubten und sich dem Islamischen Staat widersetzten, keine echten Muslime seien. Leisten sie Widerstand gegen den Islamischen Staat, dann sind sie demzufolge Apostaten, also vom Islam abgefallene Muslime.

Der Prophet Mohammed hat in einem Ausspruch, der durch eine Kette von zuverlässigen Überlieferern auf ihn zurückgeführt wird, gesagt, dass Muslime, die vom Islam zu einer anderen Religion wechselten, mit dem Tod bestraft werden könnten. Zunächst müsse ihnen aber die Gelegenheit gegeben werden, zum Islam zurückzukehren. Erst wenn sie das ausschlügen, könnten sie hingerichtet werden.

Moderne Terrororganisationen wie der Islamische Staat oder auch al-Kaida verweisen auf diese Äußerungen Mohammeds zur Bestrafung von Apostaten und versuchen so, die Gewalt, den Mord und den Terror, den sie gegen andere Muslime ausüben, für gesetzmäßig zu erklären.

Der eingangs zitierte Vers wurde dem Propheten zu einem Zeitpunkt gesandt, als er sich in einem Streit mit Beduinen befand, die in der Wüste um die Oasenstadt Medina lebten. Hierbei ging es um den Beitrag, den die Beduinen zum Gemeinwesen der Muslime leisten sollten. Dieser Beitrag umfasste sowohl finanzielle Leistungen als auch persönliche Dienste.

Bald nach dem Jahr 622, als Mohammed von Mekka nach Medina gekommen war, hatten die Beduinen den Islam angenommen. Sie konnten sich aber einfach durch Umzug in die Wüste den Forderungen der neuen Gemeinschaft entziehen.

Vers 14 in Sure 49 soll nun – so informieren uns die Kommentare zum Koran – das Verhältnis des einzelnen Muslim zur Gemeinschaft der Gläubigen klären. Gott informiert Mohammed darin, dass die Beduinen, die sich ihm widersetzten, zwar den Islam angenommen hätten, aber nicht wirklich die neue Religion ausübten. Der neue Glaube sei nicht in ihre Herzen eingegangen, heißt es. Noch nicht, kann man vielleicht hinzufügen.

Der Vers besagt aber auch: Egal, was die Beduinen in ihren Herzen glauben, sie sind und bleiben Muslime. Sie haben den Islam angenommen und genießen deshalb alle Rechte. Das schützt sie zum Beispiel vor anderen Muslimen, die sie vielleicht wegen ihres fehlenden Glaubens oder ihres mangelnden Beitrags zum Gemeinwesen angreifen wollen.

Islamische Rechtsgelehrte haben im Vers 14 der 49. Sure stets einen Beleg dafür gesehen, dass man Menschen, die sich zum Islam bekennen, nicht des Abfalls vom Islam anklagen und bestrafen oder sogar töten dürfe. Seht her, argumentieren sie, Gott hat den Propheten Mohammed angewiesen, die Beduinen wegen ihres mangelnden Glaubens nicht zu bestrafen. Allein das Bekenntnis zum Islam und nicht der Glaube und auch nicht die Taten schützt Leben und Besitz.

Mohammed hat anerkannt, dass die Beduinen Muslime sind. Er hat ihr Leben und ihren Besitz geachtet. Zudem erinnerte er sie daran, dass sie auf Gottes Barmherzigkeit hoffen könnten, solange sie ihm und seinem Gesandten gehorchen.

Über die Berechtigung zum Kampf

Die Erlaubnis, sich zu verteidigen, ist denen gegeben, die bekämpft werden, weil ihnen Unrecht geschah. Siehe, Gott hat die Macht, ihnen beizustehen. Jenen, die ohne Recht aus ihrer Wohnstatt vertrieben wurden, nur weil sie sprachen: »Unser Herr ist der eine Gott.« Und hätte Gott nicht die Menschen, die einen durch die anderen, zurückgehalten, zerstört worden wären Klöster, Kirchen, Synagogen und Moscheen, in denen der Name Gottes oft genannt wird. Gott wird fürwahr dem helfen, der ihm hilft.

(Sure 22,39-40)

Von Prof. Dr. Mustansir Mir

Dieser Auszug stammt aus einer medinensischen Sure. Der Koran gestattet hier der frühen muslimischen Gemeinde unter dem Propheten Mohammed, zu den Waffen zu greifen, um Angriffe abzuwehren.

Während der mekkanischen Phase seiner Prophetenschaft vom Jahr 610 bis 622 hatten die Muslime unter der Verfolgung durch die Quraisch, den herrschenden Stamm in Mekka, zu leiden. In dieser Zeit waren die Muslime noch nicht in der Position, Gewalt anzuwenden, um diese Verfolgung zu stoppen. Erst nach der Errichtung eines unabhängigen muslimischen Stadtstaats in Medina 622 erhielten sie von Gott die Erlaubnis, sich mit Waffengewalt zu wehren.

Das bedeutet nun erstens, die Berechtigung zum Kampf im Islam wurde grundsätzlich dazu erteilt, sich gegen Aggressionen zu wehren. Zweitens, Muslime dürfen nur dann zurückschlagen, wenn sie als organisiertes politisches Gemeinwesen zusammenleben beziehungsweise als muslimischer Staat. Im Umkehrschluss haben einzelne Muslime oder isolierte Gruppen somit nicht das Recht, von selbst zu den Waffen zu greifen, um Aggressionen zu begegnen. Denn ein solches nicht autorisiertes Vorgehen könnte zu Anarchie und Instabilität führen.

Die Begründung für die in Vers 40 verkündete Erlaubnis trägt einen deutlichen religiösen Charakter: nämlich den Schutz von »Klöstern, Kirchen, Synagogen und Moscheen, in denen der Name Gottes oft genannt wird«. Mit diesen Worten bestätigt der Koran, dass die Moschee nicht der einzige Platz ist, der im Namen des einen Gottes gewählt wird.

So lautet eine Schlussfolgerung aus Vers 40, dass allen religiösen Gemeinschaften die Unversehrtheit ihrer Gotteshäuser zusteht und nicht nur der Schutz islamischer Heiliger Stätten in die Verantwortung eines islamischen Staatswesens fällt. Das hier zugrundeliegende Prinzip kann als religiöse Toleranz oder – noch allgemeiner gefasst – als Religionsfreiheit betrachtet werden.

Dies wird bestätigt, wenn man die Aussage im Lichte einer Reihe anderer koranischer Verkündigungen betrachtet – zum Beispiel Sure 2,256, in der Zwang in religiösen Fragen abgelehnt wird. Eine islamische Gesellschaft ist folglich dazu verpflichtet, Religionsfreiheit sicherzustellen – und zwar für Muslime wie für Nichtmuslime.

Der zitierte Koranabschnitt zeigt ferner, wie ein bestimmtes historisches Ereignis herangezogen wird, um eine allgemein gültige Regel abzuleiten. Das ist vergleichbar mit Sure 2,251. Dort wird von der Niederwerfung der Philister durch die Israeliten und der Tötung Goliaths durch David berichtet. Sodann heißt es, die Erlaubnis zum Bekämpfen der Aggressionen diene dazu, der Verderbnis auf Erden vorzubeugen. Da Gott gerecht ist, würde er es nicht erlauben, dass Unrecht und Ungerechtigkeit ungehemmt die Oberhand gewinnen können.

Allerdings haben die Menschen die Aufgabe, als Gottes Erfüllungsgehilfen der Etablierung von Gerechtigkeit und Gleichheit auf Erden zu dienen. Bemerkenswert ist, dass der Kampf gegen Unrecht und Ungleichheit hier als Hilfe für Gott beschrieben wird, sprich als ein göttlich sanktionierter Akt. In diesem Sinn unterstützen Menschen, die sich gegen Ungerechtigkeit erheben, die Sache Gottes.

Feindesliebe im Koran?

Nicht gleichen einander die gute Tat und die schlechte. Wehre ab mit der besseren! Da ist der, mit dem du in Feindschaft lebst, wie ein inniger Freund und Beistand.

(Sure 41,34)

Von Prof. em. Dr. Hans Zirker

Dieser Vers ist im Koran einzigartig, obwohl er mit einer Reihe vertrauter Momente einsetzt.

Da ist zunächst der entschiedene Gegensatz des Guten und des Schlechten. Zumeist wird er wie hier nicht weiter erläutert; im Grund sollte jeder selbst schon wissen, was auf die eine Seite gehört und was auf die andere. Scharf wird die Grenze gezogen. Die im Koran mehrfach gebrauchte Formel »nicht gleichen einander ...« schließt Übergänge aus, bei Sehenden und Blinden, Lebenden und Toten, Finsternis und Licht. Nichts Vermittelndes mildert die Gegensätze. Auch die Aufforderung, sich im Streit dadurch zu behaupten, dass man das Bessere tut – man könnte auch übersetzen »das Beste«, »das möglichst Gute« –, finden wir im Koran andernorts.

Nur unser Vers aber bezieht sich dabei ausdrücklich auf wechselseitige Feindschaft, auf den Widersacher in bedrohlicher Lage. Und gerade dabei kommt es zu der überraschenden, ja bestürzend einfachen Wendung. Dem arabischen Wortlaut entsprechend könnte man auch übersetzen: »Und siehe da, dein Feind ist wie ein inniger Freund und Beistand.« Wie durch ein plötzliches Wunder ist die Situation in ihr äußerstes Gegenteil umgeschlagen.

Diesen Vers zu begreifen, ist ebenso heikel, wie nach ihm

zu handeln. Kann das realistisch sein? Ist es nicht eher leichtfertige Utopie? Ist hier der Koran, der doch so oft gewaltsame Maßnahmen fordert, noch mit sich selbst stimmig? Verweist der Satz vielleicht nur ins Private, lässt das Politische außer Acht?

Im folgenden Vers lesen wir, dass eine solche Überwindung von Feindschaft nur denen gelingen kann, »die standhaft sind«, und »nur dem mit mächtigem Glück«. Die Versöhnung soll nicht als Leistung begriffen werden, sondern als Gabe. Dennoch bleiben die gestellten Fragen. Gewiss ist unser Vers kein Beleg für eine schlechthin humane Grundhaltung des Korans. Wie die Sätze, die Gewalt rechtfertigen, hat auch diese Forderung ihre eigene Situation. Doch wir kennen sie nicht.

Nach allgemeiner Einschätzung stammt die Sure aus der späten mekkanischen Zeit; die großen politischen Zerwürfnisse und Aufgaben zeigen sich also schon am Horizont, aber stehen noch aus. Noch hat Mohammed nicht die Verantwortung für ein von Spannungen und Feindschaften betroffenes Gemeinwesen übernommen wie bald darauf in Medina.

Doch ist mit dieser Datierung dem verheißungsvoll versöhnlichen Aufruf keine Grenze gezogen; er ist nicht für die künftigen Verhältnisse erledigt. Die Sure wurde und wird ja weiterhin rezitiert; der Stachel ist gesetzt und bleibt über seinen ursprünglichen Anlass hinaus erhalten. Auch wenn wir den Vers nicht eindeutig verstehen und in seiner Bedeutung festschreiben können, so trägt er doch gerade damit wesentlich zum Verständnis des Korans insgesamt bei. Deutlicher als sonst erkennen wir hier, dass auch das abgeschlossene Buch noch nicht fertig ist.

Es braucht diejenigen, die es hören und lesen, die sich von ihm berühren lassen, über es verhandeln, die ausmachen, wie sie seinem Anstoß folgen könnten, aber auch, womit es sie vielleicht überfordert.

Übertriebene Strafen

Der Lohn derer, die gegen Gott und seinen Gesandten Krieg führen und überall im Land eifrig auf Unheil bedacht sind, soll darin bestehen, dass sie umgebracht oder gekreuzigt werden oder dass ihnen wechselweise Hand und Fuß abgehauen wird oder dass sie des Landes verwiesen werden.

(Sure 5,33)

Von Prof. em. Dr. Gerald Hawting

Dieser Vers wird oft als *hirāba*-Vers bezeichnet – *hirāba* ist ein arabisches Wort für Räuberunwesen beziehungsweise Brigantentum. Der Vers legt eine Reihe von möglichen Bestrafungen für diejenigen dar, die für schuldig befunden wurden, gegen Gott und seinen Gesandten Krieg zu führen und im Land auf Unheil bedacht zu sein. Man muss den Vers zusammen mit dem nachfolgenden lesen. Der besagt, dass jeder von den Strafen ausgenommen ist, der bereut und seine unerlaubten Handlungen einstellt, bevor er gefangen genommen wird.

Sure 5,33 gibt nicht genau an, welche Sünden und Verbrechen gemeint sind. Der Vers scheint daher Herrschern und Regierungen die Möglichkeit zu bieten, die harte Bestrafung von allen möglichen Dissidenten und Gegnern zu rechtfertigen. In der Moderne haben diverse Unterstützer der Idee eines Islamischen Staates dieses breite Verständnis übernommen.

Dagegen tendierten traditionelle islamische Juristen dazu, den Rahmen dieses Verses zu begrenzen. In der Regel taten sie das, indem sie ihn so interpretierten, dass er sich hauptsächlich auf Straßenraub oder Wegelagerei beziehe.

Traditionelle Korankommentatoren stellten den Vers in den Kontext des vorhergehenden. Vers 32 berichtet davon, dass Gott als Folge des Mords von Kain an seinem Bruder Abel den Kindern Israel das Töten verboten habe. Ausnahmen wurden gemacht für Mord und für das Verbreiten von Unheil im Land. Sure 5,33 wird nun so verstanden, dass er die Bedeutung dessen für die Muslime klarstellt.

Alle Koranexegeten sind sich einig, dass der Vers in Medina offenbart wurde. Unterschiedliche Auffassungen hingegen gibt es über den Anlass für die Herabsendung. Manche meinten, der Vers sollte dem Propheten Mohammed mitteilen, wie er mit Juden und anderen Besitzern eines heiligen Buchs zu verfahren habe, die ihre Vereinbarungen mit ihm gebrochen hätten. Andere Koranexegeten meinten, die Offenbarung habe mit Heiden zu tun gehabt, die Mohammed bekämpft hätten.

Am weitesten verbreitet ist derweil die Geschichte einiger arabischer Stammesangehöriger. Sie hatten den Islam für sich angenommen, doch das Leben in Medina gefiel ihnen nicht. So erteilte ihnen Mohammed die Erlaubnis, in die Wüste zu ziehen. Dort besaß er eine Kamelherde. Als die Araber diese erreichten, töteten sie den Viehhüter und nahmen die Tiere in Besitz. Als die Männer gefangen genommen wurden, bestrafte sie der Prophet hart – härter, als es die Strafen in Sure 5,33 vorsehen. Mohammed stach ihnen die Augen aus und setzte sie zum Sterben der Sonne aus. Daraufhin wurde der Vers offenbart, um ihn über die korrekte Art der Bestrafung in solchen Fällen zu informieren.

Diese Darstellung warf aus Sicht der Kommentatoren mehrere Fragen auf: Bedeutete das, dass Gott seinen Propheten zurechtgewiesen hatte? Mohammed gilt als Vorbild, den Gott vor Sünden bewahrt habe.

Manche sahen in der Zurechtweisung kein Problem. Die

meisten konnten sich das jedoch nicht vorstellen. Deshalb suchten sie nach nachvollziehbaren Erklärungen für das harte Vorgehen des Propheten gegen die Stammesangehörigen.

Ferner fragten sich die Korankommentatoren: Waren die arabischen Räuber Apostaten oder weiterhin Muslime? Einige Gelehrte meinten, das Töten des Viehhüters und der Diebstahl der Kamele kämen einer Lossagung vom Islam gleich. Andere argumentierten, die in Sure 5,33 erwähnten Strafen seien auf Apostaten nicht anwendbar. Das islamische Recht gehe anders mit ihnen um.

Es ergaben sich weitere Fragen zu diesem Koranvers: Müssen nur jene, die innerhalb einer Stadt morden oder töten, bestraft werden, wie im Vers beschrieben, oder gilt das auch für Taten außerhalb einer Stadt? Wenn jemand gemäß dem Vers aus dem Land vertrieben werden soll, wie weit weg musste das sein? Galten die verschiedenen Strafen für bestimmte Umstände? Sollte also die Verbannung zum Beispiel auf Räuber angewendet werden, wenn niemand getötet wurde?

Akademische Gelehrte gingen noch einmal anders an den Vers heran. Sie versuchten, ihn im Lichte der Erkenntnisse über die verschiedenen Strafformen zu betrachten, die zur Entstehungszeit des Islams im Nahen und Mittleren Osten verbreitet waren.

Die Schwertverse

Und wenn die heiligen Monate abgelaufen sind, dann tötet die Götzendiener, wo immer ihr sie findet, und ergreift sie und belagert sie und lauert ihnen aus jedem Hinterhalt auf.

(Sure 9,5)

Von Prof. Dr. Ruud Peters

Das Prinzip der Abrogation – also das Aufheben eines Gesetzes durch ein neues – ist ein zentrales Interpretationsinstrument, um die Botschaften des Islams in Einklang zu bringen. Wenn sich zwei Koranverse widersprechen und durch Interpretation nicht harmonisiert werden können, nimmt man an, dass der später offenbarte Vers den früheren abrogiert. Dieses Prinzip spielt eine entscheidende Rolle für die Doktrin des Dschihad.

Der eingangs zitierte Vers wird für gewöhnlich als Schwertvers bezeichnet. Er wurde kurz vor dem Ableben Mohammeds offenbart. Die Muslime werden hier bedingungslos aufgerufen, die Polytheisten – arabisch: *muschrikūn* – zu bekämpfen und zu töten.

Frühere Verse indes knüpfen den Kampf gegen die Polytheisten an Rechtfertigungen wie feindliche Aggressionen, Vertragsverletzungen oder die Vertreibung Mohammeds aus Mekka. Die Korankommentatoren und Rechtsgelehrten argumentierten, Sure 9,5 hebe all diese früheren Verse zur Kriegsführung auf. Sie lasen aus dem Vers sogar eine bedingungslose Pflicht der gesamten Gemeinde zum Kampf gegen die Polytheisten heraus. Demnach wird so lange gekämpft, bis die Polytheisten den Islam annehmen – im Fall von Juden und Christen: bis diese die muslimische Herrschaft anerkennen und bereit sind, eine

Kopfsteuer zu zahlen. So besagt es Sure 9 Vers 29, der ebenfalls Schwertvers genannt wird: »Kämpft gegen diejenigen, die nicht an Gott und an den Jüngsten Tag glauben [...], bis sie eigenhändig den Tribut in voller Unterwerfung entrichten.« Die Kriegsführung des islamischen Staates wurde ganz allgemein mit der Ausweitung des muslimischen Territoriums gerechtfertigt.

Diskutiert wurde unter den Rechtsgelehrten die Frage, ob die Nichtmuslime jenseits des muslimischen Territoriums allesamt bekämpft und getötet werden können oder nicht. Einige machten geltend, der Unglaube – arabisch: *kufr* – diene als Begründung für das Bekämpfen und Töten von Nichtmuslimen.

Gerettet werden könnten die verschiedenen Gruppen der Nichtmuslime daher nur, wenn es dafür eindeutige Hinweise in den Quellen gebe – also im Koran oder in den Hadithen, den Überlieferungen über das Leben und Handeln Mohammeds. Das ist zum Beispiel kraft mehrerer authentischer und unbestrittener Hadithe bei Frauen und Kindern der Fall.

Andere Rechtsgelehrte verfochten den Standpunkt, nur Kombattanten dürften bekämpft und getötet werden. Zum Beleg verwiesen sie auf Sure 2,190: »Und kämpft auf dem Weg Gottes gegen diejenigen, die gegen euch kämpfen, doch übertretet nicht. Wahrlich, Gott liebt nicht diejenigen, die übertreten.«

Jene Rechtsgelehrten argumentierten auch, dieser Koranvers biete keine Begründung für den Eintritt in einen Krieg – also kein »ius ad bellum« –, der Vers liefere vielmehr eine Verhaltensmaßregel für diejenigen, die sich bereits im Krieg befänden – also ein »ius in bello«.

Die Ansicht einer bedingungslosen Pflicht zum Kampf gegen Nichtmuslime wurde um die Wende vom 19. zum 20. Jahrhundert angezweifelt. Die Islamgelehrten Muhammad Abduh und Rashid Rida führten den Gedanken in ihrem Korankommentar *al-Manār* aus. Sie hielten es für nicht plausibel, dass allein zwei Schwertverse zig andere Verse abrogieren sollten, die eine Kriegsführung nur dann erlauben, wenn es dafür eine Rechtfertigung gibt.

Abduh und Rida lehnten den Gebrauch der Abrogation in diesem Kontext ab. Kriegsführung ist ihnen zufolge nur legitimiert, wenn zum Beispiel Nichtmuslime Aggressionen begehen, Verträge verletzen oder Muslime daran hindern, die Botschaft des Islams zu verbreiten. So gesehen muss die Beziehung zwischen dem Islam und dem Rest der Welt auf einer friedlichen Koexistenz basieren.

Heutzutage ist die Vorstellung, dass der Dschihad mit einem gerechten Krieg identisch ist, unter weiten Teilen der muslimischen Gelehrten verbreitet.

Der Kindesmord

Und tötet nicht eure Kinder aus Furcht vor Verarmung. Ihnen und euch bescheren wir doch den Lebensunterhalt. Sie töten ist eine große Sünde.

(Sure 17,31)

Von Prof. i. R. Dr. Adel Theodor Khoury

Der Koran gebietet den absoluten Respekt des Lebens. Sein allgemein gültiger Grundsatz steht in Sure 5,32 und lautet: »Wenn einer jemanden tötet, jedoch nicht wegen eines Mordes oder weil er auf der Erde Unheil stiftet, so ist es, als hätte er die Menschen alle getötet.« So verbietet der Koran mit Entschiedenheit den Mord (Sure 4,29), und er mahnt, wie im eingangs zitierten Vers, die Eltern, ihre Kinder nicht aus Verarmung zu töten, denn Gott wird für sie und für die Kinder sorgen.

Der Kindesmord ist ein großer Verlust für die Eltern, weil sie ohne richtiges Wissen ihre Kinder töten, wie es im Koran heißt (Sure 6,140). Er sei auch eine schlimme Verordnung der Satane bzw. der Götzen (Sure 6,137). Es ist hier nicht eindeutig klar, ob es sich um Kindestötung als Opfergabe an die Götter handelt. An anderer Stelle spricht der Koran davon, dass die Heiden ihre Kinder aus Angst vor Verarmung töteten (Sure 6,151; 60,12) oder die ihnen geborenen Mädchen verscharrten (Sure 81,8-9), wohl weil die Kosten ihrer Erziehung und Verheiratung einfach zu hoch waren.

Ein besonderes Problem stellt sich in Bezug auf die Abtreibung. In der klassischen Zeit im Mittelalter gründeten die Rechtsgelehrten ihr Urteil auf die damaligen Kenntnisse vom Entstehen des Menschen im Schoß seiner Mutter. Sie gingen davon aus, dass der empfangene Embryo erst nach 120 Tagen zu einem beseelten Fötus und damit zu einem Menschen wird. Daher betrachteten sie nur den Fötus als absolut schutzwürdig, während das werdende Leben vor dem Einhauchen der Seele in Ausnahmefällen bzw. aus einem triftigen Grund geopfert werden durfte.

Ausgehend vom heutigen Stand der ärztlichen Kenntnisse vom werdenden Leben vertreten die modernen muslimischen Gelehrten in ihrer Mehrheit eine strenge Auslegung der Bestimmungen der traditionellen Gesetze. Sie treten für die unbedingte Schutzwürdigkeit des werdenden Lebens ein und lassen einen Schwangerschaftsabbruch nur für den Fall zu, in dem es um die Rettung des Lebens der Mutter geht.

So überwiegt auch die Meinung, dass das menschliche Leben vom Zeitpunkt der Zeugung geschützt werden soll. Denn ein menschliches Leben sei von Anfang an Schöpfung Gottes, heißt es im Koran (Sure 23,12-14; 56,57-59). Und jeder Mensch, auch in diesem Stadium der Entwicklung und des Wachsens, sei nicht der Verfügungsgewalt des Menschen, nicht einmal der Eltern, unterworfen, sondern er sei Sklave, Diener und Eigentum seines Schöpfers. Daher besitze niemand das Recht, ihn nach eigenem Gutdünken zu töten.

Ein Schwangerschaftsabbruch sei also nur dann zulässig, wenn mit Sicherheit feststeht, dass das Leben der Mutter in Gefahr ist, wenn dabei keine andere Möglichkeit besteht, das Leben der Mutter zu retten, als durch die Abtreibung und endlich wenn der Eingriff nach ärztlichem Dafürhalten auch den gewünschten Erfolg bringt. Der Grund für diese Ausnahme sei das Prinzip, dass man von zwei Übeln das geringere zu wählen habe.

Die Kinder, geborene und ungeborene, stehen somit nach dem Koran unter dem besonderen Schutz Gottes, ihres Schöpfers und Wohltäters.

GESCHICHTE UND MODERNE

Der Anspruch der Muslime auf Jerusalem

Gepriesen sei, der seinen Knecht nachts reisen ließ
vom heiligen Gebetsplatz bis zum fernsten,
um den herum wir Segen spendeten,
um ihm von unseren Zeichen einige zu zeigen.
Siehe, er ist der Hörende, der Sehende.

(Sure 17,1)

Von Prof. i. R. Dr. Hartmut Bobzin

Das ist der 1. Vers von Sure 17. Sie wurde in Mekka offenbart und heißt auf Arabisch *al-isrā*, zu Deutsch: »Die Nachtreise«.

Die muslimischen Korangelehrten sind sich einig, dass mit dem hier genannten »Knecht« kein anderer gemeint ist als Mohammed und dass in diesem Vers auf ein besonderes Ereignis in seinem Leben Bezug genommen wird, nämlich auf seine nächtliche Reise von Mekka aus zum – wie es heißt – »fernsten Gebetsplatz«.

Nach Auffassung der meisten muslimischen Koranauslegungen ist mit dem »fernsten Gebetsplatz« der Tempelbezirk in Jerusalem gemeint. Denn die danach folgende Beschreibung: »um den herum wir Segen spendeten« wird in anderen Koranversen stets auf das Heilige Land, also Palästina, bezogen.

Heute betrachtet man die al-Aksa-Moschee und den Felsendom auf dem Tempelberg in Jerusalem als den Ort, an dem Mohammed bei seiner Nachtreise ankam. In den Auseinandersetzungen des Nahostkonflikts wird dies von vielen dazu benutzt, um Israel gegenüber Ansprüche auf den Tempelbezirk zu erheben. Auch wegen dieser nächtlichen Reise des Propheten gilt Jerusalem – nach Mekka und Medina – als drittwichtigste Heilige Stadt des Islams. Jerusalem markierte zunächst sogar die Gebetsrichtung für die Muslime, bevor diese gen Mekka gedreht wurde.

Sure 17 beginnt – wie wir gehört haben – mit den Worten »Gepriesen sei, der seinen Knecht nachts reisen ließ«. Das arabische Zeitwort *asrā*, zu Deutsch: »er ließ nachts reisen«, wird umgeformt zu dem Substantiv *al-isrā*, zu Deutsch: »die Nachtreise«. Und dieses wird nun auch als Name für die gesamte Sure benutzt.

Die näheren Umstände dieser sagenumwobenen Nachtreise sind unter den muslimischen Koranauslegern außerordentlich umstritten. Dem verbreiteten Glauben nach reiste Mohammed auf einem pferdeähnlichen Wesen namens al-Burāq. Begleitet wurde er vom Erzengel Gabriel, der ihm ansonsten die Koranverse übermittelt. Zunächst ging die Reise also von Mekka nach Jerusalem und von dort in einer sogenannten Himmelsreise – auf Arabisch *al-mirādsch* – hinauf zu Gott. Aus Zeitgründen kann das hier nicht näher ausgeführt werden.

Einem ganz anderen Thema wendet sich der zweite Vers von Sure 17 zu:

Wir gaben Mose das Buch
und machten es für die Kinder Israel zur Weisung. (Sure 17,2)

Die Rede ist nun also nicht mehr von der Nachtreise, sondern von den »Kindern Israel«, also den vorchristlichen Israeliten, und von Mose, dem – wie es heißt – »das Buch« verliehen wurde. Dieses Buch wird an anderen Stellen im Koran »Torā« genannt. Es sollte den »Kindern Israel« als Weisung dienen – beziehungsweise als »Rechtleitung«, arabisch *hudā*. Das heißt, einzig nach dem, was in diesem Buch steht, sollten sich die Israeliten richten. Damit wird darauf hingewiesen, dass auch für

Muslime die Geschichte der »Kinder Israel« von großer Bedeutung ist, dass sie »Zeichen« für die Gläubigen darstellt. Diese Tatsache kann man angesichts der gegenwärtigen Situation im Nahen Osten nicht oft genug betonen!

Vers 1 von Sure 17 weist also auf die »Nachtreise« Mohammeds hin, während sich Vers 2 bereits mit der Bedeutung der »Israeliten« für die islamische Heilsgeschichte beschäftigt. Deshalb trägt Sure 17 mitunter auch den Namen »Die Kinder Israel« – auf Arabisch *Banū Isrāīl.*

Warum allein die zeitgenössischen Byzantiner im Koran vorkommen

> *Besiegt sind die Byzantiner im nächstgelegenen Land. Doch siegen werden sie nach ihrer Niederlage in ein paar Jahren. Bei Gott liegt die Entscheidung – vorher und nachher. Freuen werden sich die Gläubigen an diesem Tag.*
>
> (Sure 30,2-4)

Von Prof. Dr. Robert G. Hoyland

Erzählungen über die Taten früherer Propheten und die Zerstörung antiker Zivilisationen tauchen im Koran häufig auf. Aber diese Verse sind die einzige Anspielung im Koran auf ein damals zeitgenössisches Ereignis, das sich außerhalb der Heimatregion des Propheten Mohammed zugetragen hat.

Ferner haben wir hier die einzige Erwähnung eines damals zeitgenössischen Volks vorliegen. Es geht um die »Römer« beziehungsweise die »Byzantiner«, wie wir heute jene Menschen nennen, die durch christliche Kaiser von Konstantinopel aus regiert wurden; sie selbst nannten sich übrigens weiterhin Römer.

Dass nur so wenig Geschichtliches erwähnt wird, ist nicht allzu überraschend. Das Interesse des Korans an der Historie beschränkt sich auf die Heilsgeschichte, das heißt auf die Entsendung der Propheten und die Strafen der Vergangenheit, auf Mohammeds Mission in der Gegenwart und auf den Tag des Jüngsten Gerichts in der Zukunft. Warum also dieses Interesse an den Byzantinern?

Die Standardsichtweise, die bis heute währt, ist diese: Die Verse weisen auf Gottes Macht hin. Diese zeigt sich durch Mohammeds Handeln, denn Mohammed sagt etwas voraus, das dann auch eintritt. Aus dieser Sicht heraus erfolgte die Offenbarung, kurz nachdem die Byzantiner 614 von den Persern in Palästina besiegt worden waren. Der zweite Teil der Offenbarung bezieht sich demnach auf den Sieg von Byzantiner-Kaiser Herakleios über die Perser gegen Ende des Jahres 627 im Nordirak.

Die Koranverse an sich sind freilich zu vage, um zu klären, welche Geschehnisse genau gemeint sind. Für die Details muss man sich daher an die späteren Korankommentatoren halten.

Diese vertraten allerdings keine einheitliche Interpretation. Manche nutzten den Umstand, dass aktive und passive Formen eines Verbs im Arabischen nur durch die Veränderung kurzer Vokale unterschieden werden. Kurzvokale schreibt man im Arabischen nicht. Es gibt nur Buchstaben für Langvokale. Besagte Exegeten veränderten also die Kurzvokale und lasen den Koranverse wie folgt: »Die Byzantiner waren im nächstgelegenen Land siegreich. Doch nachdem sie (andere) besiegt haben, werden sie (selbst) besiegt werden.« Der Kommentator al-Tabarī zum Beispiel beruft sich bei dieser Lesart auf die hohe Autorität des Sohns des zweiten Kalifen Abdallāh Ibn Umar.

Geschichtlich ließen sich diese Verse auf den Sieg der Byzantiner über die Muslime im Jahr 629 beziehen, gefolgt wiederum von den Siegen der Muslime über die Byzantiner fünf Jahre später im Jahr 634. Beide Schlachten trugen sich in Mu'ta im heutigen Jordanien zu.

Diese Version scheint mehr Sinn zu ergeben, weil die Region Mu'ta an Mohammeds Heimat, den Hedschas, angrenzt. Der Nordirak, wo sich die Schlacht zwischen Byzantinern und Persern zutrug, ist dagegen weiter weg. Zudem erläutern viele Kommentatoren, dass mit dem arabischen Ausdruck für »ein paar Jahre« der konkrete Zeitraum von drei bis neun Jahren gemeint sei. Das würde den Abschnitt von 629 bis 634 abdecken, nicht aber die 13 Jahre zwischen Sieg und Niederlage der Perser gegen die Byzantiner. Ferner dürfte man erwarten, dass Mohammeds Anhänger eher über einen eigenen Sieg frohlocken würden als über einen Sieg von anderen.

Trotzdem wurde aber die byzantinisch-persische Erklärung zur dominierenden Sichtweise, vielleicht weil die Diskussion darüber zu einem Zeitpunkt stattfand, als sich die Einstellung zur damals in Persien verbreiteten Religion des Zoroastrismus verhärtet hatte beziehungsweise eine starke antipersische Stimmung herrschte. Womöglich klang es da einfach plausibler und befriedigender, wenn Mohammed vorhersagen würde, dass seine Gemeinschaft dereinst über einen Sieg der monotheistischen Byzantiner gegen die dualistischen Zoroastrier frohlocken werde.

Zur Trennung von Staat und Religion

Keiner, dem Gott das Buch, die weise Urteilskraft und das Prophetentum gegeben hat, wird zu den anderen Menschen sagen: »Betet mich anstelle von Gott an!« Er wird eher sagen: »Seid Gottesanhänger (rabbānijjūn) aufgrund des Buches, um das ihr wisst, und des Studiums, das ihr betrieben habt!«

(Sure 3,79)

Von Prof. Dr. Wael B. Hallaq

Das ist einer der wichtigsten Verse des Korans. Er läuft auf ein Grundprinzip des islamischen Staatsrechts hinaus. Im Kern geht es um die böse Natur der Menschen, die nach Launen regieren oder nach Launen über andere herrschen.

Gott fordert in dem Vers: Sobald einer Gemeinschaft ein göttlicher Wille offenbart wurde, muss diese auf menschliches Handeln – inklusive politisches Handeln – als gesetzgebende Macht verzichten. Das »Gesetz« und seine Durchsetzung, egal ob weltlich oder nicht, ist allein Gottes Angelegenheit.

Der eingangs zitierte Vers verknüpft menschliches Wissen und Handeln mit rechtsstaatlichen Strukturen. Der Mensch selbst ist eine unzulässige Mittelsperson für Gottes Willen. Er soll durch eine geistige Leitung ersetzt werden, die für die irdische Welt eine Regierung der Gerechtigkeit herstellt. Statt einzelnen Menschen das Recht zuzusprechen, dass viele andere ihnen gehorchen sollen, verlangt der Koran hier die Übernahme des Prinzips der sogenannten *rabbānijja.*

Ein Vertreter dieses Prinzips heißt im Arabischen *rabbānī,* mehrere heißen *rabbānijjūn.* Der Begriff *rabbānijjūn,* im Vers mit »Gottesanhänger« übersetzt, ist in seiner Bedeutung ziemlich nah an der hebräischen Entsprechung: Rabbiner. Nach weitgehendem Konsens der Gelehrten – inklusive der frühesten Koraninterpretatoren – wird der Begriff so verstanden, dass damit die *ulamā* oder *fuqahā* gemeint sind.

Ulamā oder *fuqahā* bilden eine Gruppe fachkundiger Menschen, die Kenntnis von den göttlichen Rechtsurteilen *(hukm)* und den religiösen Schriften haben. Diese Kenntnisse erlauben es ihnen, die Allgemeinheit zu unterrichten. Als Lehrer, sprich als Wegweiser, bilden sie eine Führungsschicht *(wulāt al-amr)* in der Gemeinschaft aller Muslime. Mit Blick auf die Erkenntnistheorie und die Politik verfügen sie über die höchste Stellung.

Ihr Wissen ist nicht auf das begrenzt, was man normalerweise mit dem Wort »Kenntnis« meint. Ihr Wissen ist ein Spiegelbild der göttlichen Rechtsurteile. Damit haben sie die Fähigkeit, die Belange der Öffentlichkeit zu handhaben und die weltlichen sowie religiösen Angelegenheiten der Menschen zu überwachen.

Der große Koraninterpretator al-Tabarī fasst die Vorstellung stellvertretend für die Mehrheit der Korankommentatoren mit seiner Definition von *rabbānijjūn* zusammen. Sie lautet:

> Die *rabbānijjūn* sind die Stütze der Menschen in Angelegenheiten des göttlichen Rechts *(fiqh)* und des göttlichen Wissens *(ilm)* sowie bei religiösen und weltlichen Fragen. Ein *rabbānī* ist jemand, der das religiöse Wissen und das religiöse Recht anreichert mit feinem Gespür für Verwaltung und Ordnung. Zudem beaufsichtigt er die Angelegenheiten der Untertanen, indem er sich darum kümmert, was in Bezug auf religiöse und weltliche Dinge in ihrem Interesse liegt.

»Kenntnis« ist in diesem Kontext nicht allein theoretisch, sondern auch praktisch zu verstehen. Die Krönung des weitreichenden Bedeutungsspektrums von Sure 3,79 ist Folgendes: Die Aufforderung, *rabbānijjūn* zu sein, gründet unmittelbar auf Lernen und Unterrichten *(dars)*.

Das Studium, also die Kenntnis des Korans, ermöglicht das Unterrichten. Und erst die erworbenen Kenntnisse und die Kompetenz, diese zu lehren, schaffen die nötigen und hinreichenden Bedingungen dafür, Menschen zu guten, tief moralischen Handlungen anzuleiten.

HUMOR UND DICHTUNG IM KORAN

Freude und Schadenfreude

Die Missetäter verlachten die Gläubigen. Wenn sie an ihnen vorübergingen, zwinkerten sie sich zu, und wenn sie zu ihren Angehörigen kamen, wurden sie wieder frohgemut. Sahen sie die Gläubigen, sprachen sie: »Diese da befinden sich im Irrtum!« Doch sie wurden nicht als Hüter über sie gesandt. Heute aber lachen die Gläubigen über die Ungläubigen. Sie liegen auf Ruhepolstern, sie schauen umher, ob den Ungläubigen vergolten wird, was sie taten.

(Sure 83,29-36)

Von Prof. Dr. Georges Tamer

Der Koran enthält Passagen mit humorvollen Ausdrücken und Beschreibungen. Lachen ist dort allgemein Zeichen von Stärke und Überlegenheit.

So auch in der eben vorgetragenen Passage. Sie dürfte früh in Mekka verkündet worden sein. Der literarische Kontext ist eschatologisch; die unmittelbar vorangehenden Verse beschreiben den paradiesischen Zustand, den die Frommen nach dem Jüngsten Tag genießen.

Im ersten Teil des Koranverses wird der irdische Zustand der Gläubigen in der frühen Phase der Verkündigung beschrieben: Sie werden von ihren mächtigeren Gegnern ausgelacht und verhöhnt, weil sie sich der koranischen Verkündigung Mohammeds angeschlossen haben. Davon überzeugt, dass diese sich irren, machen sich die Frevler über die Gläubigen lustig, sie zwinkern sich zu, wenn sie sie sehen; und wenn sie unter ihren Angehörigen sind, sind sie erst recht fröhlich, weil sie meinen, dass sie gemeinsam gegenüber der kleinen Schar der Gläubigen die Oberhand besitzen.

Bemerkenswert ist, dass sich die Szene in der Vergangenheit abspielt. Sie ist eine von dem paradiesischen Standpunkt aus retrospektive Erinnerung vergangener Geschehnisse, die sich in der Gegenwart der Gemeinde Mohammeds ereignet hatten.

Mit der Zeitangabe »heute«, auf den Zustand der Gläubigen im Paradies bezogen, wird ein Perspektivenwechsel eingeleitet. Jetzt sind es die Gläubigen, die über die Ungläubigen lachen. Ihr angenehmer Zustand wird damit beschrieben, dass sie entspannt auf Ruhepolstern liegen und beobachten, wie ihre ehemaligen Widersacher bestraft werden. Sie empfinden Schadenfreude. Sie drücken ihre Überlegenheit unverhohlen aus, indem sie lachen.

Das Lachen ist ein Siegeszeichen. Die Szene ereignet sich in der Gegenwart. Da es sich um eschatologisches Lachen handelt, ist es beständig, unendlich, während das Lachen der mächtigen Frevler auf Erden kurzfristig, vergänglich ist.

Mit der Aussicht auf unendliches Lachen im Paradies sollen die Gläubigen Zuversicht vermittelt bekommen, dass sie letztendlich siegen werden. Die Unannehmlichkeiten, die ihnen zur Zeit der Verkündigung in Mekka widerfahren, werden bald der Vergangenheit angehören.

Wer lacht, wer sich über andere lustig macht, ist stark, ist mächtig. So wird Lachen im Koran verstanden. Wenn Mohammed Gegenstand von Karikaturen ist, erregt es regelmäßig die Gemüter der Muslime. Sie empfinden – verbunden mit der im Koran verankerten Auffassung von Lachen als Ausdruck von Überlegenheit – tiefe Beleidigung und Erniedrigung durch die »Anderen«, die ihren Propheten zum Lachobjekt machen.

Dichter – verhasst und geliebt

Und die Dichter – die Irrenden folgen ihnen. Hast du nicht gesehen, wie sie verwirrt in jedem Wadi umherwandern und dass sie sagen, was sie nicht tun?

(Sure 26,224-226)

Von Dr. Shady Hekmat Nasser

Trotz aller Forderungen orthodoxer Gelehrsamkeit, muslimischer wie nichtmuslimischer, gelten weite Teile des Korans als Dichtung. Einige davon sind es nach formalen Kriterien auch. Dass Muslime dies beharrlich ablehnen, hat weniger mit der Dichtung an sich zu tun als vielmehr mit den Dichtern.

In Mekka gab es sogar einen Tempel, eine Art Kapelle für die Dschinn. Auch war der Name Abd al-Dschinn damals unter den Arabern nicht unbekannt. Er bedeutet »Diener der Dschinn« und erinnert an den heute verbreiteten Namen Abdullah, was »Diener Gottes« heißt. Ferner kannten die Araber eine Örtlichkeit namens Abqar. Man hielt sie für den Wohnsitz der Dschinn. Von diesem Wort ist der arabische Begriff *abqarī* abgeleitet – zu Deutsch: »Genie«.

Während der ersten Jahre der Prophetenschaft Mohammeds in Mekka gab es Spannungen zwischen ihm und einigen mekkanischen Dichtern. Diese schrieben und verbreiteten Spottgedichte auf ihn und den neuen Glauben. Diese Spannungen gipfelten in den eingangs zitierten drei Koranversen. Die Dichter und jene, die ihnen anhängen, werden darin verdammt. Indem er die Dichter verketzert, profiliert sich Mohammed als Prophet. Seine Offenbarung kommt von Gott, die Inspiration der Dichter von Dämonen.

Trotz dieser Verurteilung von Dichtern und ihren Werken wandten sich die Araber und die Muslime von der Dichtung niemals ab. Im Gegenteil. Die Dichtung blieb die wichtigste Ausdrucksform der arabischen und muslimischen Zivilisation.

Wie lässt sich dieser Widerspruch zwischen der koranischen Verdammnis von Dichtung und ihrer allgemeinen Beliebtheit in allen Schichten der arabischen Gesellschaft nun auflösen? Und vor allem: Wie ist es zu verstehen, dass sich Mohammed sogar selbst mit Dichtern umgab? Der wichtigste unter ihnen war Hassān Ibn Thābit. Vor allem ihn benutzte der Prophet, um die neue Religion zu verteidigen und seine Gegenspieler anzugreifen.

Muslimische Gelehrte sind sich uneinig über die genaue Interpretation der hier thematisierten Verse. Einige suchten nach einem Kompromiss, indem sie erklärten, nicht alle Genres der Dichtung seien verdammt. Verdammt seien nur solche, die einen davon ablenkten, ein guter Muslim zu sein – zum Beispiel Rachedichtung oder erotische Kunstformen.

Andere Gelehrte vertraten die Auffassung, die Verurteilung in diesen drei Versen ziele nur auf jene Dichter in Mekka ab, die Mohammed und seinen Gefährten feindlich gesinnt gewesen seien. Außerdem meinten sie, der nachfolgende Vers 227, der wesentlich später offenbart wurde, habe das Verbot von Dichtung aufgehoben, indem er jenen die Erlaubnis zum Dichten erteilt, die »glauben und gute Werke tun und Gottes oft gedenken und die sich nur verteidigen, nachdem ihnen Unrecht widerfuhr«.

Um den Koran, als Wort Gottes, sicher von jeglicher Form der literarischen Produktion des Menschen zu trennen, stellten muslimische Gelehrte eine dritte Kategorie von Textsorten auf: Neben Dichtung und Prosa erklärten sie den Koran zu einem eigenständigen literarischen Genre. Der Koran ist demnach weder Dichtung noch Prosa und besteht aus einer einzigartigen sowie unnachahmlichen literarischen Offenbarung Gottes, zu der weder Dämonen noch Musen Dichter inspirieren konnten.

NATURWISSENSCHAFT, BIOLOGIE UND BILDUNG

Was ein Feuer in der Wüste lehrt

Bei ihnen (den Heuchlern) ist es wie bei dem, der ein Feuer anzündete. Nachdem es um ihn herum Helligkeit verbreitet hatte, nahm Gott ihr Licht weg und ließ sie in Finsternis zurück, sodass sie nichts sahen.

(Sure 2,17)

Von Prof. Dr. Nasser Rabbat

Dieser Vers ist eine der faszinierendsten Erörterungen des Themas »Licht« im Koran. Klassische Koraninterpretatoren wie al-Tabarī um das 9. und 10. Jahrhundert herum, Ibn Kathīr im 14. Jahrhundert oder al-Sujūtī im 15. Jahrhundert liefern die banalsten Auslegungen dieses schönen Verses. Aus ihrer Sicht zeigt er an, dass sich jemand vom Zustand der Schwäche oder des opportunistischen Glaubens – im Arabischen *nifāq* genannt (zu Deutsch: »Heuchelei« oder »Doppelzüngigkeit«) – hin zum besorgniserregenden Zustand des *kufr* oder *schirk* bewegt – also zur Leugnung der Göttlichkeit Gottes. Dieser Zustand sei vergleichbar mit Blindheit, einem Merkmal der Ungläubigen, die vorgäben, anders zu sein, um ihre schändlichen Ziele zu erreichen oder die Pflichten des wahren Glaubens zu umgehen.

Bekannte moderne Koraninterpretatoren wie Muhammad Mutawallī al-Scharāwī im 20. Jahrhundert fügten dem nur einige wissenschaftlich unterlegte Details zur Definition von

Licht hinzu wie »selbsterzeugt« oder »reflektiert«, um zwischen den arabischen Begriffen für Licht, *nūr* und *dau,* zu unterscheiden. Aber auch sie interpretieren die Dunkelheit als Gottes direktes Handeln mit dem Ziel, die falschen Gläubigen (arabisch: *munāfiqūn,* abgeleitet von *nifāq*) für ihre Heuchelei zu bestrafen.

Der Vers ist aber phänomenologisch weitaus vielschichtiger, als die einfallslose orthodoxe Erläuterung nahelegt. Mit der Sensibilität der Moderne gelesen, deckt der Vers sowohl ein tieferes Verständnis von Physik auf, insbesondere von Optik und Dioptrik, als auch eine philosophische Wendung, mit der das Gleichnis vom Sehen und Nichtsehen im Licht für den Status des Glaubens oder aber des Wissens steht.

Feuer, also künstliches Licht, ist trügerisch, wenn es Sehen ermöglicht – vor allem auf offenem Gelände mit riesiger Ausdehnung wie etwa einer Wüste. Jemand kann ein Feuer anzünden, das ihm oder ihr erlaubt, die unmittelbare Umgebung, in der man sich befindet, zu sehen. Dasselbe brennende Feuer aber wird es noch erschweren, etwas zu sehen, was jenseits dessen liegt, das sein Lichtschein direkt anleuchtet.

Wir haben hier sowohl eine empirische Beobachtung als auch eine Allegorie über die Grenzen des menschlichen Wissens. Denn ganz gleich wie beruhigend unsere Kraft zu sehen ist, weil wir dann verstehen, was um uns ist, so gibt es doch viel jenseits unseres Verständnisses, das durch einen übertrieben selbstbewussten, aber doch kurzsichtigen Einblick versperrt werden kann.

Als solches kann das Gleichnis auch auf die menschliche Eitelkeit im Allgemeinen angewendet werden, nicht nur auf die Kategorie falscher Gläubiger, die die klassischen Koraninterpretatoren benennen. Die großspurige Versicherung einer fokussierten Untersuchung irgendeines Problems könnte dessen größeren, bestimmenden Kontext verschleiern oder im Unklaren lassen – so wie Feuer die Wahrnehmung seiner unmittelbaren Umgebung verstärkt, während es seine entferntere Umgebung weiter verdunkelt.

Das Beispiel wäre ohne Weiteres von Reisenden in der Wüste verstanden worden, die, um ihren Weg zu finden, abhängig vom schummrigen Licht der Sterne sind. Sie hätten es ebenso verstanden wie Bewohner bewaldeter Gebiete das Gleichnis vom Wald, den man vor lauter Bäumen nicht sieht. Offensichtlich haben wir es hier mit einer universellen Lehre von zeitloser Relevanz zu tun.

Der Koran als Wegbereiter der Astronomie

Haltet die Gebete ein, auch das mittlere Gebet!

(Sure 2,238)

Von Prof. Dr. George Saliba

Von frühester Zeit an sorgte die Formulierung »das mittlere Gebet« für Diskussionen. Praktizierende Muslime verrichten fünf Gebete am Tag: nach Sonnenaufgang, nach der Mittagsstunde, am Nachmittag, nach Sonnenuntergang und am Abend. Welches davon ist also das mittlere Gebet? Selbst die Genossen des Propheten vertraten unterschiedliche Auffassungen. Das heute allgemein akzeptierte Verständnis, wonach das Nachmittagsgebet gemeint sei, erzielten erst spätere Generationen.

Der Überlieferung zufolge hat der Prophet Mohammed das so festgelegt. Demnach beginnt der Zeitraum, in dem man das Nachmittagsgebet verrichten soll, wenn ein Schatten genauso lang ist wie das Objekt, das ihn wirft. Und der Zeitraum endet, wenn der Schatten doppelt so lang ist.

Diese Definition bedurfte jedoch genauerer Bestimmungen. Damit kommt die Wissenschaft ins Spiel. Die Muslime mussten diverse Aspekte gänzlich neu erfinden. Zwar haben frühere Zivilisationen die islamischen Wissenschaften stark inspiriert, bei diesem Problem waren sie aber keine Hilfe. Niemand hatte bislang seine Gebetszeiten durch Schattenlängen bestimmt.

Schatten ist im Grunde ein astronomisches Phänomen. Der eingangs zitierte Koranvers wurde damit zu einem Türöffner für die Astronomie.

Die Muslime stellten zunächst fest, dass Mohammeds Regelung nur nahe Medina angewandt werden konnte. Der Breitengrad, auf dem die Stadt liegt, befindet sich kurz vor der Grenze des nördlichen Wendekreises bei ungefähr 24 Grad 28 Minuten.

Als die ersten Muslime in nördlichere Gegenden wie Damaskus kamen, fanden sie rasch heraus, dass dort der Schatten eines Gegenstands an manchen Tagen im Spätherbst und Frühwinter nie gleich lang war wie die Höhe eines Objekts. Die Sonne steht zu dieser Zeit nämlich zu tief und wirft folglich einen viel längeren Schatten. Menschen in Nordeuropa kennen das. Was sollte ein Muslim also tun? Eines der Pflichtgebete aufgeben? Natürlich nicht. Die Lösung lag darin, die Überlieferungen des Propheten etwas zu modifizieren.

Die heute allgemein anerkannte Regelung besagt: Der früheste Zeitpunkt für das Nachmittagsgebet ergibt sich, wenn der Schatten so lang ist wie der Schatten irgendeiner Person zur Mittagsstunde plus deren Größe.

Das bedeutete allerdings, man musste stets die Länge des Mittagsschattens bestimmen – auch an regnerischen und wolkigen Tagen. Die Grundlagenastronomie lehrte die frühen muslimischen Beobachter, dass der Mittagsschatten eine mathematische Funktion aus der Höhe der Sonne zur Mittagsstunde und dem Breitengrad der jeweiligen Ortschaft ist, wo die Schattenlänge gesucht wird.

Während der Breitengrad einer Ortschaft immer gleich blieb, veränderte sich die Höhe der Mittagssonne von Tag zu Tag. Sie musste also für jeden Tag neu berechnet werden. So wurden schon früh mathematische Lösungen, einschließlich von Gesetzen der sphärischen Trigonometrie, und Beobachtungstechniken entwickelt, bloß um solche Werte zu bestimmen. Unter anderem fanden die Muslime heraus, dass die Schiefe der Ekliptik circa 23,3 Grad beträgt. Dieser Wert gibt die Neigung der Erdachse an. Er wird noch heute allgemein benutzt und unterscheidet sich deutlich von dem Ergebnis, das die alten Griechen und die alten Inder überliefert hatten.

Viele solcher von Muslimen ermittelten Werte stellen bis heute Grundparameter der modernen Astronomie dar, viele ihrer entwickelten astronomischen Techniken sind bis heute elementar. Wie es scheint, wurden all diese Erkenntnisgewinne durch einen ziemlich kurzen Vers im Koran angestoßen.

Die Erschaffung des Menschen aus einem Blutklumpen

Und wahrlich, wir erschufen den Menschen aus einer Substanz aus Lehm. Alsdann setzten wir ihn als Samentropfen an eine sichere Ruhestätte. Dann bildeten wir den Tropfen zu einem Blutklumpen; dann bildeten wir den Blutklumpen zu einem Fleischklumpen; dann bildeten wir aus dem Fleischklumpen Knochen; dann bekleideten wir die Knochen mit Fleisch; dann entwickelten wir es zu einer anderen Schöpfung.

(Sure 23,12-14)

Von Prof. Dr. Thomas Eich

Die Koranverse über die Erschaffung des Menschen stehen im Kontext mit einer der zentralen Lehren, die Mohammed an sein soziales Umfeld herantrug. Es war die Idee der körperlichen Wiederauferstehung am Ende der Welt. Hiermit verbunden war die Vorstellung, dass an diesem Tag alle Menschen Rechenschaft ablegen werden über ihre Taten.

Keineswegs handelte es sich hierbei um Ideen, die dem Umfeld Mohammeds völlig neu waren. Immer wieder setzt der Koran die Existenz von Religionsgruppen wie Juden, Christen oder anderen als bekannt voraus, die durchaus vergleichbare Ansichten vertraten.

Die Kritik an der Vorstellung der körperlichen Wiederauferstehung war jedoch nie abgerissen, durchaus auch innerhalb der jeweiligen religiösen Traditionen. Im Kern zielte sie immer wieder auf die gleiche Frage: »Wie soll das gehen, wenn der Körper doch nach dem Tode zerfällt?«

Die Antwort, die der Koran an der zitierten Stelle gibt, ist letztendlich der Verweis auf die Allmacht Gottes: »Gott kann das!« Gott vermochte es, am Anfang der Welt Adam aus irdener Materie zu schaffen, und er lässt jeden Menschen aus einem Tropfen entstehen. Natürlich kann er dann auch am Jüngsten Tag die Körper wiedererstehen lassen! So die Überzeugung.

Ähnliche Äußerungen wie in den zitierten Versen lassen sich in Sure 22,5 lesen. Betrachtet man die Passagen unmittelbar vor und nach den beiden Koranstellen, so wird der eschatologische Zusammenhang überdeutlich. Beide Male ist vom Ende der Welt die Rede und beide Male werden die Zuhörer aufgefordert, ihr Verhalten zu ändern. Im Koran finden sich noch weitere Beispiele, in denen dieser Themenkomplex mit dem Motiv der Entstehung menschlichen Lebens im Mutterleib verknüpft wird.

Nirgendwo sonst jedoch ist das Bild vorgeburtlichen Lebens so vergleichsweise differenziert wie in Sure 23,12-14 und 22,5. Hier ist von einem Prozess in mehreren Stadien die Rede, der vor allem Tropfen, Blutklumpen und Fleischklumpen durchläuft. Sure 22,5 bezeichnet den Fleischklumpen noch zusätzlich als »teils geformt« und »teils ungeformt«.

Der Koran benutzt hier ein Konzept vorgeburtlicher Entwicklung, das auf die griechisch-antike Medizin zurückgeht. Offenkundig wird das wiederum bei der Zuhörerschaft als bekannt vorausgesetzt. Auch in dieser Hinsicht kann der Koran klar in den großen theologischen Debatten seiner Zeit verortet werden. In ihnen wurden durchaus öfter Konzepte der griechisch-antiken Medizin sozusagen illustrativ in Bezug zu theologischen Kernaussagen gesetzt.

Neben den evidenten Gemeinsamkeiten der beiden Passagen gibt es aber auch Unterschiede. Während Sure 22,5 ganz explizit vom Leben sowohl vor als auch nach der Geburt spricht, ist in den eingangs zitierten Versen explizit nur vom Ungeborenen die Rede. Dann heißt es weiter: »Dann entwickelten wir es zu einer anderen Schöpfung.«

Was war hiermit gemeint? Die Geburt? Die Wiederauferstehung? In den ersten Jahrhunderten der Koranauslegung wurden hier durchaus unterschiedliche Antworten diskutiert. Weitgehend durchgesetzt hat sich schließlich die Interpretation, dass die individuelle Beseelung des Embryos gemeint sei. Diese Idee findet sich auch explizit in den überlieferten Aussprüchen Mohammeds.

Nichtmenschliche Tiere

Alle Lebewesen auf der Erde, die gehen oder sich mit Flügeln durch die Luft bewegen, sind Gemeinschaften wie ihr. Wir haben alles genau festgehalten im Buch. Vor ihrem Herrn sollen sie dann versammelt werden.

(Sure 6,38)

Von Dr. Sarra Tlili

Dieser Vers hat großen Einfluss auf die Stellung von nichtmenschlichen Tieren im Koran. Über die bemerkenswerte Gleichstellung mit Menschen hinaus unterstreicht er auf verschiedene Weise ihre Bedeutung. Zum Beispiel wird die Aussage: »Wir haben alles genau festgehalten im Buch« oft dahin gehend ausgelegt, dass Gott für andere Tiere dasselbe tun möchte, was er für Menschen tut – nämlich ihre Taten erschaffen und aufschreiben, ihr Leben organisieren und für sie sorgen.

Das arabische Substantiv *dābba* – hier mit Lebewesen übersetzt – ist von dem Verb *dabba* abgeleitet, was »kriechen«/»sich bewegen« bedeutet. Die Ausleger des Korans stimmen darin überein, dass sich das Substantiv auf alle Kreaturen bezieht, die sich freiwillig fortbewegen.

Der Vers grenzt aber anscheinend kriechende von fliegenden Lebewesen ab. Deshalb klammern manche Koranausleger Vögel und andere fliegende Lebewesen aus der Kategorie *dābba* aus. Diese Haltung wurde jedoch angefochten, und zwar unter der Annahme, dass »fliegende Lebewesen« in manchen Stadien sehr wohl »kriechen«. Zudem wird an anderer Stelle im Koran (Sure 42,29) durchaus angezeigt, dass mit *dābba* offenbar alle Kreaturen, inklusive Menschen, Engel und sonstigen metaphysischen Lebewesen, gemeint sind.

Vermutlich geht es bei der vermeintlichen Unterscheidung einfach nur darum, die Aufmerksamkeit der ersten Hörer der koranischen Botschaft auf jene Kreaturen zu lenken, die sie tatsächlich umgeben. Wahrscheinlich erwähnt der Vers deshalb keine Meerestiere, weil die Araber über die Tierwelt sinnieren sollten, die sie in ihrem Alltag in der Wüstenregion um Mekka und Medina umgibt.

Die Analogie, die der Vers zwischen menschlichen und nichtmenschlichen Tieren zieht, hat interessante Kommentare hervorgerufen. Demnach besteht der Kern der Analogie darin, dass die Mitglieder einer jeden Spezies einander so verstehen, wie Menschen es untereinander tun. Einer weiteren Meinung zufolge verstehen es andere Tiere gleichsam, ihr Leben zu organisieren, weil auch sie wissen, was sie machen und was sie bleiben lassen müssen. Eine dritte Sichtweise behauptet, nichtmenschliche Tiere hätten ähnlich wie Menschen Kenntnis von diesseitigen und jenseitigen Dingen. Diese Koranausleger betonen auch, dass nichtmenschliche Tiere sich der Existenz und des Einsseins Gottes sowie seines exklusiven Rechts, angebetet zu werden, bewusst seien. Man sieht, dieser Vers inspirierte diverse Kommentare, die nichtmenschlichen Tieren komplexe und positive Eigenschaften zuschreiben. Das weicht deutlich von den traditionellen Ansichten ab.

Ebenfalls bemerkenswert ist die Versaussage, dass nichtmenschliche Tiere vor ihrem Herrn »versammelt« würden. Im Arabischen steht hier das Verb *haschara.* Nach Auffassung vieler Koranausleger bezieht es sich auf die Versammlung am Tag des Jüngsten Gerichts *(jaum al-haschr).* Demzufolge werden also auch nichtmenschliche Tiere nach dem Tod auferweckt und für ihre Taten im Diesseits zur Verantwortung gezogen.

Der Vers spricht ferner von nichtmenschlichen Tieren als »Gemeinschaften« (arabisch: *umam*). An anderer Stelle des Korans, in Sure 35,24, heißt es: »In jeder Gemeinschaft hat es einmal einen Warner gegeben.« Manche Koranausleger gelangten somit zu der Schlussfolgerung, dass zu jeder Tierart Warner – sprich: Propheten – gesandt worden seien. Derartige Überzeugungen erlaubten es, nichtmenschliche Tiere als moralische und rechenschaftspflichtige Wesen zu sehen, mit reichen und vielschichtigen Lebenserfahrungen und mit einem Reifegrad, der traditionellerweise auf die Menschheit beschränkt ist.

Obgleich sich der Vers nicht mit der Frage des Tierschutzes befasst, inspirierte er viele Ansichten hierzu. Aus der Erkenntnis, dass sich Gott auch aus nichtmenschlichen Kreaturen etwas macht, schlussfolgerten Koranausleger vor allem, dass Menschen sie gut behandeln sollten.

Die Biologie der Honigbienen

Dein Herr gab der Biene ein: »Mach dir Häuser in den Bergen, in den Bäumen und in dem, was die Menschen errichten! Dann iss von allen Früchten, und folge den gebahnten Wegen deines Herrn!« Aus dem Leib der Bienen kommt ein Saft, verschiedenartig in den Farben. In ihm liegt Heilkraft für die Menschen.

(Sure 16,68-69)

Von Dr. Sarra Tlili

Durch die göttliche Anrede der Biene bringt der Koran eine Form seiner auf Gleichheit beruhenden Sicht der gesamten Schöpfung zum Ausdruck. Ebenso wie Gott mit den Menschen persönlich kommuniziert, tut er dies auch mit anderen Geschöpfen.

Erwartungsgemäß spekulieren die Korankommentatoren, was dazu geführt haben mag, dass speziell Bienen im heiligen Buch erwähnt werden.

Im ersten Vers steht das arabische Verb *auḥā* – hier mit »eingeben« übersetzt. Arabische Lexika bestimmen seine Bedeutung mit »etwas sagen« und mit »(einen Einfall) direkt in jemandes Seele werfen«. Göttliche Eingebung wird im Koran mit Propheten oder anderen frommen Menschen assoziiert. Dass die Bienen eine göttliche Eingebung erhalten haben, wird daher als Zeichen für ihren besonderen Status gesehen.

Einige Kommentatoren schreiben, der Inhalt dieser Eingebung sei nur Gott und den Bienen bekannt, trotzdem könnten Menschen einen flüchtigen Einblick erhalten, wenn sie die Insekten näher beobachteten. So zeige beispielsweise die sechseckige Form der Honigwaben mit ihren stets gleichen Abmessungen, dass Gott den Bienen Wissen gegeben hat, dem Menschen nur schwer beikommen können. Denn anders als die Bienen können sie dieselben Formen nur mit Hilfe von Werkzeugen herstellen. Zudem eigne sich diese sechseckige Form am besten dafür, Honig aufzubewahren. Denn sie lasse als einzige keinen Raum ungefüllt.

Viele Kommentatoren werteten auch die spezielle Fähigkeit der Bienen zur Produktion von Honig, also eines besonders köstlichen und gesunden Nahrungsmittels, als Ausdruck ihres außergewöhnlichen Talents.

Ähnlich beeindruckt waren die Kommentatoren von der sozialen Gemeinschaft und der Arbeitsteilung. Sie betrachteten beides als Zeichen für besondere Perfektion und Disziplin. Die Fähigkeiten der Bienen, die richtigen Nahrungsquellen zu identifizieren und zu lokalisieren und immer wieder den Weg zurück zu den Bienenstöcken zu finden, werden häufig als Hinweis auf eine großartige kreative Problemlösungskompetenz angeführt.

In den Auslegungswerken der Sufis, der Mystiker im Islam, wird die Fähigkeit der Bienen, Honig zu produzieren, nicht nur mit ihren kognitiven Kompetenzen erklärt. Es wird ebenso die spirituelle Ergebenheit und die moralische Aufrichtigkeit der Bienen hervorgehoben: Sie halten an Gottes Befehl fest und konsumieren nur reine, gesunde Nahrung. So wird argumentiert.

Die Aufforderung: »und folge den gebahnten Wegen deines Herrn« interpretierten viele Korankommentatoren so: Gott macht den Bienen ihre Umgebung ebenso zugänglich, wie er den Menschen das Land ebnet. Beide Geschöpfe, Mensch und Biene, können sich frei und ohne Hindernisse in dem Raum bewegen, den Gott für sie bereitet hat.

Der Vers führte die Exegeten somit weg von anthropozentrischen Lesarten, wonach der Mensch Haupt- beziehungsweise einziger Empfänger von Gottes Gnaden ist. Zudem animierte er sie zu einem lebenszentrierten Ansatz, bei dem alle Geschöpfe Anteil an der Aufmerksamkeit Gottes haben und von seiner Liebenswürdigkeit profitieren.

Die Kommentare dieser Koranpassage konzentrieren sich zwar hauptsächlich auf die Bienen, einige Exegeten aber weiteten ihre Schlussfolgerungen auch auf andere Tiere aus. Sie meinten, alle Tiere seien mittels göttlicher Eingebung in der Lage, ihr Leben zu organisieren, ihre eigenen Bedürfnisse zu erfüllen und ihre Herausforderungen fürs Überleben zu bestehen.

Verstand und rationale Erkenntnis

Ist denn etwa einer, der erkennt, dass die von deinem Herrn herabgesandte Offenbarung die Wahrheit ist, gleich einem, der blind ist? – (Doch) nur diejenigen, die Verstand haben, lassen sich mahnen.

(Sure 13,19)

Von Prof. Dr. Sebastian Günther

Dieser Vers findet sich in Sure beziehungsweise Kapitel 13 des Korans. Die Sure trägt den Titel »Der Donner«: bezogen auf eine in diesem Textabschnitt enthaltene Aussage, dass selbst Naturgewalten – wie Donner, Blitz und Regen – Gott preisen. Die Bekräftigung von Gottes Allmacht ist daher ein Hauptthema dieser Sure.

Ein zweiter Grundgedanke betrifft den prophetischen Anspruch Mohammeds. Es wird deutlich, dass Mohammed – der

Prophet des Islams – zwar keine Wunder auf Verlangen vollbringen kann, wie dies einige frühere Propheten von sich behaupteten. Vielmehr wird Mohammed einmal mehr als der Prophet beschrieben, der ein »Wunder« ganz besonderer, das heißt göttlicher Art vollbringt, indem er der Menschheit das nach islamischem Verständnis »letzte und unverfälschte Gotteswort« überbringt: den Koran.

Vers 19 der Sure 13 ist eingebettet in eindrucksvolle sprachliche Bilder zum Wirken Gottes in der Natur und im Universum. Gepriesen werden das Wachstum der Pflanzen und die Früchte des Feldes ebenso wie die Bewegungen der Gestirne und die Abfolge von Tag und Nacht, die Gott in den Dienst der Menschen stellte und die deutliche Zeichen seiner Macht seien.

In diesem Kontext erfolgt dann der Aufruf, die Menschen sollten ihren Verstand benutzen, um Gottes Schöpfung wertzuschätzen und seine Botschaft zu begreifen: Die Menschen sollten doch erkennen, dass der Koran denjenigen, die den Islam annehmen, menschliche Erfüllung im Diesseits und ewiges Heil im Jenseits verheiße. Die Ungläubigen hingegen hätten nichts als die Strafen der Hölle zu erwarten.

Dieser Mahnruf wird in diesem Vers der Sure 13 – wie auch an anderen Stellen im Koran – als rhetorische Frage formuliert: »Sind denn etwa jene Menschen, welche die Wahrheit der koranischen Offenbarung anerkennen und an Gott glauben, jenen gleich, die blind gegenüber seiner Schöpfung und ungläubig sind?« Die Antwort folgt umgehend: Nein, »nur diejenigen, die Verstand haben, lassen sich mahnen«!

Der Kerngedanke, dass – neben der spirituellen Gotteserfahrung – der Verstand zum Erwerb religiöser Bildung unbedingt erforderlich ist, ist auch in Sure 59,2 evident. Hier heißt es: »Denkt nach, die ihr Einsicht habt!« Das ist übrigens ein koranischer Aufruf, der den mittelalterlichen muslimischen

Theologen und Philosophen besonders nachdrückliche Denkanstöße gab.

Unter anderem war es Ibn Ruschd – oder Averroes, wie der spanisch-arabische Philosoph des 12. Jahrhunderts in Europa heißt –, der diese Betonung des rationalen Lernens im Koran als wichtige Grundlage für sein Verständnis von Religion und Philosophie erachtete: Denn Ibn Ruschd stellte prominent fest, dass im Islam das göttliche Gesetz »zum Studium der existenten Dinge mit Hilfe der Vernunft« nicht nur auffordere, sondern dass es das rationale Denken und die wissenschaftliche Erforschung der Welt ausdrücklich schütze.

Die Bedeutung, die im Koran dem Verstand und der rationalen Erkenntnis zugemessen wird, war für muslimische Gelehrte in der Blütezeit des Islams, also vom 9. bis 13. Jahrhundert, intellektueller Anstoß und religiöse Verpflichtung zugleich. So ermöglichte die hohe koranische Wertschätzung des Intellekts, dass Gelehrte im Einflussbereich des Islams ihren Forschungen relativ frei von religiösen Restriktionen nachgehen konnten.

Davon zeugen bis heute ihre beachtlichen Leistungen in den Geistes- und Naturwissenschaften sowie in den Bereichen der Medizin und der Technik – Errungenschaften, die nicht nur im Orient, sondern auch in Europa den wissenschaftlichen und kulturellen Entwicklungen ganz entscheidende Impulse verliehen.

AUSGEWÄHLTE SCHIITISCHE UND MYSTISCHE SICHTWEISEN

Der verfälschte Koran. Teil 1

Euch hat er als Religion verordnet, was er Noah geboten hatte, was dir offenbart worden ist und was wir Abraham, Moses und Jesus geboten haben.

(Sure 42,13)

Von Prof. Dr. Mohammad Ali Amir-Moezzi

Hinter diesem Vers steckt die grundsätzliche Idee, dass die Botschaft Mohammeds jener der großen Propheten vor ihm gleicht und dass der Prophet des Islams ebenso wie seine Vorgänger damit auf den Widerstand der Ungläubigen in seinem Volk gestoßen ist.

Die bis heute gültige Standardausgabe des Korans nennt man den »Kodex des Uthmān«. Uthmān war der dritte Kalif. Unter den Schiiten, der zweiten großen Konfession im Islam neben den Sunniten, gingen während der ersten drei, vier Jahrhunderte des Islams zahlreiche Anhänger davon aus, dass diese offizielle Version des Korans eine zensierte und verfälschte Ausgabe der Offenbarungen an den Propheten Mohammed gewesen sei. Ihnen zufolge gibt es in der Quellenliteratur dafür viele Hinweise.

Nach dieser Sichtweise war der »ursprüngliche Koran« dreimal so umfangreich wie der offizielle. Zudem war er in der chronologischen Reihenfolge der Offenbarungen geordnet.

Alī Ibn Abū Tālib war der Cousin und Schwiegersohn des

Propheten Mohammed. Zugleich war er dessen Vertrauter und Vater des einzigen männlichen Erben und legitimen Nachfolgers Mohammeds. Alī allein war es, der dieser Sichtweise zufolge die ursprüngliche und ungekürzte Ausgabe des Korans besessen hat.

Ebenso wie die vorkoranischen heiligen Schriften ihre Überbringer und deren Zeitgenossen benennen, soll auch dieser ›echte Koran‹ Mohammed, seine Familie, seine Freunde oder Feinde häufig namentlich erwähnt haben.

Zahlreiche Passagen waren demnach Alī gewidmet, seiner Ehefrau Fātima – also Mohammeds Tochter –, ihren beiden Söhnen Hasan und Husain sowie denjenigen, die Alī und seinen Nachkommen unbedingte Loyalität *(walāja)* entgegengebracht haben. Das sind all jene, die Alī und seinen Nachkommen Freundschaft und Treue geschworen hatten, was sie zu wahren spirituellen und zugleich irdischen Führern der Gläubigen machte.

Nach dem Tod des Propheten Mohammed putschten sich jedoch Alīs Feinde und die Feinde seiner Familie an die Macht. Sie unterdrückten die Mitglieder der Familie des Propheten – auf Arabisch: *ahl al-bait* – und deren Anhänger.

Nach den alten schiitischen Quellen gingen die ersten Kalifen auf Basis dieses Verrats rasch dazu über, alle, wie sie meinten, ›schädlichen‹ Passagen des Korans zu streichen. Das gilt insbesondere für die Stellen, die Alī und dessen Nachkommen als Verbündete Gottes darstellen, und für diejenigen, die die nun an die Macht gelangten Feinde Alīs und dessen Nachkommen verurteilen. So kam es, dass eine große Zahl von Textpassagen aus dem Koran getilgt wurde. Dazu gehören auch jene, die die Namen von Zeitgenossen Mohammeds enthielten.

Um ihr Vorgehen zu verschleiern, brachten die Kalifen, genau genommen die Angehörigen der Omajjaden-Dynastie, die chronologische Reihenfolge der Offenbarungen des Korans völlig durcheinander. Diese Eingriffe trugen dazu bei, dem Koran seinen fragmentarischen, zusammenhanglosen Charakter zu geben, mit vielen schwer verständlichen Teilen, in denen das Leben Mohammeds und seiner Zeitgenossen mit einigen wenigen unbedeutenden Ausnahmen völlig fehlt.

Alī und seine Nachfahren hielten derweil die Originalausgabe des Korans vorsichtshalber versteckt. Nach der schiitischen Tradition wird sie erst am Ende aller Tage wieder enthüllt, wenn der eschatologische Erlöser kommt. Trotzdem sind in schiitischen Quellentexten Hunderte Verse überliefert, die zu diesem »Kodex des Alī« gehören sollen und die anders lauten als die offizielle Version des Korans.

Beispiele dafür hören wir nächste Woche.

Der verfälschte Koran. Teil 2

Euch hat er als Religion verordnet, was er Noah geboten hatte, was dir offenbart worden ist und was wir Abraham, Moses und Jesus geboten haben. Ihr sollt die Religion aufrechterhalten und nicht darüber streiten. Die Ungläubigen sind zu überheblich, um das anzunehmen, wozu ihr sie aufruft. Gott erwählt, wen er will, und leitet zu seinem Weg, wer sich andächtig und bußfertig ihm zuwendet.

(Sure 42,13)

Von Prof. Dr. Mohammad Ali Amir-Moezzi

Dieser Vers wurde unzählige Male kommentiert, zunächst von muslimischen Religionsgelehrten, später von Orientalisten.

Weniger bekannt ist, dass es eine schiitische Version dieses

Verses gibt und welche Bedeutung sie für die Glaubensdoktrin der – nach den Sunniten – zweiten großen Konfession im Islam hat.

Hören wir uns daher die schiitische Version dieses Verses einmal an – Passagen, die im offiziellen Koran nicht enthalten sind, sind kursiv gesetzt:

> Euch, *o Familie des Mohammed,* hat er als Religion verordnet, was er Noah geboten hatte, was dir offenbart worden ist, *o Mohammed,* und was wir Abraham, Moses und Jesus geboten haben. Ihr sollt die Religion *der Familie Mohammeds* aufrechterhalten und nicht darüber streiten, *ihr sollt geeint bleiben.* Die Ungläubigen *sind es, die dem göttlichen Bund mit Alī andere Bünde beigesellen. Sie* sind zu überheblich, um das anzunehmen, wozu ihr sie aufruft, *nämlich zum Bund mit Alī.* Gott, *o Mohammed,* erwählt, wen er will, und leitet zu seinem Weg, wer sich andächtig und bußfertig ihm zuwendet, *wer seinem Aufruf zum Bund mit Alī Folge leistet.*

Diese Version wird durch zahlreiche traditionelle Quellen gestützt. Demnach besteht die »ewige Religion«, also der Schwerpunkt aller prophetischen Botschaften, im Bund mit der Familie des Propheten *(walājat ahl al-bait).* Dieser Bund ist ein Bund mit theophanen Menschen – also Menschen, durch die sich Gott in der Welt manifestiert. Durch deren Existenz und durch deren Weitergabe der Attribute Gottes kommt dieser Bund zum Ausdruck.

Die Schiiten übernehmen hier Begriffe, die die Kommentatoren des Johannesevangeliums (besonders Kapitel 1,15 und Kapitel 8,58) sowie die Logos-Theologen um Ignatius von Antiochien und Justin der Märtyrer für Jesus Christus geprägt haben. Mohammed, Alī, Fātima und ihre Nachkommen verkörpern demnach das Wort Gottes, das von Anbeginn der Schöpfung an als eines der letzten Mysterien allen Daseins besteht und das die Grundlage der göttlichen Botschaft bildet.

Das wird auch in der schiitischen Version anderer Koranverse ausgedrückt, etwa in Sure 20,115 – wieder im Sprecherwechsel vorgetragen:

> Wir haben einst den Menschen verpflichtet *auf die Worte von Mohammed, Alī, Fātima, Hasan, Husain und den Imamen aus deren Nachkommenschaft*, doch er vergaß die Verpflichtung.

Die Verkörperung des Wortes Gottes durch die Prophetenfamilie und die Imame kommt auch in der schiitischen Version des berühmten Verses zum Urvertrag zwischen Gott und seinen Geschöpfen zum Ausdruck – Sure 7,172:

> Dein Herr hat aus dem Rückgrat der Kinder Adams Generationen hervorgebracht, die aufeinander folgten. (...) Er fragte sie: »Bin ich nicht euer Herr, *ist Mohammed nicht von Gott gesandt, ist Alī nicht der Fürst der Gläubigen*?« Darauf antworteten sie: »Doch, wir bezeugen es!«

Neben der Verkörperung des Wortes Gottes in seiner letzten Ausprägung personifizieren Alī und die Imame unter seinen Nachkommen auch die Mysterien. Und deren Kenntnis ist das ultimative Ziel aller prophetischen Botschaften im Allgemeinen und der Botschaft Mohammeds im Speziellen.

Indem die Vertreter des offiziellen Mehrheitsislams Alīs Nachkommen von der Nachfolge im Kalifenamt ausschlossen und den Koran verfälschten, verrieten sie nach schiitischer Auffassung Mohammed und entstellten die Religion ihres Propheten.

Von der inneren und äußeren Bedeutung der Worte

(Alles Lob gebührt) dem Herrscher am Tag des Jüngsten Gerichts. (Sure 1,4)

Von Prof. Dr. Seyyed Hossein Nasr

Zunächst ist es wichtig zu erwähnen, dass jedes Wort und jeder Buchstabe des Korans in seiner arabischen Originalsprache nicht nur eine äußere, sondern auch eine innere Bedeutung hat. Das schließt auch Zahlensymbolik mit ein, ähnlich der Gematrie, also der Interpretation von Wörtern mithilfe von Zahlen, wie man es im Judentum mit der mystischen Tradition der Kabbala und der Bewegung des Chassidismus verbindet.

Der Koran hat mehrere Ebenen der inneren Bedeutung. Manche sprechen von sieben Ebenen. Die höchste Ebene ist nach Ansicht der Sufis, also der Mystiker im Islam, nur Gott bekannt.

Sufische Korankommentare, im Arabischen *tauīl* genannt, was so viel heißt wie spirituelle Hermeneutik, legen keine Bedeutungen dar, die auf menschlichen Überlegungen beruhen. Vielmehr präsentieren sie Bedeutungen, die bereits im heiligen Text selbst enthalten, aber vor den Augen Außenstehender verborgen sind.

Das Wort *tauīl* besagt in seiner Grundbedeutung, dass etwas auf seinen Ursprung zurückgeführt wird. Wenn spirituelle Hermeneutik die innere Bedeutung des heiligen Textes aufdeckt, führt sie zu dessen Ursprung. So wird das Innere zum Äußeren und manifestiert sich. Metaphysisch gesprochen, bilden also das Innere und der Ursprung letztlich die gleiche Wirklichkeit ab.

Kommen wir zurück zum eingangs zitierten Vers. Mein Verständnis dieses Verses basiert auf einem Teilaspekt seiner inneren Wirklichkeit und ist auf die Frage bezogen: Was heißt es, menschlich zu sein, und was heißt es nicht? Dabei werden selbstverständlich alle Aspekte und Ebenen der inneren Bedeutung angesprochen. Die Sufis haben über die Jahrhunderte hinweg zahlreiche Kommentare dazu verfasst, manche davon in Buchlänge.

Der Vers: »[Alles Lob gebührt] dem Herrscher am Tag des Jüngsten Gerichts« spielt auf den Ablauf der Zeit am Lebensende an: Es folgen der Tod und die Begegnung mit Gott. Um sich des Menschseins gewahr zu werden, sollen wir uns vergegenwärtigen, dass das Leben im Diesseits eine Reise ist, die mit dem Tod, gefolgt von der Auferstehung, endet, und dass wir dazu bestimmt sind, Gott unausweichlich zu begegnen. Das wiederum bedeutet: Obwohl wir sterben, sind wir dennoch unsterblich. Die tiefe Wirklichkeit unseres Bewusstseins kann durch den Unfall unseres körperlichen Ablebens nicht ausgelöscht werden.

Der Vers spricht nicht nur zeitlich gesehen vom »Tag« jenseits aller anderen Tage, sondern er spricht auch vom »Jüngsten Gericht«. Diese eschatologische Aussage ist von größter Wichtigkeit für unser Leben auf Erden. Offenbart sie doch die Erhabenheit des Status Mensch und die Tatsache, dass Handlungen in diesem Leben Konsequenzen für das Leben jenseits dieser Welt haben.

Diese Überlegungen werden von gläubigen Menschen überall auf der Welt weitgehend akzeptiert. Die Sufis jedoch gehen noch einen Schritt weiter. Sie bemühen sich darum, im Hier und Jetzt zu sterben, auferweckt zu werden und noch in dieser Welt die Begegnung mit Gott zu erleben. Dazu machen sie spirituelle Übungen und steigen den Pfad der Perfektion hinauf.

Diejenigen, die das Ziel bereits erreicht haben, sind im tiefsten Sinne schon gestorben, auferweckt worden, sind dem Herrscher am Tag des Jüngsten Gerichts begegnet, wurden vom Obersten Richter abgeurteilt und ruhen nun im Paradies der göttlichen Nähe.

Der Prophet Mohammed wurde einst nach Tod und Auferstehung gefragt. Er antwortete: »Seht mich an; ich bin viele Male gestorben und wieder auferweckt worden.«

ESSAYS

DIE GESCHICHTE DER KORANAUSLEGUNG IM ÜBERBLICK

Von den Anfängen bis zu »Koran erklärt«

Von Thorsten Gerald Schneiders

Die Interpretation des Korans ist eine immerwährende Aufgabe der Muslime und all jener, die sich mit islamischer Theologie befassen. Sie wird wegen des Voranschreitens der Zeit, das heißt der Entfernung vom Ausgangspunkt der Religion, und der damit einhergehenden Weiterentwicklung politischer, gesellschaftlicher und wissenschaftlicher Vorstellungen nie zu einem Ende gebracht werden. Mithin ist der Gedanke illusorisch, jemals eine eindeutige, universell gültige und abgeschlossene Erklärung des Korans in Händen halten zu können.

Die klassischen Korankommentatoren waren sich dessen sehr bewusst. Der bekannte Sufi und Koranexeget Sahl al-Tustarī schrieb im 9. Jahrhundert:

> Würden dem Diener (Gottes) für jeden Buchstaben des Korans 1000 Verständnisse gegeben, würde er noch immer nicht das Ende von dem erreichen, was Gott in einem einzigen Vers seines Buches niedergelegt hat. Denn es ist die Rede Gottes, und seine Rede ist seine Eigenschaft. So wie Gott kein Ende hat, so gibt es auch kein Ende im Verständnis seiner Rede. So versteht ein jeder nach dem Maß, das ihm eröffnet wurde.

Seit Jahrhunderten existieren diverse Korankommentare nebeneinander, in der Regel ohne Aufruhr oder Konflikte auszulösen.

Selten pflegte in damaliger Zeit jemand den Anspruch, die einzig wahre Interpretation vorgelegt zu haben – und wenn, dann war diese Haltung nicht von nachhaltiger Dauer. Die radikalsten islamischen Strömungen und Rechtsschulen in der Zeit bis zum Anbruch der Moderne gelangten unter die Räder der Geschichte. Das veranschaulicht insbesondere der Untergang der Zahiriten vor rund 600 Jahren. Sie bildeten eine besonders engstirnige Rechtsschule, die bereits im 19. Jahrhundert von dem großen Orientalisten Ignaz Goldziher ausführlich beschrieben wurde. Wer sich in der damaligen islamischen Welt als geistig zu unbeweglich erwies, über den ging die Zeit hinweg.

Der Arabist und Islamwissenschaftler Thomas Bauer, Träger des Gottfried Wilhelm Leibniz-Preises, hat für diesen Charakterzug der islamischen Welt den Terminus Ambiguitätstoleranz eingeführt. Kurz zusammengefasst besagt der Begriff, dass von den Handelnden in der islamischen Geschichte Unklarheit und Uneindeutigkeit nicht als Makel verstanden wurde, den es unbedingt zu beseitigen galt. Im Gegenteil. Die Existenz verschiedener Deutungsmuster wurde als ein Wert an sich genommen, den es zu erhalten galt. Ein kleiner Hinweis darauf ist die Tradition klassischer Gelehrter, Erläuterungen zu theologischen Fragen stets mit dem Satz abzuschließen: *Wa-allāhu alam* – »Und Gott weiß es am besten«. Damit meinten sie: »Wir haben unser Bestes gegeben, aber letztlich sind wir auch nur Menschen mit begrenzten Fähigkeiten, sodass Fehler und Missverständnisse in unseren Abhandlungen nicht ausgeschlossen sind.«

Zeitliche Einflüsse auf das Koranverständnis

Das Verständnis des Korans (wie jedes altertümlichen Textes) befand sich durch die Jahrhunderte hindurch immer in der Interdependenz zur jeweiligen Gegenwart. Es hing davon ab, welche Moralvorstellungen herrschten, welchen Wissensstand man zur Verfügung hatte und welche soziopolitischen Bedingungen einen umgaben. Da diese Determinanten stets im Fluss sind und sich weiterentwickeln, ändert sich zwangsläufig auch die Basis, von der aus eine heilige Schrift begutachtet und verstanden wird.

Nehmen wir das Beispiel Gewalt. Vom heutigen Standpunkt aus betrachtet, wird Gewalt gemeinhin als etwas Defizitäres bewertet. Man spricht nicht zuletzt von der Ultima Ratio, wenn Gewaltanwendung legitimiert werden soll. Der Verzicht auf Gewalt gilt als das moralisch und ethisch wertvollere Handeln. Im Altertum und in der Vormoderne beherrschte die Menschen noch ein anderer Blick auf Gewalt. Gewalt galt ihnen als etwas Normales. Kriegszustände an den Reichsgrenzen waren Alltag. Herrscher waren auf Eroberungen aus und/oder mussten ihre Besitzstände dauerhaft gegen Angriffe verteidigen. Innerhalb dieser Rahmenbedingungen entfaltete sich die Gesellschaft. Kampf, Folter, Todesstrafen, Blutrache wurden selten auf breiter Ebene infrage gestellt. Es gab lediglich immer wieder Versuche, Gewalt einzudämmen und zu bändigen. Solche gesellschaftlichen Normen sind auch eine Grundlage für das Verstehen heiliger Schriften – unabhängig von der jeweiligen Religionsgemeinschaft. Während in früheren Jahrhunderten die Ambitionen eher in die Richtung gingen, Gewalt im Zweifelsfall aus den heiligen Schriften heraus zu rechtfertigen (man denke an die Lehre vom gerechten Krieg oder an die »Schwertmission« und die Ausführungen diesbezüglich bei dem großen Kirchenvater Augustinus, dem Hochscholastiker Thomas von Aquin, dem Spätscholastiker Francisco de Vitoria und anderen), gehen die Ambitionen heute eher in die Richtung, Gewalt im Zweifelsfall aus den heiligen Schriften heraus zu verurteilen.

Die Problematik der zeitlichen Entwicklung nimmt durch den Fundamentalismus seine eindrücklichste Gestalt an. Fundamentalisten sind bestrebt, dem Verständnis einer heiligen Schrift zur Zeit ihres Entstehens so nah wie möglich zu kommen – oder anders ausgedrückt: Sie versuchen, die Vergangenheit samt ihren moralischen Idealen in der Gegenwart zu leben. Dieses Bestreben führt zwangsläufig zu Anachronismen. Werte aus der Zeit der Entstehung der heiligen Schrift kollidieren mit den Werten von Gesellschaften, die sich gesetzmäßig auf einer Zeitachse ununterbrochen fortbewegen. Salopp spricht man mitunter von »Steinzeit-Islam«, wenn es um radikale Fundamentalisten geht, deren Religionsverständnis von gegenwärtigen moralischen, ethischen Auffassungen besonders stark abweicht.

Einflüsse räumlicher Umgebung auf das Koranverständnis

Eine weitere Komponente erschwert das Verständnis von heiligen Schriften: die geografische Lage. Wenn es um Religionsgemeinschaften geht, die weltumspannend oder zumindest in unterschiedlichen Großregionen beheimatet sind, das gilt insbesondere für das Christentum und den Islam, dann wirken auch geografische beziehungsweise sozialgeografische Faktoren auf den Verständnisprozess von heiligen Schriften ein.

Wer in der kargen, überhitzten und wasserarmen Wüstenlandschaft der Arabischen Halbinsel lebt, dessen Betrachtung der Welt und seines eigenen Lebens weicht in Teilen ab von jemandem, der in einer vegetationsreichen, kühlen Wald- und Wiesenlandschaft lebt oder in einer kalten Eis- und Schneelandschaft sozialisiert wurde. »Wir sandten vom Himmel segensreiches Wasser nieder und ließen mit ihm Gärten wachsen und Getreide, das geerntet wird«, heißt es zum Beispiel in Sure 50,9. Die Bedeutung von Wasser ist jedem Menschen bekannt – wie viel mehr jedoch wird ein Mensch Wasser zu schätzen wissen, der dafür Kilometer laufen muss, der Sorge des Verdurstens ausgesetzt, im Vergleich zu einem Menschen, der nach wenigen Schritten von einem Süßwasserreservoir zum nächsten gelangt? Konkrete Auswirkungen solcher Überlegungen zeigen sich zum Beispiel im Kriegsrecht: Das Abholzen eines Palmenhains in der Auseinandersetzung mit einem Gegner wurde im Vergleich etwa zum Töten von Menschen oder zum Versklaven von Familien als wesentlich schlimmere Schandtat gewertet. In der Wüste ernährt ein Palmenhain schließlich ganze Stämme – und das über Generationen hinweg.

Den Einfluss räumlicher Gegebenheiten auf religiöse Vorstellungen veranschaulichen auch die sogenannten Dschinn. Das sind übernatürliche Wesen, die dem islamischen Glauben nach ebenso von Gott geschaffen wurden wie der Mensch. Sie sind zum einen bedeutsam für den Volksglauben: Gläubige wenden sich mittels bestimmter Menschen mit speziellen Wünschen an sie. Zum anderen sind sie bedeutsam für das theologische Gesamtkonstrukt des Islams.

Dschinn belegen Gottes Allmacht beziehungsweise dessen uneingeschränkte Herrschaft über die Schöpfung. Zur Entstehungszeit des Islams auf der Arabischen Halbinsel im 7. Jahrhundert glaubten die Menschen, während sie selbst zum Überleben an die Oasen gebunden seien, könnten die Dschinn auch an den vielen unwirtlichen und lebensfeindlichen Orten der Wüste existieren. Die damalige Vorstellung ließ es nicht zu, diese Orte als gänzlich unbewohnt anzusehen. Das bedeutete zugleich, dass die Dschinn mächtiger vorgestellt wurden als man selbst. Aus Sicht der Muslime war es daher wichtig, dass der »eine« Gott des Korans durch die Erschaffung dieser Wesen die Oberherrschaft auch über diese Räume erlangt, damit die Menschen nicht auf einmal die Dschinn verehren.

Gemäß Sure 15,27 wurden die Dschinn aus Feuer erschaffen. So übersetzen jedenfalls viele das im Koran erwähnte Wort *nār*. Die Islamwissenschaftlerin Jacqueline Chabbi weist jedoch darauf hin, dass das Wort wohl nicht »Feuer« bedeutet, sondern eine ganz bestimmte Hitze meint, die speziell in den Wüsten der Arabischen Halbinsel entsteht (was sie in einem ihrer Beiträge zu diesem Buch näher erklärt). Wie dem auch sei, das Konzept der Dschinn ist eng an die Wüstenlandschaft geknüpft. Man darf mithin davon ausgehen, dass solche Vorstellungen anders geprägt wären, wäre der Islam in der Eifel entstanden. Solche Umwelteinflüsse sind mitunter ebenso wie die Gefahren eines Anachronismus bei der Betrachtung heiliger Schriften zu beachten.

Die klassische Koranexegese und ihre Elemente

Die Auslegung des Korans war und ist kein Privileg bestimmter Personen. Wer sich mit der Religion des Islams befasst, kommt nicht daran vorbei, deutlich zu machen, wie er einen Vers versteht, den er für seine Argumentation nutzt. Von daher finden sich Auslegungen koranischer Verse überall im Schrifttum zur Religion des Islams. Dennoch gibt es ein Gebiet, das sich speziell mit der Koranexegese befasst. Im Arabischen heißt die Auslegung des Korans *tafsīr*. *Tafsīr* bedeutet »Erklärung« oder »Deutung«. Vertreter dieser Methodik haben in allen Jahrhunderten wahre Konvolute vorgelegt. Ihre Werke füllen zum

Teil Bücherregale, einzelne Titel umfassen bei Drucklegung Dutzende Bände.

Viele dieser Werke sind nach wie vor Standard, das heißt, sie werden bis heute bei der Auslegung berücksichtigt. Der Status dieser Schriften generiert sich aus der allgemeinen Vorstellung: Je geringer der zeitliche Abstand eines Werks zum Ursprung der Religion, sprich je älter, desto wahrer und bedeutender ist es und desto mehr Autorität wird dem Autor beigemessen. Hinzu kommen die üblichen Kriterien wie die fachlichen Meriten, die sich ein Autor im Laufe seines Lebens erworben hat, die Qualität seiner Arbeiten und der Umfang, in dem diese rezipiert werden.

Klassische Koranexegese hat feste Elemente, die unerlässlich für einen eigenständigen Umgang mit dem Text sind. Grundlage ist stets die Sprachwissenschaft. Ohne vorzügliche Kenntnis der arabischen Sprache, der Offenbarungssprache des Korans, ist eine fundierte Auseinandersetzung mit seinen Inhalten kaum möglich. Zu verbreitet sind philologische Fallstricke, als dass eine reine Koranlektüre zum Verständnis des Textes genügen würde. Das gilt nicht in gleichem Maß für alle Passagen im Koran. Einige Abschnitte sind verständlicher und eindeutiger, andere weniger. Nur wissen Laien oft nicht, welche Stellen das sind. Angesichts der sprachwissenschaftlichen Herausforderungen eines Textes, der dem muslimischen Glauben nach von Gott selbst offenbart wurde und bei dem es somit auf jeden einzelnen Buchstaben ankommt, ist man auf Hilfestellungen von Fachleuten angewiesen.

Zum Koranverständnis ist ferner die Kenntnis der Hadithe nötig. Hadithe sind einzelne Überlieferungen über die Handlungsweisen und Aussagen des Propheten Mohammed – der sogenannten Sunna. Hadithe teilen mit, wie sich der Prophet in bestimmten Situationen verhalten hat. Der Korantext ist bekanntlich nicht inhaltlich kohärent: Er schildert von der ersten bis zur letzten Seite keine zusammenhängenden Sachverhalte, sondern reiht Versatzstücke lose aneinander. Die heutige Version wurde von Uthmān Ibn Affān, dem dritten Kalifen, also dem dritten Nachfolger Mohammeds, ediert. Man spricht vom Kodex des Uthmān. Die Gründe dafür, dass Suren und Verse weder inhaltlich noch chronologisch angeordnet sind, sind nicht bekannt. Viele Muslime glauben, dass der Korantext – einfach so, wie er ist – offenbart wurde. Um den Koran besser verstehen zu können, etablierte sich der Gedanke, in Hadith-Sammlungen nach möglichen Erklärungen für Unklarheiten im Koran zu suchen. *Tafsīr*-Werke bestehen deshalb häufig zu wesentlichen Teilen aus dem Zitieren von Hadithen.

Damit hängt ein weiteres Element der Koranexegese zusammen: Das ist die Frage nach den Gründen für die Offenbarung eines Verses, arabisch: *asbāb al-nuzūl.* Bei diesem Ansatz versucht man, zum Verständnis der Verse die historischen Anlässe zu eruieren, zu denen sie offenbart worden sein sollen. Zudem dienen die *asbāb al-nuzūl* als Hilfsmittel, um die Problematik der fehlenden Chronologie im Korantext zu überbrücken.

Ein viertes Element ist die Einbeziehung der menschlichen Vernunft in die Koranauslegung. Unter diesen Bereich fallen verschiedene Methoden – zum Beispiel die Abrogation. Sie ist ein Instrument zur Auflösung von Widersprüchen, insbesondere Juristen sind damit vertraut. Die Abrogation sieht vor, dass eine ältere Regelung von einer jüngeren inhaltlich aufgehoben wird. Das kann man auf die abrahamitischen Religionen als Ganzes beziehen: Die christliche folgte auf die jüdische Religion, die islamische folgte auf die christliche – die neuere Religion ist damit jeweils in den Augen ihrer Anhänger die gültige. Das kann man aber auch auf Verse innerhalb des Korans beziehen, die einander (scheinbar) widersprechen.

Die Einflüsse der menschlichen Vernunft auf die Koranexegese im Speziellen, aber auch auf die islamische Religion im

Allgemeinen haben von Anbeginn des Islams an bis heute immer wieder zu Kontroversen geführt und tun es weiterhin. Nicht zuletzt basiert der heutige Fundamentalismus und der von ihm zumeist beeinflusste Islamismus maßgeblich auf ebendieser Frage der Einbeziehung menschlicher Vernunft in religiöse Angelegenheiten, wobei Fundamentalisten, je ausgeprägter ihre Überzeugung ist, desto mehr menschliche Einflüsse ausblenden wollen. Moderne islamische Theologen jenseits des fundamentalistischen Spektrums haben sich von einer absoluten Skepsis gegenüber der menschlichen Vernunft weitgehend distanziert. Aber selbst wenn ihnen der Rückgriff auf die Vernunft heute als selbstverständlich gilt, so müssen auch sie eine Haltung zur Frage des Verhältnisses von Vernunft und Tradition finden.

Moderne Wissenschaftler greifen ferner zu komparativen Methoden, um den Korantext zu erklären und verständlich zu machen. Sie versuchen, die Religion des Islams im Kontext der älteren abrahamitischen Religionen, Judentum und Christentum, und deren heiliger Schriften zu verstehen sowie im Wechselspiel mit anderen Religionen und Vorstellungswelten, die zu Lebzeiten Mohammeds auf der Arabischen Halbinsel, also dem Kernland des Islams, und den angrenzenden Regionen verbreitet waren.

Wichtige klassische *tafsīr*-Werke

Unter den vielen im Laufe der vergangenen Jahrhunderte vorgelegten klassischen *tafsīr*-Werken stechen einige besonders hervor. Zu den wichtigsten Korankommentaren gehören sicherlich die von Muhammad Ibn Dscharīr al-Tabarī (gestorben 923) und von Abū al-Qāsim al-Zamachschārī (gestorben 1114). Während al-Tabarīs Werk *Dschāmiʿ al-baiān ʿan taʾwīl āy al-*

Qurʾān (»Sammlung der Erklärungen über die Interpretation der Koranverse«) als ein Höhepunkt der traditionellen Koranauslegung gilt, ist al-Zamachscharis Werk *al-Kaschschāf ʿan haqāʾiq al-tanzīl* (»Entschleierungen der Wahrheiten der Offenbarung«) so etwas wie ein Höhepunkt der mu'tazilitischen Koranexegese. Letztere Auslegungsrichtung legt deutlich mehr Wert auf die Einbeziehung der menschlichen Vernunft, während die traditionelle Form stärker auf Quellenzeugnisse wie die Hadithe fokussiert ist.

Ein weiterer einflussreicher Korankommentar stammt von Ahmad al-Thalabī aus dem 11. Jahrhundert, den die moderne Forschung allerdings erst seit jüngerer Zeit wiederentdeckt hat. Er galt als einer der herausragenden Korankenner seiner Zeit, selbst wenn sein Werk später nicht ohne Kritik geblieben ist etwa hinsichtlich seines lockeren Umgangs mit der Authentizität von Quellen. Lange Zeit war sein *al-Kaschf wa-l-bajān ʿan tafsīr al-Qurʾān* (»Die Entschleierung und Erklärung der Auslegung des Korans«) die maßgebliche Quelle für nachfolgende Exegeten, darunter seinen bekannten Schüler Alī al-Wāhidī (gestorben 1076), der als Erster die Exegeseform der *asbāb al-nuzūl* vertreten hat, also der Frage nach den historischen Anlässen für die Offenbarung eines Koranverses. al-Thalabī verfolgte einen »ökumenischen« Ansatz. Sein Werk berücksichtigt schiitische Quellen und weist auch mystische Einflüsse auf; was im Kreis der sunnitischen Orthodoxie schon immer mit wenig Zustimmung aufgenommen wurde.

Einer der umfangreichsten Korankommentare geht auf Fachr al-Dīn al-Rāzī zurück, der 1209 in Herat starb. Es handelt sich um das ausschweifende Werk *Mafātīh al-ghaib* (»Die Schlüssel des Verborgenen«) mit mehr als 30 Bänden in der Drucklegung. Es zeichnet sich unter anderem dadurch aus, dass sich der Autor intensiv mit philosophischen und theologischen Überlegungen befasst. Es ist daher kaum verwunderlich, dass Ibn Taymijja, der als einer der wichtigsten geistigen Vorväter moderner islamischer Fundamentalisten gilt, gut 100 Jahre später darüber urteilte: Das Buch enthalte alles außer einem Korankommentar. al-Rāzī geht bei seiner Arbeit sehr systematisch und präzise vor und erläutert nach und nach einzelne Aspekte der Verse. Hinsichtlich Methode und Form wird das Werk auch mit der etwa zur gleichen Zeit entstandenen *Summa theologiae* (»Summe der Theologie«) des Kirchenlehrers Thomas von Aquin verglichen.

Systematik ist auch für den Andalusier Muhammad al-Qurtubī (gestorben 1273) wichtig. Sein Kommentar trägt die Handschrift eines herausragenden Rechtsgelehrten. Punkt für Punkt handelt er die Auslegungsherausforderungen der Verse ab, wobei er seine Leser explizit auf die Bedeutung der Linguistik für das Verständnis des Korans hinweist.

Zentral für die weitere Auslegungsgeschichte des Korans ist der Kommentar von Ibn Kathīr, der um das Jahr 1300 im syrischen Bosra geboren wurde. Sein Werk gehört zu den am weitesten verbreiteten klassischen *tafsīr*-Werken in der islamischen Welt. Ibn Kathīr stützte sich wie viele andere vorwiegend auf die Erklärungen, die sich aus Hadithen ziehen lassen. Als Schüler des Ibn Taymijja legte er ebenfalls Wert darauf, die Einflüsse menschlicher Vernunft zurückzudrängen. Sein Schaffen muss allerdings wie das von Ibn Taymijja vor dem Hintergrund der Auswirkungen des »Mongolensturms« betrachtet werden. Der Einfall der neuen Herrscher aus dem Osten ging mit einer massiven Zerstörung und Auflösung der aus Ibn Kathīrs Sicht althergebrachten islamischen Welt des Kalifats der Abbasiden einher. Somit fließt in sein Religionsverständnis ähnlich wie bei Ibn Taymijja die Angst vor Veränderungen durch den Einfluss fremder Mächte beziehungsweise der Wunsch nach Konservierung überlieferter Vorstellungen mit ein. Der Versuch, diesen drohenden Wandel durch die Orientierung an der Urgemeinde des Islams um den Propheten Mohammed und seiner unmittelbar nachfolgenden Generationen aufzuhalten, ist bei Ibn Kathīr besonders ausgeprägt.

Während die Werke von al-Tabarī, al-Zamachscharī, al-Thaʿlibī oder Ibn Kathīr sehr umfassend sind, kommt ein anderer klassischer Korankommentar im 16. Jahrhundert kompakt daher. Er wurde von zwei Autoren verantwortet, die beide den Vornamen Dschalāl trugen – deswegen heißt der Kommentar schlicht *Tafsīr al-Dschalālain* (»Korankommentar der beiden Dschalāls«). Es handelt sich um Dschalāl ad-Dīn al-Mahallī, der das Werk im 15. Jahrhundert begonnen hatte, und um seinen Schüler Dschalāl al-Dīn al-Sujūtī, ein ziemlich überheblicher und rechthaberischer Mann, der es nach al-Mahallīs Tod beendete. Ihr Kommentar besteht aus einer Paraphrasierung des Korantextes mit kleineren philologischen und inhaltlichen Anmerkungen; daraus ergibt sich auch die Kürze des Kommentars. Ihre inhaltlichen Erläuterungen referieren die damals weitgehend unstrittigen beziehungsweise herrschenden Auslegungstraditionen. Auch dieses Buch findet bis heute große Verbreitung in der muslimischen Welt.

Einer der letzten klassischen Gelehrten des Islams war Muhammad al-Schaukānī im 18. Jahrhundert. Noch ausgestattet mit einer traditionellen islamischen Ausbildung, hat auch er einen Kommentar zum Koran verfasst. Der Titel lautet *Fath al-qadīr* (»Sieg [oder: Eröffnung] des Allmächtigen«). al-Schaukānī ist ebenfalls der traditionalistischen Auslegung des Korans verbunden. Sein Ziel bestand also darin, das Religionsverständnis überwiegend auf den Koran und die Sunna als Quellen zu reduzieren und die Einflüsse seiner Zeit zurückzudrängen. Zudem birgt sein Kommentar Einordnungen von Hadithen: Hadithe wurden im Laufe der Geschichte häufig gefälscht, erfunden oder fehlerhaft überliefert; aus diesem Grund haben Muslime eine Hadith-Wissenschaft entwickelt, die die Verifikation oder Falsifikation herausarbeiten beziehungsweise die Authentizität von Hadithen bewerten sollte.

Die Moderne eröffnet Abū al-Thanāʾ al-Ālūsī etwa zur Mitte des 19. Jahrhunderts. Der Bagdader gehörte zu den herausragenden Figuren der islamischen Gelehrtenwelt im Osmanischen Reich. Seine Koranexegese *Rūḥ al-maʿānī* (»Die Seele der Bedeutung«) wie auch seine übrigen Lehren muss man vor dem Hintergrund der ersten Zerfallserscheinungen des Osmanischen Reichs und des zunehmenden Eindringens der neuen europäischen Mächte betrachten. Die Situation erinnert ein wenig an die im 13. Jahrhundert, als die Muslime mit dem Zusammenbrechen des Abbasiden-Kalifats und dem Einfall der Mongolen konfrontiert waren (auch wenn der Mongolensturm von der Qualität deutlich anders gelagert war). al-Ālūsī wirkte am Vorabend des Aufkommens der salafitischen Reformbewegung. Die Salafijja – auch Salafiten genannt – hatte sich zum Ziel gesetzt, die erstarrten, verkrusteten, teils korrupten Strukturen der osmanischen Gelehrsamkeit aufzubrechen. Zugleich wollten die Anhänger dieser Bewegung die aus ihrer Sicht ausufernden Glaubenspraktiken ihrer Zeitgenossen, die die Salafijja für nicht vereinbar mit dem »wahren« Islam hielten, ausmerzen. Ungeachtet seiner Nähe zu den Ideen dieser aufkommenden Bewegung gehörte al-Ālūsī zugleich der altehrwürdigen mystischen Bruderschaft der Naqschbandi an. Der Einfluss der Mystik schimmert zu Beginn seines Korankommentars, der über längere Zeit verfasst wurde, auch durchaus durch, während das Werk zum Ende hin eher in Richtung traditionalistischer Auffassungen tendiert. al-Ālūsī personifiziert im Grunde genommen den Bruch eines Teils der Gesellschaft im Osmanischen Reich mit der Tradition und ihre Hinwendung zu den neuen salafitischen Überzeugungen: Sein Sohn Numan wurde zu einem führenden Vertreter der Salafijja, wohingegen sein zweiter Sohn Abdullah zu einem einflussreichen Vertreter der mystischen Zirkel im arabischen Osten des Osmanischen Reichs avancierte.

Zu den wichtigsten späteren Vertretern der Salafijja zählt Rashid Rida. Auch er hat einen Korankommentar vorgelegt: *Tafsīr al-manār* (»Der Leuchtturm-Korankommentar«). Er beruht auf den Exegesevorlesungen seines Lehrers Muhammad Abduh an der Kairener Universität al-Azhar und wurde über drei Jahrzehnte mit Beginn des 20. Jahrhunderts sukzessive in Ridas Zeitschrift »al-Manār« (»Der Leuchtturm«), dem zentralen Organ der Salafijja, publiziert. Der Kommentar dürfte das einflussreichste modernistische Werk dieser Literaturgattung sein. Nach dem Tod Muhammad Abduhs 1905 wurde es von Rida fortgesetzt. So entstand eine äußerst umfangreiche Exegese, die die Verse detailliert erläutert, allerdings nur bis zur 12. Sure des Korans gelangte. Rida starb 1935.

Die Salafijja gilt heute manchen als Vorläufer der salafistischen Strömungen. Eine Verbindung ist nicht von der Hand zu weisen, dennoch wäre es verfehlt, hinter ihren Korankommentaren dieselbe Engstirnigkeit und dieselben teils gewaltbereiten politischen Ambitionen zu vermuten, wie sie die Extremisten gegenwärtig an den Tag legen. Itzchak Weismann, einer der führenden Kenner dieser historischen Bewegung, formuliert: »Die Salafiten im späten Osmanischen Reich würden sich vermutlich im Grabe umdrehen bei dem Gedanken daran, [wer heute alles als Abkömmling von ihnen gilt].« Nicht einmal der Korankommentar *Tafhim-ul-Quran* (»Zum Verständnis des Korans«) des indo-pakistanischen Aktivisten Abū al-Alā al-Maududi (gestorben 1979) – und auf ihn gehen fast alle islamistischen Strömungen zurück – würde in dieses Bild passen. Gleiches gilt für den Korankommentar der »Galionsfigur« des politischen Islams Sayyid Qutb: *Fī zilā al-Qurʾān* (»Im Schatten des Korans«). Dennoch sind diese Korankommentare von islamisch-konservativen Haltungen geprägt, die heute sowohl zu Auseinandersetzungen unter Muslimen als auch zwischen Muslimen und Nichtmuslimen beitragen. In der modernen islamischen Welt finden sie nach wie vor große Verbreitung, nicht nur unter fundamentalistischen Strömungen. Viele der heutigen puristischen Überzeugungen in islamischen Ländern basieren nicht zuletzt auf dem Einfluss solcher Werke.

Koranauslegung heute

Wenn es heute darum geht, den Koran seriös zu erklären, kommt man an der Berücksichtigung der klassischen Kommentare nicht vorbei. Spricht ein Autor davon, dass Muslime traditionell diese oder jene Ansicht zu einem Koranvers vertreten haben, dann bezieht er sich häufig auf solche Bücher, wobei selbstverständlich zu bedenken ist, dass hier nur die Spitze der *tafsīr*-Tradition skizziert wurde. Es gibt zahlreiche weitere Autoren und Exegese-Werke, und hinzu kommen explizit schiitische und mystische Auslegungstraditionen.

Die Auswertung klassischer Werke nimmt auch an islamtheologischen oder islamwissenschaftlichen Lehrstühlen deutscher Universitäten eine zentrale Stellung ein. Das Verständnis der traditionellen Korankommentatoren wird dabei ins Verhältnis zu gegenwärtigen moralischen, ethischen, philosophischen Vorstellungen sowie zum aktuellen wissenschaftlichen Erkenntnisstand gesetzt. Zudem werden moderne wissenschaftliche Methoden praktiziert, wie am Beispiel des Forschungsprojekts »Corpus Coranicum« der Berlin-Brandenburgischen Akademie der Wissenschaften nachvollzogen werden kann. Dort werden derzeit unter der Leitung der Arabistin Angelika Neuwirth eine Textdokumentation und ein historisch-kritischer Kommentar zum Koran erarbeitet.

Auch in den modernen Wissenschaften spielen unterschiedliche Zugänge zum Korantext wie säkulare, liberale, konservative oder orthodoxe Auffassungen eine Rolle. Der Islam kennt keine universelle Autorität. Es gibt weder Institutionen oder Zusammenschlüsse, die eine Deutungshoheit beanspruchen können, noch Einzelpersonen, denen eine generelle Weisungsfunktion zugesprochen werden kann. Auch wenn es immer wieder mal Einrichtungen gibt wie in früheren Jahren die al-Azhar-Universität in Kairo oder einzelne Islamvertreter, die eine solche Deutungshoheit beanspruchen wollen und dabei von anderen durchaus Unterstützung erfahren, sind der Diversität im Verständnis des Korans keine formellen Grenzen gesetzt.

Diese Struktur der islamischen Religion hat konkrete Auswirkungen auf das Verhältnis des deutschen Staats zu seinen muslimischen Bürgern. Der netzwerkartige Zusammenschluss ohne einvernehmliche Hierarchieebenen ist einer der Gründe dafür, dass es deutschen Muslimen bis dato schwerfällt, sich den bestehenden staatsrechtlichen Bedingungen anzupassen und zum Beispiel einen zentralen Ansprechpartner für den Staat zu benennen, wie es die Christen mit der Deutschen Bischofskonferenz und der Evangelischen Kirche in Deutschland tun oder die Juden mit dem Zentralrat der Juden in Deutschland. Murat Kayman vom größten deutschen Islamverband, der türkisch geprägten DİTİB, erklärte im Deutschlandfunk anhand des Beispiels der islamischen Religionslehrer, man sage nicht, »dass sie Mitglieder bei der DİTİB oder [...] anderen [...] sein müssen [...], weil wir keine Kirche sind und Religiosität nicht durch solche institutionelle Mitgliedschaft organisieren oder als gegeben verstehen«. Derzeit behilft man sich im Verhältnis des Staats zu den Muslimen zum Beispiel mit Beiratskonstruktionen. In Nordrhein-Westfalen entsenden staatlich ausgewählte Islamverbände einerseits Vertreter in einen solchen Beirat und der Staat ausgewählte Personen andererseits. Diese

Beiräte befassen sich dann mit Fragen der Lehrpläne, der Besetzung von Professuren, der Erteilung einer islamischen Lehrerlaubnis und anderem.

Die islamtheologischen Stimmen in Deutschland reichen in ihrer Mehrheit von eher konservativen bis hin zu eher liberalen Auffassungen. Fundamentalistische und säkularistische Strömungen, wenn man diese als äußeren Rand definieren will, stecken dieses Spektrum nur in Ausnahmefällen ab. Ein direkter Einfluss einzelner Verbände auf die theologischen Inhalte an den Universitäten existiert nicht. Indirekte Einflüsse lassen sich indes wie in jeder Demokratie konstatieren entweder durch Lobbyismus, Korporatismus, Konkordanz, Interessenverflechtungen oder durch konkrete Abhängigkeiten – für Absolventen islamtheologischer Studiengänge stellen die Verbände einen wichtigen möglichen Arbeitgeber dar. Mitunter führt das zu Spannungen. Das zeigte sich zum Beispiel in Auseinandersetzungen der Verbände mit Inhabern von islamtheologischen Lehrstühlen in den vergangenen Jahren.

Zudem haben sich die vier größten Verbände 2007 zum Koordinationsrat der Muslime (KRM) zusammengeschlossen. Der KRM verfügt durchaus über politische Macht, sodass sich gegen ihn jedenfalls auf kooperativer Basis kaum etwas durchsetzen lässt. Die Dominanz dieser vier Vereine, die in der Einwanderungsgesellschaft historisch gewachsen ist, sorgt seit Langem für Debatten. Von der Ausrichtung her sind sie eher dem konservativen oder traditionellen Islamspektrum zuzuordnen, zudem orientieren sie sich nach wie vor stark an der Herkunft der Mehrheit ihrer Mitglieder. Bei den vier handelt sich um die Türkisch-Islamische Union der Anstalt für Religion (DİTİB), den Islamrat für die Bundesrepublik Deutschland (IR), den Verband der Islamischen Kulturzentren (VIKZ) und den Zentralrat der Muslime in Deutschland (ZMD).

Eine Radiosendung als Kondensat

All diese Aspekte finden nun zumindest schlaglichtartig ihren Niederschlag in der Sendereihe »Koran erklärt« im Deutschlandfunk, die auf die Idee und die Intention des Intendanten von Deutschlandradio, Dr. Willi Steul, zurückgeht, von seinem Referenten, Dr. Sebastian Engelbrecht, konzipiert und vom Autor dieses Beitrags umgesetzt und fortgeführt wurde. Das vorliegende Buch dokumentiert diese Sendereihe. Ziel der Verantwortlichen war es, eine im deutschsprachigen Medienangebot einmalige und neue Informationssendung auf die Beine zu stellen, die Hörern und Internetnutzern sachliches, wissenschaftlich fundiertes Hintergrundwissen zum Koran anbietet. Ziel war es explizit nicht, eine religiöse Sendung im Sinne eines »Wortes zum Freitag« analog zum christlichen Sendeformat »Wort zum Sonntag« in der ARD zu schaffen.

Wie eingangs dargelegt, bedarf eine fundierte Interpretation des Korans einer entsprechenden Ausbildung. In den vergangenen Jahren hat sich die Gesellschaft in Deutschland (und anderenorts) jedoch den Koran häufig von Personen erklären lassen, bei denen ihr als Qualifikation genügte, dass sie sich selbst zum Islam bekennen oder dass sie aus dem islamischen Kulturkreis stammen. Hinzu kamen fachfremde Personen – Soziologen, Historiker, Journalisten, Schriftsteller usw. –, die sich ebenfalls öffentlich über den Koran in einem theologischen Sinn geäußert haben und dabei als »Experten« rezipiert wurden. Es ist selbstverständlich jedem gestattet, seine Meinung über den Koran kundzutun. Will man aber Stellungnahmen haben, mit denen sich inhaltlich und fachlich weiterarbeiten lässt, sind bestimmte Mindestvoraussetzungen für die Interpretation nötig.

In Bezug auf die Bibel trifft man solche Ansätze, bei denen man sich von Personen jenseits des Berufsstands der Theologen über Theologie öffentlich informieren lässt, selten an. Das liegt auch daran, dass es genug christliche Theologen in Deutschland gibt im Vergleich zu islamischen Theologen. Die Islamische Theologie steckt hier nach wie vor in den Kinderschuhen. Der erste Lehrstuhl für die Religion des Islams wurde erst 2004 eingerichtet; der Autor dieser Zeilen war damals an diesem Lehrstuhl tätig. In den nachfolgenden Jahren wurden an mehreren Universitäten weitere Studiengänge für Islamische Theologie aufgebaut. Während gerade mal zwölf Jahren stehen aber sowohl das wissenschaftliche Personal als auch die Absolventen erst am Anfang ihrer Tätigkeiten. Ein Vergleich zur jahrhundertealten Geschichte christlicher Theologie in Mitteleuropa verbietet sich somit – auch wenn dieser Anspruch seitens der Öffentlichkeit häufig (auch unbewusst) vertreten wird.

Islamische Theologen sollen zu allen religiösen, gesellschaftlichen und politischen Fragen Stellung beziehen, zu allen Fragen gleichzeitig forschen und reihenweise Absolventen für die anstehenden Aufgaben hervorbringen. In der Haut der Lehrstuhlinhaber möchte man nicht stecken, schreibt der Islamwissenschaftler Rainer Brunner: »Denn sie müssen gleichzeitig auch noch Sozialarbeiter, Integrations- und Sicherheitsbeauftragte ausbilden sowie ihrerseits aufgeklärte und aufklärende Reformer einer Religion mit über einer Milliarde Anhängern sein, obendrein gläubig-bekennend und historisch-kritisch in einem. All das muss dann auch noch so verpackt werden, dass es den Erwartungen von Politik, Gesellschaft, Sicherheitsbehörden und muslimischen Dachverbänden gleichermaßen gerecht wird.« Diese Erwartungshaltung ist unerfüllbar. Daher gilt es, diese islamtheologische Infrastruktur auch bei dem Wunsch nach Informationen über den Koran zu berücksichtigen.

»Koran erklärt« hat sich zum Ziel gesetzt, Fachwissenschaftler zu Wort kommen zu lassen. Darunter sind zunächst die Vertreter der Islamischen Theologie und der Islamwissenschaft in

Deutschland, von denen einige am Anfang ihrer Laufbahn stehen, andere zur internationalen Elite zählen. Ferner sind darunter Koryphäen ihres Fachgebiets aus anderen Staaten und Wissenschaftler von einigen der renommiertesten Universitäten unserer Zeit wie Harvard, Princeton, Stanford, Yale, Massachusetts Institute of Technology (MIT), Berkeley, Oxford, Cambridge oder der Sorbonne – einige von ihnen werden durch »Koran erklärt« und diese Drucklegung erstmals in deutscher Sprache publiziert.

Die Sendereihe des Deutschlandfunks steht auch vor dem Hintergrund der gegenwärtigen politischen Auseinandersetzungen um Islamismus auf der einen Seite und Islamfeindlichkeit auf der anderen. Dementsprechend spielen Themen von aktueller sozialpolitischer Relevanz ebenso eine Rolle wie glaubensspezifische Fragen. Eine Interpretation des Korans wird allerdings keine gesellschaftlichen Probleme lösen können. Öffentliche Debatten suggerieren manchmal, der Koran und dessen Verständnis seien verantwortlich für Phänomene wie die Terrororganisation IS. Das greift aber schon insofern zu kurz, als sich komplexe Zusammenhänge wie Islamismus und Islamfeindlichkeit nicht monokausal erklären lassen. Die Probleme in der islamischen Welt resultieren auch aus den seit Jahrzehnten anhaltenden politischen Krisen in der Region, aus endogenen und exogenen Faktoren, wie sie die Entwicklungstheorie benennt.

Während die Erklärung von Koranversen also keine politischen und gesellschaftlichen Probleme lösen kann, kann eine Radiosendung ebendies verdeutlichen und dadurch helfen, den Blick für das gesamte Ursachenbündel zu öffnen. Sendung und Buch leisten daher im besten Sinn Informations- und Aufklärungsarbeit, indem sie Wissen vermitteln und Missverständnisse ausräumen. Indem unterschiedliche Themen angesprochen werden, wird ferner einem breiten Publikum verdeutlicht, dass das Verständnis der Koraninhalte kein monolithischer Block ist. Nach wie vor trifft man in öffentlichen Diskussionen auf die Vorstellung, den Koran dürfe oder könne man nicht interpretieren, weil es Gottes wortwörtliche Rede sei. Nun, man darf den Koran aus Sicht von Gläubigen sicherlich nicht textlich verändern, grundsätzlich gibt es aber keine Texte, die man nicht interpretieren kann.

Wichtige deutsche Koranübersetzungen

Der Koran wurde in den vergangenen Jahrhunderten mehrfach in die deutsche Sprache übertragen. Insbesondere in den vergangenen Jahren sind weitere Koranübersetzungen ins Deutsche vorgelegt worden. Eine allgemein anerkannte Version gibt es jedoch nicht. Jede Übersetzung hat ihren eigenen Charakter. Die Übertragung von Rudi Paret aus dem Jahr 1966 gilt nach wie vor als Standardübersetzung, die insbesondere im wissenschaftlichen Kontext benutzt wird. Sein Text ist von sachlicher und nüchterner Stilistik, ganz mit dem Ziel verfasst, die Bedeutung der Verse zu vermitteln und dabei nah am arabischen Original zu bleiben. Vielfach arbeitet Paret daher mit Einschüben in Klammern, die weiterführende Erläuterungen aus dem Zusammenhang des Textes und Hinweise auf die Konnotation der arabischen Wörter bieten.

Ganz anders ist dagegen die Koranübersetzung des deutschen Dichters Friedrich Rückert aus der ersten Hälfte des 19. Jahrhunderts ausgerichtet. Sein primäres Ziel bestand darin, die Sprachkunst des ursprünglichen Textes wiederzugeben. Inhaltliche Genauigkeit tritt bei ihm zugunsten stimmiger Reimprosa in den Hintergrund. Zudem ist Rückerts Übersetzung nicht vollständig. Alle anderen Koranübersetzungen reihen sich weitgehend in dieses Spektrum ein.

Auch nichtwissenschaftliche Koranübersetzungen neueren Datums haben ihre eigene Charakteristik, die man im Umgang mit ihnen beachten muss. Sie folgen häufig bestimmten ideologischen oder theologischen Strömungen, deren Prinzipien sie gewisse Übersetzungsfragen unterstellen. Dem Konvertiten und ehemaligen deutschen Diplomaten Murad Wilfried Hoffmann zum Beispiel wird vorgehalten, er habe bei seiner Neuherausgabe der Übersetzung von Max Henning eigene Vorstellungen einfließen lassen, sodass am Ende eine »weichgespülte« Version vorliege, die an manchen Stellen weniger scharf formuliert ist, als es das arabische Original eigentlich verlangt.

Ein weiteres Beispiel ist die Ausgabe von Muhammad Rassoul. Seine Übersetzung fand früher schon Verbreitung unter eher streng religiösen Muslimen in Deutschland. In Deutschland wurde sie für die Koran-Verteilaktion »Lies!« genutzt. In deren Rahmen brachten Salafisten von Ende 2011 bis zum Verbot der Aktion 2016 an öffentlichen Ständen kostenlose Nachdrucke unters Volk, um Propaganda für ihr Islamverständnis zu machen. Rassoul hatte sich zum Ziel gesetzt, den Text möglichst Wort für Wort wiederzugeben und eine recht nüchterne Version vorzulegen. Herausgekommen ist am Ende eine etwas schwer zu lesende Fassung. Sie wird auch von wissenschaftlicher Seite teilweise wegen Ungenauigkeiten kritisiert, stellt aber dennoch keine sonderlich schlechte Version dar.

Die Übersetzung der Koranverse für »Koran erklärt« und mithin für das vorliegende Buch folgt keiner bestimmten Ausgabe. Es erwies sich aus praktischen Gründen als nicht möglich, sich für eine zu entscheiden. Das liegt bereits daran, dass vier der Autoren eigene Koranübersetzungen vorgelegt haben und verständlicherweise auch mit diesen arbeiten. Es handelt sich dabei um Adel Theodor Khoury, Hans Zirker, Milad Karimi und Hartmut Bobzin.

Davon abgesehen ist es bei der Realisierung einer Radiosendung bedeutsam, möglichst klare Formulierungen für das Hörverständnis zu haben. Das ist in keiner deutschen Koranausgabe für jeden einzelnen Vers immer so gegeben, mitunter finden sich fürs Hörverständnis besser geeignete Übersetzungen in verschiedenen Ausgaben – sei es, weil mal hier, mal dort einfachere grammatische Strukturen oder modernere Worte gewählt wurden.

Zudem finden sich in unterschiedlichen Übersetzungen Formulierungen, die klarer auf den inhaltlichen Kern einer Sendung zulaufen. Keiner der Autoren erhebt mit seinen Ausführungen den Anspruch auf eine umfassende Darlegung aller Aspekte des jeweiligen Verses. Die Autoren haben sich bestimmte Fragen – häufig entsprechend ihren Forschungsschwerpunkten – herausgegriffen. Alles andere ließe sich in einer begrenzten Sendezeit von fünf Minuten pro Folge nicht realisieren. Daher war es ebenso ratsam, Versübersetzungen zu wählen, die möglichst auf diese ausgewählten Fragestellungen hin zugespitzt sind.

Die internationalen Autoren haben mit Koranübersetzungen in ihrer Arbeits- oder Muttersprache gearbeitet und ihre Texte in Fremdsprachen vorgelegt. In diesen Fällen mussten auch die Koranverse ins Deutsche übertragen werden. Dabei war die von den Autoren gewählte inhaltliche Ausrichtung ebenfalls zu berücksichtigen, sodass die Koranverse und die Erklärungstexte nachher auch im Deutschen aufeinander abgestimmt sind. Zum Teil zielten die Autoren auf spezifische Formulierungen und sprachliche Nuancen in den Koranversen ab, die sich in den deutschen Ausgaben so nicht widerspiegeln – schon gar nicht in immer einer und derselben.

Die Übersetzungen der Koranverse ins Deutsche wurden nicht nach Belieben vorgenommen. Sie orientieren sich an vorhandenen Ausgaben. Primär zu Rate gezogen wurden dabei die Werke von Rudi Paret, Adel Theodor Khoury, Hans Zirker, Hartmut Bobzin und Max Henning, herausgegeben von Annemarie Schimmel, sowie dem Corpus Coranicum.

Sowohl die Erläuterungen als auch die Koranübersetzungen in diesem Buch sind folglich primär auf die Gestaltung einer Radiosendung ausgerichtet. Das heißt, mit den Texten verbindet sich kein Gedanke einer verbindlichen und letztgültigen Aussage über besprochene Koranverse. Hörer und Leser müssen sich vergegenwärtigen, dass die Versübersetzungen lediglich Hinweise auf die Bedeutung des arabischen Originals geben.

»Koran erklärt« bietet einen fundierten Überblick über zentrale Aspekte, die in den ausgewählten Koranabschnitten thematisiert werden. Deutungsunterschiede sind nicht ausgeschlossen. Es ist immer möglich, den präsentierten Erläuterungen eine andere gegenüberzustellen, sei es, weil eine andere Übersetzung, sprich: Interpretation, des Originaltextes vorgenommen wurde oder weil ein anderes religiöses Grundverständnis vertreten wird. Klar ist aber: Die Autoren von »Koran erklärt« sind ausgebildete Wissenschaftler, die sich zum Teil seit Jahrzehnten auf hohem Niveau mit ihren Themen befassen oder befasst haben.

Die Auswahl der Koranverse und der Autoren

Die Auswahl der Koranverse erfolgte ebenfalls nach pragmatischen Überlegungen. Ausgangspunkt war eine Liste von Versen, die Deutschlandradio-Intendant Dr. Willi Steul vorgelegt hat. Die Liste ist thematisch breit gefächert und bezieht rein theologische Fragen ebenso mit ein wie Fragen, die für das heutige Zusammenleben unter Muslimen und mit ihnen von Bedeutung sind.

Darüber hinaus musste den Autoren die Möglichkeit eingeräumt werden, Verse selbst auszusuchen. Das hängt mit der gegebenen Situation innerhalb der Wissenschaften zum Islam zusammen. Die Erforschung des Fachgebiets teilt sich in Deutschland auf drei Hauptzweige auf: die Islamwissenschaft als Kulturwissenschaft (mitunter auch Orientalistik genannt, manchmal aber auch davon abgegrenzt), die Arabistik als Sprachwissenschaft und die Islamische Theologie beziehungsweise die Islamischen Studien als theologische Disziplin. Die Differenzierungen sind nicht immer eindeutig und führen bisweilen zu Streit. In einer »Stellungnahme von Fachvertreterinnen und -vertretern der Islamwissenschaft und benachbarter akademischer Disziplinen« heißt es 2010: »Die Benennung des neuen Faches als ›Islamische Studien‹ ist in hohem Maße irreführend, denn dadurch verschwimmen in bedenklicher Weise die Grenzen zur Islamwissenschaft in ihrer heutigen Form.«

Die Islamwissenschaft als Kulturwissenschaft befasst sich im Grunde mit der Gesamtheit des universitären Fächerkanons – aber eben unter dem Dach des »Islams«. Nicht jeder Islamwissenschaftler ist mithin ein Koranexperte. Einige Fachvertreter befassen sich schwerpunktmäßig mit Fragen der Naturwissenschaften, der Kunstgeschichte, der politischen Geschichte oder sonstigen Spezialgebieten. Der Koran nahm und nimmt jedoch innerhalb des islamischen Kulturkreises im Allgemeinen und innerhalb der arabischen Welt im Speziellen eine zentrale Stellung ein, sei es durch seine Einflüsse auf den Alltag muslimischer Menschen, sei es durch seine sprachliche Bedeutung als Grundlage der arabischen Hochsprache. Vor diesem Hintergrund müssen sich Islamwissenschaftler auch auf ihren Spezialgebieten häufig mit der heiligen Schrift der Muslime auseinandersetzen und haben daher in der Regel Erfahrungen im Umgang mit diesem Text.

Das gilt ähnlich für das neue Fach Islamische Theologie. Kein Fachvertreter kommt ohne Korankenntnisse aus, aber nicht jeder Fachvertreter ist ein Koranexperte. Die islamische Theologie bringt ebenso wenig Universalwissenschaftler auf dem Gebiet des Islams hervor wie die christliche Theologie auf ihrem

Gebiet. Die meisten christlich-theologischen Fakultäten teilen ihr Forschungsgebiet in vier Hauptbereiche auf. Das sind Biblische Theologie, Systematische Theologie, Historische Theologie und Praktische Theologie. Mitunter kommt als übergreifendes Fach die Philosophie hinzu. Die islamische Theologie ist strukturell vergleichbar ausdifferenziert. Es gibt den Kernbereich des Islamischen Rechts *(fiqh)*, den der eigentlichen Islamischen Theologie *(kalām)*, in der es vorrangig um die Eigenschaften Gottes geht, den der Koranexegese *(tafsīr)* und den der Hadithwissenschaft *(ilm al-hadīth)*. Hinzu kommen Fächer, die ebenfalls übergreifenden Charakter haben wie die islamische Mystik (Sufismus) und die islamische Philosophie. Schließlich gibt es unterschiedliche konfessionelle Zugänge. Im Christentum sind das primär katholische und evangelische, im Islam sunnitische und schiitische. Solche Ausdifferenzierungen sind aber angesichts der erst kurzen Existenz bisher nur ansatzweise in der islamischen Theologie in Deutschland angelegt. Entsprechend überschaubar ist die Zahl des wissenschaftlichen Personals auf den jeweiligen Fachgebieten.

Zur Struktur der Sendereihe

Mit »Koran erklärt« ist eine Sendung entstanden, die inhaltlich nur ansatzweise geplant werden konnte. Von daher beginnt sie auch nicht mit Sure 1,1 und endet irgendwann mit Sure 114,6. Stattdessen ist ein Kaleidoskop entstanden, das verschiedenste Zugänge zum Verständnis der heiligen Schrift der zweitgrößten Weltreligion eröffnet. Analog bedeutet das auch für das vorliegende Buch, dass hier keine zusammenhängende, systematische oder vollständige Abhandlung des Themas zu erwarten ist. Die einzelnen Beiträge zeigen, wie mit dem Korantext in Vergangenheit und Gegenwart umgegangen wurde, welche

Probleme auftreten, welche Fragen auch am Ende offenbleiben müssen.

Die Übersetzungen der Originalbeiträge der Autoren wurden von mir selbst oder in meiner Verantwortung vorgenommen. Im Fall französischer Originaltexte erfolgten sie mit freundlicher Unterstützung der Kollegen Stephanie Lob, Rita Vock und Jörg-Christian Schillmöller. In vielen Fällen wurden die deutschen Übersetzungen durch die Autoren selbst abgenommen und autorisiert.

Da die vorliegenden Beiträge für das Hörverständnis optimiert wurden, tauchen mitunter Formulierungen und grammatische Strukturen auf, die in rein literarischen Texten womöglich anders verfasst worden wären. Die Beiträge wurden für den Druck nur geringfügig bearbeitet. Sie dokumentieren somit die gesendeten Versionen. Für die Inhalte der Erläuterungen sind allein die Autoren verantwortlich, die Überschriften wurden redaktionell hinzugefügt.

KORANEXEGESE ZWISCHEN THEOLOGIE UND ORIENTALISTIK

von Angelika Neuwirth

Bücher zum Koran gibt es inzwischen zahllos. Das hier vorgelegte ist ein besonderes. Es verdankt sich einer einmaligen Initiative, der regelmäßigen Ausstrahlung einer Sendung namens »Koran erklärt« im Deutschlandfunk. Zu den ersten Autorinnen und Autoren gehörte Tuba Isik, inzwischen als Religionspädagogin weithin bekannt, ihre Beiträge dürfen in der Sammlung als eine Art Modell eine Sonderrolle beanspruchen. Auch die folgenden wichtigen Beiträge von Ömer Özsoy und Milad Karimi machten neugierig auf den Fortgang des so versprechenden Konzepts. Doch machte dieses Projekt im Lauf der Zeit entscheidende Veränderungen durch: Gedacht gewesen war an die allwöchentliche Auslegung von einzelnen Koranversen oder Versgruppen im Hinblick auf die sich heutigen Muslimen stellenden Fragen der Zeit, eine Art »Wort zum Freitag«, analog zum »Wort zum Sonntag«. Dass solche Auslegungen nur von Muslimen selbst kommen können, liegt auf der Hand. Gern läse man mehr Auslegungen von Ömer Özsoy, Milad Karimi, Mouhanad Khorchide, Erdal Toprakyaran, Bülent Uçar und den anderen Islam-Theologen. Was bedeuten ihnen bestimmte Koranverse, wie möchten sie sie verstanden sehen? Doch zeigt ein Blick auf das Inhaltsverzeichnis, dass der Band nun mehrheitlich orientalistische Auslegungen enthält, die natürlich nicht primär Muslime zum Nachdenken über die Relevanz der Verse für unsere Zeit einladen wollen, sondern als Zeugnisse individueller Gelehrsamkeit vor allem Informationen über die »Schwierigkeiten« – seien sie traditionsgeschichtlich oder philologisch – der einzelnen Verse darbieten, wie sie vor allem für außenstehende Leser interessant zu sein versprechen. Es sind jedenfalls zuallermeist Deutungen ohne Verbindung zu unserer Zeit.

Das Buch ist also nicht das hochaktuelle Zeugnis muslimischer Reflexion über den »Koran als heilige Schrift« geworden, sondern primär wieder ein Buch über den »Koran als Text«, d. h. als Text, der weitgehend losgelöst ist von seinem »Event«, der Verkündigung durch den Propheten Mohammed, mit all den Implikationen, die diese Zuordnung aufwirft. Während die »Schrift« untrennbar ist von ihrer historischen Herkunft und der aus ihr erwachsenden Aufgabe der ständigen »Aktualisierung der Koranbedeutungen«, die für jede spätere Zeit relevant gemacht werden müssen, ist der »Text« von solchen Implikationen frei. Er kann aus dem historischen Kontext »ausgeschnitten« und unter verschiedensten Fragestellungen analysiert werden. Historisch-kritische Forschung, wie sie im 19. Jahrhundert eingeführt wurde und gerade in den Koranstudien noch vielen heutigen Forschungsbeiträgen unterliegt, ist ihrer Natur nach deskriptiv und – nach Meinung einer Majorität von Forschern – gänzlich frei von jeglicher Assoziation an die Gegenwart. In dieser weit auseinandergehenden Haltung gegenüber dem Koran liegt gewiss ein Hauptunterschied zwischen den Zugangsweisen in der Theologie und der Philologie. Man hat bekanntlich verschiedene Definitionen des Verhältnisses zwischen Islam-Theologie und Islam-Wissenschaft unternommen. Die überzeugendste scheint mir weniger im Festhalten oder Verzicht auf eine Bekenntnisorientierung zu liegen als darin, dass Islam-Theologie über die Verantwortung gegenüber der wissenschaftlichen Methodik hinaus auch eine Verantwortung gegenüber der intellektuellen Kondition der Glaubensgemeinschaft trägt, also den Wert ihrer Arbeit auch an der Relevanz für die jetzt geforderte »Übersetzung« der traditionellen Wissensbestände in die Hermeneutik der Gegenwart zu messen hat. Die Proben dieser Übersetzungsleistung, die von den muslimischen Beiträgern kommen, sind meines Erachtens das Interessanteste an dem neuen Buch, man würde gern mehr davon lesen.

Der Streit zwischen einer rigoros von der intellektuellen Jetztzeit getrennten und einer sich ihrer intellektuellen Verantwortung bewussten Philologie ist alt. Bereits Friedrich Nietzsche trat 1872 gegen die bei prominenten Kollegen herrschende Position für eine Verortung der Philologie in der intellektuellen Gegenwart ein, musste aber unterliegen. Es ging damals um den Sinn der Klassischen Studien. Während seinen Gegnern zufolge Wissen über die Vergangenheit einzig aus den Texten selbst abzuleiten war, vertrat Nietzsche eine humanistische Position, er wollte die philologischen Studien als Teil der Bildung fruchtbar machen. Eine ähnliche Kontroverse ließe sich in die vorliegende Sammlung von Koranvers-Deutungen hineinlesen. Während es bei den einen um den intellektuellen Mehrwert geht, bleiben andere bei der Beschreibung der gelehrten Problematik stehen. Gewiss, man wird nicht immer eine direkte Verbindung zwischen einem Textproblem und seiner für heute geltenden Relevanz herstellen können. Lesarten und andere Überlieferungsprobleme beispielsweise sind auch dann relevant, wenn sie keine ideologischen Schlüsse zulassen. Wo es aber um Deutungen von Versen geht, sollte die Unterscheidung zwischen dem *mushaf*, dem Kodex, wie ihn die Redaktion hinterlassen hat, und der Verkündigung des Propheten im Bewusstsein gehalten werden. Der Koran ist ein Gemeindetext, der von Anfang an im Hinblick auf eine Hörerschaft und später eine Gemeinde entstand und der folglich als Kommunikationsprozess ernst genommen werden muss. Einzelne koranische Textsorten sind eben nicht wörtlich, als berichtende Aussagen, zu werten, sondern als rhetorische Mittel, die Hörer bei ihren Erwartungen abzuholen. Der Koran ist ein mündlicher und rhetorisch aufgeladener Text.

al-Dschahiz (777-888) hat die hier entscheidende Beobachtung (auf die offenbar auch der Beitrag von H. H. Biesterfeldt anspielt) gemacht:

> Jedem Propheten wurde ein Zeichen gegeben, das die Wahrheit seiner Botschaft beweist: Gott sandte Mose zu einer Zeit, in welcher der Pharao an die Allmacht der Zauberei glaubte, sein Zeichen war daher ein magisches: die Verwandlung des Stabes in eine Schlange; Gott sandte Jesus in einer Epoche, in der die Heilkunst in hohem Ansehen stand, Jesus musste daher ein wissenschaftliches Wunder wirken: die Auferweckung von Toten. Zu Mohammeds Zeit konnte man mit solchen materiellen Wundern nicht mehr beeindrucken, er trat vor eine Hörerschaft, bei denen Redekunst den höchsten Rang behauptete, sein Zeichen war deshalb ein sprachliches: das rhetorische Wunder des Korans.

Entsprechend ist der Koran als ein mündlicher und prononciert rhetorischer Text zu werten. Dass al-Dschahiz zufolge der Koran in einem »Zeitalter der Rhetorik« entsteht, trifft sich mit der Charakterisierung, die der Historiker Peter Brown für die Spätantike getroffen hat. Der Koran entsteht nicht anders als die Schriften der benachbarten Religionskulturen in einem Denkraum, in dem Sprache, insbesondere das Wort Gottes, eine zentrale Rolle spielt und in dem folglich die verschiedenen ererbten Traditionen mit besonderem sprachlichen Einsatz neu gelesen werden müssen, wodurch ganz neue Deutungen der Welt entstehen: Wie durch diese Neulektüre aus griechischer Philosophie Theologie, aus dem unbewegten Beweger der persönliche Gott wurde, so wurde aus altarabischer heroischer Dichtung ein neues Medium zum Ausdruck von Introspektion und individueller Emotionalität. Vor allem aber wurde die Hebräische Bibel neu gelesen und in einen logostheologischen Text umgedeutet. Dass der Koran eine weitere Stimme in diesem Konzert der Umdeutungen älterer Traditionen ist, dass er selbst eine neue Lektüre der altarabischen Dichtung, vor allem aber der Bibel reflektiert, wird in der bisherigen westlichen Koranforschung wenig beachtet, zumindest nicht in den Kontext der Spätantike gestellt. Man liest den Koran nicht vor dem Hintergrund seiner von al-Dschahiz als Zeitalter der Rhetorik diagnostizierten Zeit, sondern isoliert ihn aus seinem Milieu und liest ihn bestenfalls in den Islam hinein, mit der Brille der traditionellen Exegeten oder gänzlich kontextlos als Textvorlage für philologische Analysen und oft auch religionsgeschichtliche Spekulationen.

Diese zumindest für den Kontext Spätantike nicht sensibilisierte Lektüre verwischt die Innovationen, die der Koran in seine spätantike Umwelt brachte. Der Koran bleibt ein für den Außenstehenden vielleicht interessanter, aber fremder Text. Er wäre aber als revolutionär neu erkennbar, wenn man ihn in die Debatte der Religionskulturen, aus der heraus er entstanden ist, zurückstellte. Die Herausarbeitung dieses revolutionär Neuen am Koran muss nicht Aufgabe muslimischer Forscher sein, die den Koran letztendlich bereits als das Anfangssignal ihrer Religionskultur hoch schätzen, sie sollte vielmehr den außerislamischen Erklärern am Herzen liegen, die damit einen späten Versuch, die koranische Theologie endlich als eine dritte monotheistische Theologie ernst zu nehmen, unternehmen würden. Hier könnte die Brücke geschlagen werden von einer humanistischen hin zu einer intellektuell verantwortungsbewussten innerislamischen Lektüre.

Nun kann man »Kontextresistenz« gewiss nicht allen orientwissenschaftlichen Beiträgen zur Last legen, doch verraten die meisten von ihnen eine andere problematische Einstellung zum Koran: die Vorstellung von seiner statischen Natur. Während Muslime, die den Koran als Gottes Wort, offenbart in einer Zeitspanne von 23 Jahren, verstehen, keine terminologischen Schwierigkeiten haben, sondern von »Gott spricht« oder auch

»der Koran (als Gottes Wort) sagt« reden können, haben westliche Forscher seit Beginn der Koranforschung mit dem Problem zu kämpfen, wie ein säkularer Sprecher die koranische Gottesrede zuordnen kann. Lange Zeit übersetzte man die göttliche Stimme rigoros in die Mohammeds und interpretierte die koranische Rede als »Worte Mohammeds«. Inzwischen geht man dem Problem einfach aus dem Wege, indem man – wie es in den orientwissenschaftlichen Beiträgen durchweg geschieht – von »der Koran« spricht – so als wäre der Koran eine Person, und so als wäre alles im Koran Gesagte gleichzeitig gültig gewesen.

Während eine Redeweise wie »die Bibel sagt« in unserer Diktion längst nicht mehr infrage kommt, schon allein deswegen nicht, weil die Bibel nicht mehr allgemein als Gottesrede anerkannt ist und weil ihre Herkunft aus verschiedenen zeitlichen und theologischen Schichten mittlerweile bekannt ist, ist »der Koran sagt« immer noch gängig; dies, obwohl auch der Koran verschiedenen Entstehungszeiten und vor allem verschiedenen, einander ablösenden, oft auch korrigierenden Diskursen zugehört, das heißt, obwohl er verschiedene Hörerschaften anspricht. Historisch korrekt wäre aber für den Außenstehenden die Angabe: »in der frühen (bzw. mittleren bzw. späten mekkanischen oder medinischen) Sure XY heißt es«, denn »der Koran« bietet die Konsensform der Hörer von dem, was in der jeweiligen Phase verkündet worden ist. Er ist, so wie er uns vorliegt, das Dokument einer sukzessiven Verkündigung und ihrer sukzessiven konsensuellen Absegnung durch eine historische Gemeinde.

Zwei Koranbilder spiegeln sich also in dem neuen Buch: bei den Theologen das einer heiligen Schrift, verortet in ihrer historischen Herkunft, deren Worte für unsere Zeit ausgelegt werden müssen, und bei den Orientwissenschaftlern als Text, dessen Auslegung aufgrund historischer Zeugnisse oder ohne sie dem Exegeten überlassen ist. Die Lektüre ist spannend, sie könnte aber noch spannender werden, wenn man die orientalistischen Beiträge unter das Raster der oben vorgetragenen Kritikpunkte stellte.

DIE BETEILIGUNG DES ISLAMS AM RUNDFUNK IN DEUTSCHLAND

von Sebastian Engelbrecht

Am 14. Juli 2016, am französischen Nationalfeiertag, tötete ein 31-jähriger Franzose tunesischer Abstammung in Nizza mindestens 84 Menschen. Mit einem Lastwagen raste er in die feiernden Menschen auf der Strandpromenade. Der islamistische Mordanschlag machte die westliche Welt fassungslos. Die Mittel gegen solchen Terror von Islamisten sind beschränkt. Hundertprozentige Sicherheit kann kein Staat gewährleisten, wenn er die offene Gesellschaft, die Freiheit und Selbstbestimmtheit des Einzelnen erhalten und nicht zum Überwachungsstaat verkommen will.

Viele islamistische Terroristen in Europa sind in der westlichen Gesellschaft groß geworden. Ihr Hass gründet auch in dem Gefühl, nie Teil dieser Gesellschaft gewesen zu sein. Viele von ihnen sind in einer sozialen, politischen und religiösen Parallelwelt aufgewachsen.

Die Sozialisation muslimischer Migranten in Parallelwelten mitten in den westlichen Gesellschaften gehört zu den Ursachen des Terrorismus. Auf lange Sicht lässt sie sich nur durch eine umfassende politische, soziale, kulturelle und religiöse Integration von Einwanderern verhindern. In diesem Prozess spielen die Medien eine entscheidende Rolle. Dabei gehört es zu den großen Herausforderungen, Migranten in den Medien der westlichen Gesellschaften eine Heimat zu geben. In dem Zusammenhang ist es unabdingbar, dass sie nicht nur als Objekte der Berichterstattung und Information, sondern auch als ihre Subjekte sichtbar und hörbar werden.

Für die Identität muslimischer Einwanderer ist Religion von

größter Bedeutung. Zugleich räumt das deutsche Grundgesetz der Religion mehr Raum ein als laizistisch verfasste Staaten. In dieser doppelten Einsicht liegt eine besondere Chance, die Staat, Medien, insbesondere die öffentlich-rechtlichen, und Gesellschaft dringend wahrnehmen sollten. Bei der medialen Beheimatung von Einwanderern kann die religiöse Dimension eine herausragende Rolle spielen.

Das deutsche Religionsverfassungsrecht ist dazu potentiell wie geschaffen. Es bietet grundsätzlich die besten Voraussetzungen, Einwanderern als religiösen Subjekten in den Medien einen Ort zu geben. Hier liegt einer der Schlüssel für eine bessere Integration. Gerade bei der Integration muslimischer Einwanderer sollte dieser Schlüssel zur Hand genommen werden – durch die Beteiligung des Islams in den Medien. Die theologischen Grundlagen, den Kontext, das Konzept und die tatsächliche Entwicklung dieser medialen Beteiligung der Muslime an den Medien in Deutschland beleuchtet dieser Artikel. Dabei steht das Beispiel des öffentlich-rechtlichen Rundfunks im Vordergrund.

Theologischer Kontext

Dürfen wir zu Beginn des 21. Jahrhunderts noch von »Wahrheit« sprechen, zumal von religiöser Wahrheit, von Glaubenswahrheit? Nach dem Epochenbruch von 1918 bis in die Jahrzehnte nach dem Zweiten Weltkrieg war der Begriff theologisch en vogue. Mitteleuropäische Gesellschaften lechzten unter dem Eindruck der Lügenherrschaft nach Wahrheit. Heute, in der postmodernen, interkulturellen Wirklichkeit Europas, lässt sich von »Wahrheit« nicht mehr so einfach sprechen.

Die Zeitschrift »Evangelische Theologie« veröffentlichte Ende 2013 ein Heft mit dem erstaunlich liberal formulierten

Schwerpunktthema »Diskursfelder religiöser Wahrheit heute«. Dabei steht sie eigentlich in der Tradition der Dialektischen Theologie Ernst Wolfs und Karl Barths, für die die Wahrheit als Gegenstück zur Lüge unbestritten feststand: in der Offenbarung durch Kreuz und Auferstehung Jesu Christi.

In unserem Zeitalter nun schreibt Christoph Seibert, systematischer Theologe aus Hamburg, den Eröffnungsartikel der Zeitschrift unter dem Titel »Von der Wahrheit der Religion: Eine hermeneutisch-pragmatische Perspektive«. Seibert knüpft beim Wahrheitsverständnis des amerikanischen Pragmatismus an. Demnach ist wahr, was nützlich ist. Wahrheit ist an eine kohärente Erschließung der Wirklichkeit und an eine sinnhafte Verhaltensorientierung in verschiedenen Lebenszusammenhängen gebunden. Religiöse Wahrheit erweist sich in der Bewährung: Gibt sie Orientierung im Leben, und das in ganz unterschiedlichen Kontexten?[1]

Zugleich diskutiert der Wuppertaler Missions- und Religionswissenschaftler Henning Wrogemann die Abschaffung des Fachs »Missionswissenschaft« zugunsten der Disziplin »Interkulturelle Theologie«.[2] Dieser Paradigmenwechsel innerhalb einer theologischen Disziplin zeigt die Dramatik der Entwicklung, in der wir uns befinden: Religionen können im immer noch aufgeklärten Europa heute nur nebeneinander existieren und nicht in hierarchischer Rangfolge.

Die von der Theologie neu entdeckte Relativität der Wahrheit drückt sich auch in der fortschreitenden Säkularisierung und in der multireligiösen Wirklichkeit der europäischen Gesellschaften aus. Das kirchliche Wahrheitsmonopol, das 1949 wie selbstverständlich galt, kann in einer Gesellschaft mit etwa 60 Prozent Christen nicht ohne Weiteres aufrechterhalten werden.

Rechtlicher und medienpolitischer Kontext

In der praktischen Verwirklichung des deutschen Staatskirchenrechts sind diese Erkenntnisse und Wandlungen der Gesellschaft bis heute kaum angekommen. Die Privilegien der Kirchen gelten fort. Das mag aus subjektiver christlicher Sicht gut und bequem sein. Auch für den Autor dieses Aufsatzes, für den Theologen wie für den Glaubenden, gibt es subjektiv *eine* religiöse Wahrheit und nicht mehrere. Insofern sind die anderen Wahrheiten, die sich in Deutschland ausbreiten, seien sie islamisch oder buddhistisch, vordergründig Störfaktoren.

Nur können es sich weder die deutsche Gesellschaft noch Europa im Zeitalter des Islamismus und der Einwanderung aus orientalischen Staaten leisten, am überkommenen Wahrheitsbegriff festzuhalten. Es ist tatsächlich ein pragmatisches Wahrheitsverständnis gefragt, auf dessen Grundlage die Vielfalt religiöser Existenz und ein Miteinander konkurrierender Glaubensauffassungen möglich sind.

Erste Versuche sind gemacht. Der frühere Bundesinnenminister Wolfgang Schäuble begründete 2006 die Deutsche Islam-Konferenz, ein langfristig angelegtes Dialogforum zwischen Staat und muslimischen Verbänden. Es soll die religions- und gesellschaftspolitische Integration der Muslime in Deutschland vorantreiben. Die Konferenz hat eine Reihe von Empfehlungen formuliert, die Länder und Kommunen umsetzen sollen – etwa zu lokalen Integrationsvereinbarungen, gesetzlichen Regelungen über den islamischen Religionsunterricht an öffentlichen Schulen bis hin zu Staatsverträgen zwischen islamischen Verbänden und Bundesländern.[3]

Tatsächlich sind Hamburg und Bremen dieser Empfehlung gefolgt. Seit Sommer 2012 existiert ein Staatsvertrag mit dem Dachverband der Muslime in Hamburg,[4] im Januar 2013 zog

Bremen nach und schloss einen Staatsvertrag mit den dortigen muslimischen Verbänden.[5] In beiden Bundesländern reichte es allerdings nicht zu einer Anerkennung der Verbände als Körperschaften des öffentlichen Rechts.

Die Länder haben jedenfalls erkannt, dass vier Millionen Muslime als wesentlicher Teil der deutschen Gesellschaft nicht mehr zu ignorieren sind. In mehreren öffentlich-rechtlichen Rundfunkanstalten haben Muslime nach der Novellierung von Rundfunkstaatsverträgen Sitz und Stimme – etwa seit 2013 im SWR-Rundfunkrat,[6] seit 2014 im Rundfunkrat von Radio Bremen,[7] seit 2015 im ZDF-Fernsehrat[8] und seit 2017 auch im Rundfunkrat des Hessischen Rundfunks.[9] Im Medienrat der Bremischen Landesmedienanstalt, die den privaten Rundfunk reguliert, ist seit 2012 zudem ein Vertreter der Bremer Muslime Mitglied.[10]

Mediale Wirklichkeit

In den Programmen der öffentlich-rechtlichen Rundfunkanstalten selbst aber kommen Muslime nach wie vor nicht als Subjekte des Geschehens vor. Zumindest in den Hauptprogrammen von ARD und ZDF spielen sie keine Rolle und verfügen über keine Sendeplätze, die mit dem christlichen »Wort zum Sonntag« oder den kirchlichen »Worten zum Tag« in diversen Radioprogrammen, geschweige denn mit Gottesdienstübertragungen vergleichbar wären.

Im Gegenteil. Die deutschen Medien präsentieren den Islam als ein düsteres, bedrohliches Phänomen. Sie pflegen islamophobe Klischees. Eren Güvercin verweist auf die Titel von Talkshows in öffentlich-rechtlichen Massenprogrammen: »Mord im Namen Allahs« (Maybrit Illner), »Gewalt im Namen Allahs – Wie denken unsere Muslime?« (Günther Jauch), »Auf Streife für Allah – Vor welchem Islam müssen wir Angst haben?« (Hart aber fair) sind repräsentative Titel. Das Magazin »Focus« titelte: »Die dunkle Seite des Islam – Acht unbequeme Wahrheiten über die muslimische Religion«.[11] Die Zeitschrift »Cicero« widmete 2014 einen Titel dem Thema »Ist der Islam böse?«. Der Hauptartikel war überschrieben mit den Worten »Die Blutspur des Propheten«.[12]

Diese tendenziöse Berichterstattung erscheint umso problematischer, weil die Mehrheit der Deutschen überhaupt keinen persönlichen Kontakt zu Muslimen unterhält. Nach Auffassung des Erfurter Kommunikationswissenschaftlers Kai Hafez ist die Wahrnehmung von Muslimen und des Islams wesentlich durch die Medien geprägt. Die Islamfeindlichkeit ist nach Hafez' Analyse ein Produkt der medialen Darstellung des Islams. Ein »künstliches Bedrohungs- und Repressionsbild« verbreite Angst. Nicht der tatsächliche Islam, sondern ein virtueller Islam sei die Grundlage der Meinungsbildung zum Thema in der deutschen Gesellschaft.[13] Der Islam werde in den Medien zudem nur noch durch die Brille des Islamismus, in seiner politisierten Form, wahrgenommen. Als Religion sei er dadurch nicht mehr im Bewusstsein. So geschehe ein Prozess der Enteignung: Den Muslimen werde ihre Religion »weggenommen und politisiert«.[14]

Ein Beispiel für diese Enteignung ist die Sicht des Schweizer Publizisten Frank A. Meyer. Unter der Überschrift »Totalitäre Religion« qualifiziert er den Islam pauschal als »reaktionäre Zeitmaschine«. Koran, Scharia und die islamischen Überlieferungen (»der Koran-Komplex«) erhöben »unverblümt Anspruch auf Macht sowohl über die Gesellschaft wie über den Gläubigen«. Gemeint sei die »totale Macht über das menschliche Leben – totalitäre Macht, wie keine säkulare Despotie oder Diktatur sie je auszuüben imstande war«. Dagegen stehe die »moderne Zivilisation«, die Meyer mit der »freien Gesellschaft des jüdisch-christlichen Kulturkreises« identifiziert.[15] Eine so holzschnittartige Weltsicht wird der Komplexität der kulturellen und religiösen Umstände in Europa wie auch in den islamisch geprägten Staaten nicht im Entferntesten gerecht. Es wäre eine leichte Aufgabe, dem Judentum wie auch dem Christentum aufgrund seiner Offenbarungsschriften denselben »totalitären Anspruch« zu unterstellen.

Ignoranz, Unkenntnis und pauschale Verurteilung des Islams erreichten in einem Text von Nicolaus Fest in der »Bild am Sonntag« vom 27. Juli 2014 ihren Höhepunkt. Fest, stellvertretender Chefredakteur des Blattes, notierte: »Ich bin ein religionsfreundlicher Atheist. Ich glaube an keinen Gott, aber Christentum, Judentum oder Buddhismus stören mich auch nicht. Nur der Islam stört mich immer mehr.« Anschließend konstatierte Fest eine »überproportionale Kriminalität von Jugendlichen mit muslimischem Hintergrund«, die »totschlagbereite Verachtung des Islam für Frauen und Homosexuelle«, Zwangsheiraten, Friedensrichter, Ehrenmorde usw. Im Falle des Islams sei Religion ein »Integrationshindernis«.[16]

Der »Bild«-Chefredakteur Kai Diekmann distanzierte sich sogleich von Fest und dessen Text. Bei »Bild« und im Axel Springer Verlag sei »kein Raum für pauschalisierende, herabwürdigende Äußerungen gegenüber dem Islam und den Menschen, die an Allah glauben«.[17] »BamS«-Chefredakteurin Marion Horn bat alle Menschen um Entschuldigung, »die sich durch uns gekränkt fühlen«, schrieb sie in der nächsten Ausgabe der Sonntagszeitung.[18] Fest blieb noch bis zum Oktober 2014 stellvertretender Chefredakteur der Zeitung. Ein Zusammenhang zwischen seinem Kommentar und dem Ende seiner Amtszeit bestand nach Darstellung des Verlags nicht.[19]

Frühe muslimische Sendeplätze: Muslime als Subjekte in den Medien

Die Bestandsaufnahme ist ernüchternd, und die Notwendigkeit einer anderen, differenzierten Präsenz des Islams in den Medien ist offenkundig. Es werden dringend publizistische Orte benötigt, an denen Muslime ihre Religion darstellen können – sowohl ihre Traditionen als auch deren Interpretation im 21. Jahrhundert. Das Unwissen über die Grundlagen des Islams und über das Glaubensleben von Muslimen und dessen gesellschaftliche Dimension ist in Deutschland nach wie vor erschreckend groß. Nur eine Gesellschaft, deren verschiedene Glieder voneinander wissen, kann zusammenhalten. Sonst erzeugen Vorurteile Hass und Gewalt.

Anders als die mediale Realität ermutigen der theologische wie auch der rechtliche und der medienpolitische Kontext dazu, den Aufbruch in eine neue mediale Realität fortzusetzen. Der Veränderungsbedarf ist erkannt. Kern einer neuen Wirklichkeit ist die Präsenz von Muslimen als souveränen Subjekten, auch in den Medien. Nur als solche können sie voll integriert sein: als Verantwortungsträger in den Institutionen, als Redakteure und Autoren. Besonders wichtig ist das erkennbare Vorkommen von Muslimen als Autorinnen und Autoren, weil es dazu beitragen kann, das medial vermittelte Bild des Islams zu verändern.

Tatsächlich stellt sich der Islam schon seit den ersten Nachkriegsjahrzehnten selbst im öffentlich-rechtlichen Rundfunk dar, allerdings im Wesentlichen in den Hinterhöfen des Programms. RIAS Berlin, einer der Vorgängersender des heutigen Programms Deutschlandradio Kultur, strahlte nahezu von der Gründung an, also seit 1946,[20] islamische Morgenandachten aus. In der Tradition der US-amerikanischen Gründer stellte der Sender nicht nur der evangelischen und der katholischen Kirche sowie der jüdischen Gemeinde Sendezeit zur Verfügung, sondern auch den in der »Arbeitsgemeinschaft der Kirchen und Religionsgesellschaften in Berlin e.V.« (AKR) vertretenen Gruppierungen. Dazu gehören die »Islamische Gemeinde« in Berlin, die »Islamische Gemeinschaft Berlin«, die »Muslim-Liga (Sufi – Tariqah As-Safinah)« und die »Sufi-Bewegung«.[21] Die 1947 gegründete AKR verfolgt das Ziel, »in gegenseitiger Achtung ihrer Eigenständigkeit für die Werte und die Freiheit religiösen Wirkens gemeinsam einzutreten«.[22]

Deutschlandradio Berlin (seit 2005 Deutschlandradio Kultur) übernahm 1994 diese Tradition vom Programm RIAS 1. Vertreter der genannten islamischen Gruppen sind bis heute im Wechsel mit anderen religiösen Gemeinschaften sonntags um 6.55 Uhr im Programm zu hören.

Raphael Rauch hat in seinen bereits zitierten Aufsätzen auch auf das »Türkische Geistliche Wort« aufmerksam gemacht, das der WDR von den 1960er Jahren bis 2002 – allerdings in türkischer Sprache – produzierte. Das »Türkische Geistliche Wort« wurde donnerstags in der türkischen Sendung des ARD-»Ausländerprogramms« ausgestrahlt. Gesendet wurde es vom WDR, vom SDR und von anderen ARD-Anstalten – nicht als Verkündigungssendung einer Religionsgemeinschaft, sondern in der redaktionellen Verantwortung des jeweiligen Senders. Die Sendung bestand aus Koranversen, die ins Türkische übersetzt wurden, oder aus Texten zur praktischen Lebenshilfe und zu den Glaubenstraditionen des Islams. Die Redaktion übernahm Sendungen des türkischen Staatssenders TRT.[23]

Beginn der Diskussion um Sendeplätze für Muslime

Spätestens in den 1990er Jahren war unübersehbar, dass die Epoche der »Gastarbeiter« vorüber war und Deutschland im Begriff stand, zu einem Einwanderungsstaat zu werden. Die Zahl der »Ausländer« lag im Jahr 1999 bei 7,3 Millionen,[24] die der Muslime in Deutschland bei etwa 3 Millionen.[25] In der Politik, in den Rechtswissenschaften und in der Theologie begann die Debatte über eine Öffnung des Staatskirchenrechts für andere Religionen hin zu einem Religionsverfassungsrecht. Dazu gehört im weiteren Sinne auch das sogenannte »Drittsenderecht« von Religionsgemeinschaften in öffentlich-rechtlichen und privaten Hörfunk- und Fernsehprogrammen.

Auf dieser grundsätzlichen Ebene hat der Autor dieses Textes im Februar 1999 eine Debatte über die Beteiligung anderer Religionen an den Sendezeiten im Rundfunk angestoßen. Sein Artikel zum Thema erschien in der »Frankfurter Rundschau«: »Kirchen-Monopol auf religiöse Sendungen ist antiquiert: Ein Plädoyer für eine Integration auch anderer Religionen in den Rundfunk«.[26]

Die religiöse und weltanschauliche Vielfalt, hieß es in dem Artikel, sei weder im Radio noch im Fernsehen angemessen vertreten. Die Kirchen sollten für eine Beteiligung gesetzlich anerkannter Religionsgemeinschaften an ihrer Sendezeit eintreten. Die Sendezeiten der Religionen gehörten in die massenattraktiven Vollprogramme, nicht in Nischen wie »Radio Multikulti« (SFB) oder »Funkhaus Europa« (WDR). Ein Wechsel der Religionen solle auf den regelmäßigen Kirchensendeplätzen die »christliche Monokultur« ablösen. Konkret hieß es zum Schluss: »Zwei Drittel der Sendeplätze sollten den Kirchen bleiben, ein Drittel den anderen Religionen zugestanden werden.«[27] Damit war faktisch vor allem der Islam als größte Einwandererreligion in Deutschland gemeint.

Unter dem Eindruck der islamistisch motivierten Terroranschläge vom 11. September 2001 in den USA erschien das Thema der gesellschaftlichen Partizipation der Religionen in einem anderen Licht. Es wurde deutlich, dass es sich hier nicht um eine Forderung handelte, die der guten Ordnung halber und um der Vollständigkeit willen erhoben worden war. Vielmehr ging es um eine tatsächliche Integration vor allem der muslimischen Einwanderer in die Gesellschaft – das musste auch eine Integration in die medialen Entscheidungsinstanzen (Rundfunkräte und andere Aufsichtsgremien) sowie ins Programm bedeuten. Dem Sinn und der Logik des deutschen Staatskirchenrechts nach waren die Einwanderer auch als religiöse Subjekte in die gesellschaftliche, rechtliche und mediale Wirklichkeit zu integrieren. Dies erschien nun im Blick auf eine Fülle von Vorhaben plausibel, die dem Wachsen staatsfeindlicher Parallelgesellschaften entgegenwirken sollten.[28]

Drei Jahre später hieß es in einem weiteren Artikel des Verfassers in der »Frankfurter Rundschau«, islamische Verkündigungssendungen würden den Muslimen in Deutschland »die Möglichkeit geben, sich mehr als bisher mit dieser Gesellschaft, mit diesem Staat, mit diesem Land zu identifizieren«. Bis heute bleibe den Muslimen nur die »Schmuddelecke« der Medienlandschaft – die Offenen Kanäle, der Bürgerfunk außerhalb der großen Radio- und Fernsehprogramme.[29]

Im Mai 2004 griff der Vorsitzende des Rates der Evangelischen Kirche in Deutschland, Wolfgang Huber, die Forderung nach einem »Wort zum Freitag« der Muslime auf. Er befürwortete es, allerdings nicht auf Kosten der kirchlichen Sendeplätze, sondern auf einem »eigenen Sendeplatz«. Für die Muslime sollten also zusätzliche Programmplätze zur Verfügung gestellt werden.[30]

Während also islamische Verkündigungssendungen als Möglichkeit ins Bewusstsein der Verantwortlichen rückten, wurde ihre Einführung zugleich rechtlich erschwert. Darauf hat Raphael Rauch jedenfalls im Blick auf den SWR aufmerksam gemacht. Der Staatsvertrag des Vorgängersenders SDR sei im Blick auf Religionsgemeinschaften »offener für den Islam« gewesen als der Staatsvertrag des SWR, der 1998 aus SDR und SWF hervorging. Der neue Staatsvertrag schreibt fest, dass nur solchen Religionsgemeinschaften Sendezeiten eingeräumt werden können, die – wie die beiden großen Kirchen – den Status der Körperschaft des öffentlichen Rechts besitzen. Die rechtliche Hürde wurde also zu einem Zeitpunkt erhöht, als die gesellschaftliche Relevanz des Islams bereits unübersehbar war.[31]

Gleichwohl spielen die rechtlichen Rahmenbedingungen für die Einführung islamischer Sendungen eine geringere Rolle, als man annehmen könnte. In den Staatsverträgen von RBB und Radio Bremen wird der Status der Körperschaft des öffentlichen Rechts nicht zur Bedingung für Sendezeiten gemacht. Dennoch gibt es bei diesen Sendern bis heute keine islamischen Glaubenssendungen.[32] Entscheidend ist faktisch der Wille des Intendanten, was aus der folgenden Darstellung ersichtlich wird.

Die Debatte auf ihrem Höhepunkt

Der Streit um die rechtliche Stellung der Muslime wurde in den ersten Jahren nach der Jahrtausendwende intensiver – und mit ihm auch die Debatte um Sendezeiten für Muslime. Im November 2004 schlug die Integrationsbeauftragte der sozialdemokratisch-grünen Bundesregierung, Marieluise Beck (Die Grünen), vor, das Staatskirchenrecht zu ergänzen und dadurch die Situation der Muslime in Staat und Gesellschaft zu verbessern. Das SPD-geführte Bundesinnenministerium und die CDU/CSU wiesen die Forderung sogleich zurück.[33] Die Gegner bemühten damals wie heute immer wieder das Argument, es gebe auf islamischer Seite keine Organisationsstruktur und keinen klaren Ansprechpartner. Das deutsche Staatskirchenrecht sei also mit dem Islam in Deutschland nicht kompatibel.

Im Oktober 2006 schloss sich Peter Heine, Professor für Islamwissenschaft an der Berliner Humboldt-Universität, der Forderung Becks an. Ausdrücklich betonte er die Notwendigkeit, »die deutsche Bevölkerung noch mehr über die Gebräuche des Islam aufzuklären«. Er könne sich vorstellen, dass das bisher rein christliche »Wort zum Sonntag«, das am Samstagabend im »Ersten« Fernsehprogramm der ARD ausgestrahlt wird, auch von einem Imam gesprochen werde.[34]

Wenig später schaltete sich der Parlamentarische Geschäftsführer der Grünen-Bundestagsfraktion, Volker Beck, in die Debatte ein und forderte, »Christentum, Islam und Judentum sollten einen angemessenen Sendeplatz im öffentlich-rechtlichen Fernsehen erhalten«. Dies diene dem gegenseitigen gesellschaftlichen Verständnis. Noch grundsätzlicher urteilte der Vizepräsident des Zentralrats der Juden in Deutschland, Salomon Korn, die ARD solle »über die ganze Art« des »Wortes zum Sonntag« nachdenken. Ein zeitgemäßes öffentlich-rechtliches Fernsehen müsse alle Religionen und Weltanschauungen kritisch begleiten. Das »Wort zum Sonntag« sei ein »Anachronismus«. Der Zentralrat der Juden hatte zuvor ein »Wort zum Wochenende« im Fernsehen angeregt, in dem alle größeren Religionsgemeinschaften Gelegenheit haben sollten, sich zu präsentieren.[35]

Im publizistischen Echo der Jahre 2004 bis 2007 zur Idee einer muslimischen Glaubenssendung sind die Gegner in der Minderheit. Einer der wenigen war der spätere Ministerpräsident von Baden-Württemberg, zu diesem Zeitpunkt CDU-Fraktionsvorsitzender im Stuttgarter Landtag, Stefan Mappus. Weder Internetplattformen noch Fernsehsendungen von Muslimen seien eine Aufgabe der »Grundversorgung«. Er drohte, falls die Pläne Realität würden, müsse auch die Finanzierung der Rundfunkanstalten über Gebühren infrage gestellt werden. Das Grundgesetz beziehe sich ausdrücklich auf die »christlich-abendländische Kultur«. Islamische Religionssendungen zählten nicht zum verfassungsrechtlich geschützten Grundversorgungsauftrag der Sender.[36]

Andererseits trauten sich nach dem prinzipiellen Ja des EKD-Ratsvorsitzenden Wolfgang Huber zu einem »Wort zum Freitag« auch andere Repräsentanten der evangelischen Kirche aus der Deckung. Der Rundfunkbeauftragte des Rates der EKD, Bernd Merz, erklärte, er halte islamische Verkündigungssendungen im Rundfunk grundsätzlich für möglich. Die »Umsetzung« sollte »absolut professionell« sein, forderte Merz. Die Sender sollten solche Sendeformen »zunächst im Hörfunk ausprobieren«. Eine »Teilung« der Sendezeiten für die Kirchen und die jüdischen Gemeinden mit dem Islam komme für ihn aber nicht infrage. Für den Islam müssten neue Sendeplätze geschaffen werden.[37]

Im Jahr 2009 sprach sich der Präses der Evangelischen Kirche von Westfalen, Alfred Buß, »für Verkündigungssendungen auch nicht-christlicher Religionen im Rundfunk« aus. Mit muslimischen Sendungen etwa könnten die Radiosender »andere Hörerschichten gewinnen«. Wie Huber und Merz lehnte er es aber ab, kirchliche Sendeplätze partiell abzugeben – mit der Begründung, Sendezeiten seien »keine Mangelressource«.[38]

Der Vorbehalt, man werde auf den vorhandenen kirchlichen Besitzstand an Sendeplätzen nicht verzichten, steht bis heute unverändert im Raum. Von dieser Position weicht die evangelische Kirche seit 1999 nicht ab, die katholische schweigt zum

Thema. Die ehemalige Rundfunkbeauftragte des Rates der EKD, Pfarrerin Johanna Haberer, seit 2001 Professorin für Publizistik an der Universität Erlangen-Nürnberg, sprach sich 2014 für die Einführung einer muslimischen Variante des »Wortes zum Sonntag« aus.[39] Auch diese Forderung blieb folgenlose Rhetorik.

Der mitentscheidende Punkt, die Bereitschaft zur Aufteilung vorhandener Sendezeiten, wird von Kirchenvertretern, kirchennahen Publizisten und Repräsentanten wie Haberer strikt gemieden. Der Verzicht auf eigene kirchliche Sendezeiten würde nicht nur eine längst überfällige Pluralisierung der Religion im Rundfunk bedeuten. Er wäre auch gleichbedeutend mit dem Verzicht auf ein Stückchen kirchlicher Macht. Dazu ist zumindest die evangelische Kirche, die bereits vor fast 100 Jahren, im Jahr 1918, aus der Gefangenschaft des landesherrlichen Kirchenregiments entlassen wurde, bis heute nicht fähig. Sie agiert als starrer, machtorientierter Beamtenapparat. Auch von katholischer Seite sind keine Signale zu vernehmen, dass sie zu einem Verzicht auf Sendezeit bereit wäre. So bleibt die Befürwortung islamischer Glaubenssendungen durch Kirchenvertreter eine Arabeske kirchlicher Medienpolitik, ein frommer Wunsch ohne Folgen.

Einführung islamischer Glaubensinformation auf Umwegen

Immerhin aber diente die Befürwortung eines »Wortes zum Freitag« durch den EKD-Ratsvorsitzenden, von höchster evangelischer Stelle, faktisch als kirchliches Einverständnis zu den später initiierten ersten ähnlichen Projekten im SWR und beim ZDF. Das »Islamische Wort« (heute: »Islam in Deutschland«) im SWR-Hörfunk und das »Forum am Freitag« sind allerdings Sendungen, die sich bis heute in digitalen Nischen abspielen. Sie machen den kirchlichen Verkündigungssendungen keine Konkurrenz, die nach wie vor in den Massenprogrammen (»Das Erste« und eine Reihe von Hörfunk-Frühprogrammen in den ARD-Mitgliedssendern) ihre Plätze haben.

»Islamisches Wort« im SWR

Der Intendant des SWR, Peter Voß, wagte als Erster den Vorstoß, eine islamische Glaubenssendung regelmäßig ins Programm aufzunehmen. Von vornherein dachte er dabei nicht an eine »Verkündigungssendung« in der Regie islamischer Religionsgemeinschaften, sondern an einen Beitrag zum Programm in redaktioneller Verantwortung.

Am 25. Oktober 2006 sagte Voß im Rahmen einer »Islam-Woche« in den Hörfunk- und Fernsehprogrammen des Senders in der SWR 1-Sendung »Leute«, er halte islamisch geprägte religiöse Sendungen in deutscher Sprache für dringend erforderlich. Als Motiv für seinen Vorstoß nannte Voss die Förderung der Integration. Das Ziel sei, »Menschen, die an unserer freiheitsorientierten Kultur nicht oder ungenügend teilhaben, durch Fördern und Fordern zur Teilhabe zu bewegen«. Öffentlich-rechtliche Programmangebote in Hörfunk, Fernsehen und Internet könnten dabei »Schrittmacher« sein, »ohne dass die damit verbundenen Probleme verschwiegen oder verniedlicht werden«.[40] Das Thema müsse in »die Mitte des Programms«. Muttersprachliche Nischenprogramme für Migranten seien dagegen kontraproduktiv.[41]

Fünf Monate später war nicht mehr von der »Mitte des Programms« die Rede. Im Evangelischen Pressedienst hieß es nur noch, Voß halte an seiner Absicht fest, »demnächst ein ›Islamisches Wort‹ via Internet zu senden«. Zuvor hatte Winfried Scheuermann, CDU-Abgeordneter im Stuttgarter Landtag und Mitglied des SWR-Verwaltungsrats, den Sender gewarnt, Islamisten ein Forum zu bieten. Aus seiner Sicht sei es nicht die Aufgabe einer öffentlich-rechtlichen Rundfunkanstalt, »religiösen Minderheiten eigene Sendezeit zu gewähren«.[42]

Am 20. April 2007 veröffentlichte der SWR das »Islamische Wort« erstmals im Internet. Fortan war es an jedem ersten Freitag im Monat auf der Internetseite des Senders SWR cont.ra (heute »SWR info«) zu hören und dort als Manuskript nachzulesen.[43] Zu den Autoren gehörten zu Beginn Aiman Mazyek, Generalsekretär des Zentralrats der Muslime und Mitglied der Deutschen Islam-Konferenz, und Bekir Alboga, Referatsleiter für interreligiöse Zusammenarbeit bei der Türkisch-Islamischen Union der Anstalt für Religion (DİTİB). Auch er war Mitglied der Islam-Konferenz beim Bundesinnenminister. Zudem sprachen die Publizistin Hilal Sezgin und die islamische Religionspädagogin Emina Corbo-Mesic das »Islamische Wort«.[44]

Zwei Jahre nach dem Sendestart erschien eine Broschüre des SWR, in der Sendungstexte veröffentlicht wurden. In einem Grußwort schrieb Bundesinnenminister Wolfgang Schäuble, das »Islamische Wort« sei »ein Spiegelbild der Vielfalt muslimischen Lebens in unserem Land« und »ein Aufbruch dieser deutschen Muslime in eine Zukunft, in der auch das ›Islamische Wort‹ ganz normaler Bestandteil unseres Rundfunkprogramms« sein werde.[45]

Der Ministerpräsident von Baden-Württemberg, Günther Oettinger, schrieb, durch die Sendung bekämen die mehr als 600 000 Muslime in seinem Bundesland »Zugang zur deutschen Medienlandschaft« und könnten »Vertrauen zu den öffentlich-rechtlichen Anbietern fassen«. Indem »muslimische Demokraten mit religiös begründeten Plädoyers für Frieden, Dialog, Bildung, Kultur und Wissenschaft in den Medien zu Wort« kämen, wirkten sie »auf eine Verständigung zwischen den Religionen« hin. Die Sendung sei »ein Stück Dialog- und Friedensarbeit sowie Extremismus- und Gewaltprävention«.[46] Oettingers Amtskollege aus Rheinland-Pfalz, Kurt Beck, wünschte der Broschüre »viele interessierte Leser«.[47]

Der Nachfolger von Peter Voß im Amt des SWR-Intendanten, Peter Boudgoust, hob hervor, wer dem Islamismus entgegentreten wolle, müsse »gerade auch die Zusammenarbeit mit Vertretern eines toleranten und demokratischen Islams suchen und einen Beitrag zur Integration und zur Stärkung der aufgeklärten muslimischen Kräfte leisten«.[48]

Seit dem 3. Februar 2012 ist das »Islamische Wort« unter dem neuen Titel »Islam in Deutschland« im Programm »SWR info« auch im Radio zu hören.[49] Das Programm ist allerdings nicht über den noch am stärksten genutzten Verbreitungsweg, UKW, zu empfangen, sondern ausschließlich über Digitalradio oder per Livestream im Internet. In der »Mitte des Programms« steht »Islam in Deutschland« nicht. Die Sendung dauert drei Minuten. Der Autor oder die Autorin verliest einen Text, in dem er oder sie die islamische Tradition im aktuellen Kontext auslegt.

»Forum am Freitag« im ZDF

Ein Vierteljahr nach der Initiative von Peter Voß vom Oktober 2006 beim SWR zog das ZDF nach. Dort initiierte nicht der Intendant, sondern der Chefredakteur, Nikolaus Brender, die Einführung der Sendung »Forum am Freitag«. Am 1. Februar 2007 erklärte Brender, das ZDF werde in seinem Internetangebot künftig auch ein muslimisches »Wort zum Freitag« verbreiten. Anders als beim »Islamischen Wort« versuchten islamische Verbände, das geplante »Wort zum Freitag« als Verkündigungssendung in ihrer Regie zu etablieren.

Während Brender betonte, die redaktionelle Verantwortung

liege beim ZDF (»Das ist doch klar«), und ein »Dialogforum« favorisierte, forderte der Generalsekretär des Zentralrats der Muslime, Aiman Mazyek, »gemäß dem Gleichheitsgrundsatz der deutschen Verfassung« und »analog zum ›Wort zum Sonntag‹« solle ein »Forum für Predigten von Vertretern anderer Religionsgemeinschaften« geschaffen werden. Die Verantwortung für die Inhalte der Beiträge liege »selbstverständlich bei den islamischen Verbänden«. Der Dialogbeauftragte der DİTİB, Bekir Alboga, erklärte, auch nach Vorstellung seines Verbandes solle die Sendung dem kirchlichen »Wort zum Sonntag« entsprechend gestaltet werden.[50]

Der Gegenwind war in diesem Falle heftig, schließlich ging es um das einflussreichere Medium Fernsehen und um den in ganz Deutschland verbreiteten Sender ZDF. Der Generalsekretär der CSU, Markus Söder, kritisierte das Vorhaben scharf: »Deutschland braucht keinen Moschee-Sender.« Für ein solches Projekt seien Gebührengelder »nun wirklich nicht da«.[51]

Der Intendant von Deutschlandradio, Ernst Elitz, zeigte sich »erstaunt« über die aktuelle Debatte. Er betonte, die Vielfalt der Religionen sei schon jetzt Bestandteil des Programms und als solche ein »wichtiger Beitrag zur religiösen Information, zur Integration und zur Wertedebatte«. Elitz verwies auch auf die Sendung »Wort zum Tage« im Deutschlandradio Kultur, die auch von Sprechern des Islams gestaltet werde.[52]

Elitz schrieb im Fachdienst »epd medien«, mit einer multireligiösen Sendereihe laufe man Gefahr, dass der öffentlich-rechtliche Rundfunk »als oberste Glaubensbehörde die Predigtberechtigten auswählt«. Den christlichen Kirchen gebühre eine Vorrangstellung, da das Christentum Fundament europäischer und deutscher Kultur sei. Elitz wandte sich gegen ein multireligiöses »Wort zur Woche«. Eine solche Sendung, bei der »heute der Herr Jesus, morgen der Prophet Mohammed und übermorgen Siddharta, der Erleuchtete, vorsprechen«, wirkten, »als wären sie bei einem multikulturellen Kaffeekränzchen zu Gast«. Es würde Vorurteile fördern, wenn man zu diesem Zweck den Kirchen und den jüdischen Gemeinden Sendezeiten »abknapsen« würde.

Unterstützend griff MDR-Intendant Udo Reiter in die Debatte ein und positionierte sich dagegen, die Sendezeiten der Kirchen zugunsten islamischer Sendungen zu kürzen. Reiter erklärte, das exklusive Verkündigungsrecht der Kirchen dürfe nicht relativiert werden. Deutschland gehöre zur christlich-abendländischen Welt.

Der Chef des Bundeskanzleramts, Thomas de Maizière, erklärte, die Pläne des ZDF halte er für »in Ordnung«, das »Wort zum Sonntag« solle aber nicht infrage gestellt werden.[53]

Das »Wort zum Sonntag« wird zwar in der deutschen Öffentlichkeit weitgehend belächelt und kaum als publizistisches Angebot wahrgenommen. Eine Öffnung der Sendung im Sinne eines religionspluralen Konzepts wurde und wird aber von den Stützen der Gesellschaft als Rütteln an den Grundfesten der Republik wahrgenommen. Es blieb – und bleibt mit einer Ausnahme – bis heute dabei, dass islamische Glaubensinformation an den äußersten Rand des Sendebetriebs verwiesen ist.

Trotz vielfältigen Widerstands startete das ZDF am 6. Juli 2007 sein neues redaktionelles Angebot unter dem Namen »Forum am Freitag«. Der Sender teilte zuvor mit, das »Portal« solle den Dialog mit den dreieinhalb Millionen in Deutschland lebenden Muslimen fördern. Die Sendung sei im Kern fünf bis zehn Minuten lang. In dieser Zeit spreche jeweils eine ausgewählte muslimische Persönlichkeit zu einem aktuellen Thema aus der Lebenswirklichkeit von Muslimen. In der ersten Sendung trat die islamische Religionspädagogin Lamya Kaddor aus Nordrhein-Westfalen auf. ZDF-Intendant Thomas Bellut betonte, es handle sich um ein journalistisches Format. Muslime hätten darin die Möglichkeit, in einem Gespräch oder

Kommentar ihre Sicht auf das Zusammenleben in Deutschland in das gesellschaftliche Gespräch einzubringen.[54]

Seit September 2007 wird das »Forum am Freitag« zusätzlich im digitalen Spartenprogramm ZDF info gesendet. Heute hat es dort – außer in der Sommerpause – freitags früh zwischen 7 und 9 Uhr seinen Sendeplatz. Die Redakteure der Sendung, Vedat Acikgöz, Nazan Gökdemir und Abdul-Ahmad Rashid, stammen aus muslimischen Einwandererfamilien.[55]

»Freitagsforum« im NDR

Seit dem 5. Juli 2013 hat auch der NDR eine Sendung zu Fragen des islamischen Glaubens. Das »Freitagsforum« wurde zunächst an jedem ersten Freitag im Monat im Hörfunk-Kulturprogramm NDR Kultur gesendet.[56] Die drei- bis vierminütige Sendung informiert in Reportagen und Berichten über den Islam und das muslimische Leben in Norddeutschland. Auch verkündigungsähnliche Kommentare werden gesendet. Autorinnen und Autoren sind Muslime und Nichtmuslime. Seit April 2016 wird das »Freitagsforum« an jedem Freitag um 15.20 Uhr ausgestrahlt. Audio und Text sind auf der Internetseite des NDR zu hören und nachzulesen.[57]

Von juristischer Seite unterstützte der Bielefelder Professor für Rechtswissenschaften, Martin Stock, das Projekt eines »Wortes zum Freitag« und der islamischen Beteiligung am Rundfunk maßgeblich mit Aufsätzen und Gutachten. Er klärt die rundfunkrechtlichen Voraussetzungen für die Präsenz des Islams im Rundfunk. Dabei verweist er auf die Notwendigkeit eines »langen Atems« und fährt fort: »Man müsste eben nur die gestellte Aufgabe in ihrer ganzen Größe erkennen, und man müsste sie als Herausforderung an die eigene Kreativität und Tatkraft verstehen. Auch Religions-, Medien- und Rechtswissenschaft sollten ihren Beitrag dazu leisten, dass die hier behandelte besondere konstitutionelle Frage gelöst werden kann.«

Stocks juristisches Szenario sieht zunächst islamische Glaubenssendungen in redaktioneller Verantwortung vor. »Oberster normativer Richtwert« müsse dabei Art. 5 Absatz 1 Satz 2 des Grundgesetzes sein: »Die Pressefreiheit und die Freiheit der Berichterstattung durch Rundfunk und Film werden gewährleistet.« Dabei könne es in der Praxis zu komplexen Debatten im Blick auf Pluralität, Neutralität und andere Fragen kommen. Wenn die Redaktionen auf diesem Wege erfolgreich seien, stehe »dann eine allmähliche Einbeziehung von Drittsendungen an«, also Verkündigungssendungen in der Verantwortung muslimischer Religionsgemeinschaften.[58]

Stocks Aufforderungen sind mittlerweile nur in ersten vorsichtigen Ansätzen Wirklichkeit geworden.

Verwandte Projekte

Neben der Etablierung fester Sendereihen riefen auch andere Projekte öffentlich-rechtlicher Sender rege Diskussionen hervor. So entschied der *Bayerische Rundfunk*, in der Zeit des muslimischen Fastenmonats Ramadan vom 18. Juni bis zum 19. Juli 2015 einen Themenschwerpunkt zum Ramadan zu senden. Dazu gehörten Spielfilme, Dokumentationen, Diskussionssendungen, Magazin-Beiträge und ein Internet-Dossier. Während der Fernsehsendungen wurden rechts oben in der Ecke des Bildschirms das Symbol der Mondsichel und der Schriftzug »Ramadan« eingeblendet. Der BR entschied sich nach heftigen Hörerprotesten auf seiner Facebook-Seite und auf anderem Wege, die Einblendung wegzulassen.

Vertreter islamischer Verbände kritisierten die Entscheidung. Aiman Mazyek, seit September 2010 Vorsitzender des Zentralrats der Muslime, nannte sie »ein Einknicken gegenüber einer besonders lautstarken und orchestrierten Minderheit«. Zugleich lobte er die »vorbildliche Art und Weise«, in der der Bayerische

Rundfunk mit dem Schwerpunkt seinem Informationsauftrag nachkomme.[59]

Trotz der Kritik änderte der Sender nichts an den Inhalten des Programmschwerpunkts. Kurz vor dem Ende des Fastenmonats, am Freitag, dem 17. Juli, übertrug das Bayerische Fernsehen von 4.45 Uhr morgens an live ein Festgebet aus einer Moschee im oberbayerischen Penzberg. Anlass war das bevorstehende Ende des Fastenmonats. Imam Benjamin Idriz predigte zum größten Teil auf Deutsch.[60]

Angesichts der konservativen und katholischen Prägung des Bayerischen Rundfunks ist es bemerkenswert, dass die erste Rundfunkübertragung eines Gebets aus einer deutschen Moschee, noch dazu im Fernsehen, gerade aus Oberbayern kam. Auf der Internetseite »sueddeutsche.de« urteilte Sebastian Beck: »Der BR hat sich zum Glück von Grund auf gewandelt. Und zwar vom verkalkten Verlautbarungssender der CSU zu einem richtig gut gemachten Regionalprogramm. (...) Der BR hat die Heimat auch für jene geöffnet, die nicht schon in der zehnten Generation auf dem Einödhof sitzen.«[61]

Besonderen Erfolg feiert die *Deutsche Welle* mit ihrer arabischsprachigen Fernsehsendung »Shababtalk« unter der Leitung des Moderators Jaafar Abdul-Karim. In den kontroversen Diskussionen geht es um Themen wie Meinungsfreiheit, Homosexualität oder die politische Lage in der arabischen Welt. Das Format wurde 2011 im arabischsprachigen Programm der Deutschen Welle etabliert. Ende 2015 kam »Shababtalk«, übersetzt »Jugendgespräch«, aus einer Moschee, der Dar-Assalam-Moschee in Berlin-Neukölln. Allein in Ägypten hat die Sendung jede Woche vier Millionen Zuschauer.[62] Im Frühjahr 2016 wurde die Sendung mit dem Al Haitham Arab Media Award aus Jordanien als »beste arabische Jugend-Talkshow« ausgezeichnet. Moderator Abdul Karim und sein Team tourten mit der Sendung bereits durch den Irak, durch Tunesien,

Marokko, Ägypten, den Libanon, durch Jordanien und andere Länder.[63]

Ein herausragendes Beispiel für differenzierte und ausführliche Information über den Islam im öffentlich-rechtlich finanzierten Fernsehen war die Dokumentationsreihe »Jesus und der Islam«, die der deutsch-französische Fernsehsender *arte* vom 8. bis 10. Dezember 2015 ausstrahlte. Für die französische Produktion wurden 26 Wissenschaftler aus Europa, den USA und orientalischen Ländern interviewt. Ihre Aussagen wurden, systematisiert in theologische Fragestellungen, nüchtern aneinandergereiht. Themen waren unter anderem »Die Kreuzigung im Koran«, »Der Sohn Marias«, »Das Exil des Propheten«, »Das Buch des Islam« und andere. Der Zuschauer wird umfassend informiert und erfährt das Wichtigste über die aktuellen Unterschiede in der Auslegung des Korans. Dabei stehen diejenigen Aussagen des Korans im Vordergrund, die sich auf Judentum und Christentum beziehen.[64]

»Koran erklärt« im Deutschlandfunk

Das jüngste Beispiel für eine innovative Präsentation islamischer Glaubensinhalte ist die Sendung »Koran erklärt« im Deutschlandfunk, der dieses Buch gewidmet ist. Wie die genannten regelmäßigen Sendungen im SWR, ZDF und NDR wird auch »Koran erklärt« in redaktioneller Verantwortung zusammengestellt.

Die fünfminütige Interpretation eines Koranverses wird seit dem 6. März 2015 freitags um 9.55 Uhr im Deutschlandfunk gesendet. Anschließend sind Text und Audio auf der Internetseite des Deutschlandfunks abrufbar. Damit ist Deutschlandradio die erste öffentlich-rechtliche Rundfunkanstalt, die regelmäßige Information über den islamischen Glauben in seinem Hauptprogramm sendet, zudem zu einer sehr guten Sendezeit und auf allen Verbreitungswegen, auch über UKW.

Die Autoren der Sendungen sind muslimische Theologinnen und Theologen, die an deutschen Universitäten lehren, sowie renommierte Islamwissenschaftler aus aller Welt. So entsteht ein vielfältiges Bild über die Auslegung zentraler koranischer Verse, ihre Auslegungs- und Wirkungsgeschichte. Zudem setzen die Autorinnen und Autoren die Verse in Bezug zur Lebenswelt der Hörerinnen und Hörer im 21. Jahrhundert.

Die Sendung verfolgt einen Ansatz, der für die in ganz Deutschland verbreiteten Programme des nationalen Hörfunks typisch ist. Sie will der verbreiteten Unkenntnis über den Koran begegnen und den Hörerinnen und Hörern die Möglichkeit geben, ein Grundwissen zu erwerben. Trotz des hohen Reflexionsniveaus der gelehrten Autorinnen und Autorinnen sind ihre Texte so formuliert, dass auch Leserinnen und Leser ohne spezielle Vorbildung ihnen folgen können.

Initiator der Sendung ist der Intendant von Deutschlandradio, Willi Steul. Das Konzept erstellte der Autor dieses Artikels und wurde dabei von Angelika Neuwirth, Professorin für Arabistik an der Freien Universität Berlin, beraten. Redakteur von »Koran erklärt« ist der Islamwissenschaftler Thorsten Gerald Schneiders.

Willi Steul hob vor Beginn der Sendereihe hervor, es gebe im Koran »vielfach Bezüge zur Anwendung von Gewalt«, aber zugleich auch zahlreiche Aussagen, »die das humane Anliegen einer großen Religion zum Ausdruck bringen«. Dies müsse in seinen historischen und religionswissenschaftlichen Zusammenhang gestellt und darin verstanden werden. Es gehe um einen »Beitrag zur differenzierten Meinungsbildung und zur Aufklärung in unserer Gesellschaft«.[65]

Analoge Entwicklung in der Presse

In der Presse lässt sich ein vergleichbarer Paradigmenwechsel in der medialen Information über den Glauben beobachten. Dort gibt es zwar keine »Verkündigung« wie im öffentlich-rechtlichen Rundfunk, aber regelmäßige Informationen über Religionsgemeinschaften in redaktioneller Verantwortung.

In Berlin hat sich die Zeitung »Der Tagesspiegel« für eine plurale Berichterstattung über Selbstverständnis und Innenleben von Religionsgemeinschaften geöffnet. Seit Februar 2016 ist die an jedem Montag erscheinende Gottesdienstkolumne multireligiös konzipiert. Statt »Sonntags um Zehn« trägt sie seither den Titel »Der Himmel über Berlin«. Darin wird nun nicht mehr nur über christliche Gottesdienste, sondern auch über Freitagsgebete in Moscheen, Sabbatfeiern in Synagogen sowie Feste und Feiern anderer Religionsgemeinschaften berichtet. Berlin hat sich nach Auffassung der Redaktion des »Tagesspiegels« zu einer multireligiösen Stadt entwickelt, in der mehr als 250 Religions- und Weltanschauungsgemeinschaften leben.[66]

Alternativen

Was passiert, wenn die deutschen öffentlich-rechtlichen Rundfunkanstalten ihr Angebot an religiöser Information für Muslime und über den Islam nicht auf- und ausbauen? Je geringer die Beteiligung der Muslime am etablierten Rundfunk ist, desto mehr wächst die Wahrscheinlichkeit, dass Muslime in Deutschland ideologisch geprägte Programme von Islamisten oder aus nicht demokratisch regierten islamischen Ländern nutzen. Wenn öffentlich-rechtliche muslimische und islambezogene Programme fehlen, werden interessierte Muslime auf mediale Parallelwelten ausweichen.

Zwei Beispiele seien genannt: Ein salafistischer Muslim namens Abu Tarbush verschickt nach Informationen von Berliner Sicherheitsbehörden[67] seit Jahren per SMS Botschaften an alle im Berliner Telefonbuch verzeichneten Funktelefonnummern.[68] So erhielt der Verfasser am 18. Dezember 2014 ungefragt eine Kurznachricht per Mobiltelefon: »›Und euer Gott (Allah) ist ein Einziger Gott. Es gibt keinen Gott außer ihm, dem Allerbarmer, dem Barmherzigen.‹ [Quran 2:163] http://www.as-sirat.de.«

Zuvor hatte Abu Tarbush auch deutlich schärfere Missionstexte verschickt: »Entweder du konvertierst zum Islam oder du wirst zu den Insassen der Hölle gehören. Niemand ist der Anbetung würdig, außer Allah, der Allmächtige!« Am Ende des SMS-Textes wurde zeitweilig auch auf die Internetseite des Vereins »Haus des Korans«[69] verwiesen, wo Muslime und Nichtmuslime im Rahmen der Aktion »Lies!« gratis den Koran bestellen können. Im Rahmen dieser salafistisch geprägten Initiative wurden von 2012 und 2016 etwa drei Millionen Exemplare des Korans verteilt.[70]

Auf der erwähnten salafistischen Internetseite »as-sirat.de« sind deutschsprachige Predigten in Filmen und Audios abrufbar. Darin wird der interessierte Nutzer zum Beispiel darüber informiert, dass es nach einem Hadith verboten ist, »jemanden« zu »heiraten, der vor der Ehe Geschlechtsverkehr hatte«. Ein anderer Prediger erläutert, es sei nach Gottes Willen nicht erlaubt, offen über seine Sünden zu sprechen. In einem Audio wird die Frage behandelt, ob es für Muslime in nicht islamisch geprägten Ländern Pflicht sei, in ein islamisches Land auszuwandern. Dies wird am Ende für all jene bejaht, die nicht in der Lage sind, der Versuchung durch »nicht bedeckte« nichtmuslimische Frauen zu widerstehen.

Die schiitische Variante findet sich im deutschsprachigen »Iran German Radio« auf der Seite »http://german.irib.ir/radioislam« – etwa über die Frage »Gibt es ein Leben nach dem Tod?«, über »die große Rückkehr«, also das Jenseits, oder über den »Hadith des Tages«. Seit neuestem wird diese Internetseite allerdings nicht mehr gepflegt. Die Nutzer werden auf die weniger religiös geprägte Internetseite der iranischen Regierung, »http://parstoday.com/de«, geleitet.

Ausblick

Mancher wird einwenden, dass die Beteiligung von Muslimen an »Sendezeiten« im öffentlich-rechtlichen Rundfunk eine überholte Fragestellung sei und sich im Zeitalter des Internets erübrige. Vieles spricht dafür, dass das Gegenteil der Fall ist. Auch in Zeiten neuer Ausspielwege vom Internetportal über soziale Medien bis hin zu digitalen Plattformen, die wir heute noch nicht kennen, gilt doch dies: Die Notwendigkeit hoher Qualität der Inhalte, die Medien vermitteln, bleibt auch im Zeitalter der neuen digitalen Ausspielwege. Anspruchsvolle Inhalte, die dem Wohl der ganzen Gesellschaft dienen, werden auch künftig gebraucht. Einer der wichtigsten Garanten für hohe Qualität der vermittelten Inhalte ist der öffentlich-rechtliche Rundfunk. Er garantiert zudem, dass die verbreiteten Inhalte dem Zusammenhalt der Gesellschaft dienen. Deshalb wird es auch in Zukunft wichtig sein, dass die Information über Religion – sei es in Verkündigungssendungen oder redaktionellen Sendungen – in den Händen des öffentlich-rechtlichen Rundfunks bleibt. Er bietet wie kein anderer das gesellschaftliche und produktionstechnische Qualitätssiegel für die publizierten Inhalte.

Auf längere Sicht wird es auch Sendezeiten für islamische

Religionsgemeinschaften im öffentlich-rechtlichen Rundfunk im Rahmen des sogenannten »Drittsenderechts« geben. Je schneller sich die islamischen Religionsgemeinschaften dem deutschen Staatswesen annähern, wie es etwa in Deutschland mit der Gründung des Koordinierungsrats der Muslime geschehen ist, desto früher wird es dazu kommen. Im selben Maße aber ist die mediale Integration des Islams von Vertrauen und Mut der Mehrheitsgesellschaft abhängig. Die hier beschriebenen ersten Versuche, mutig voranzugehen, haben sich bewährt.

Während der Terroranschlag von Nizza am französischen Nationalfeiertag 2016 Europa und die Welt erschütterte, rief Ägyptens oberster islamischer Rechtsgelehrter, Großmufti Shawki Allam, bei einer Podiumsdiskussion in der Rheinischen Friedrich-Wilhelms-Universität in Bonn die Weltreligionen zum Dialog auf. Dieser Dialog müsse praktisch gelebt werden und dürfe sich nicht auf Eliten und Fachleute beschränken. Es dürfe nicht zugelassen werden, dass ein Kulturkampf entstehe, sagte der Großmufti, der zu den höchsten Autoritäten des Islams gehört. Diese Sätze sind am Abend der größten Trauer eine Ermutigung – auch zur Beteiligung des Islams am Rundfunk in Deutschland.

Anmerkungen

1 Christoph Seibert, »Von der Wahrheit der Religion: Eine hermeneutisch-pragmatische Perspektive.« Evangelische Theologie 73 (2013), S. 405-420.

2 Henning Wrogemann, »Dimensionen und Aufgaben des Faches Interkulturelle Theologie/Missionswissenschaft im Kanon theologischer Wissenschaft.« Evangelische Theologie 73 (2013), S. 437-449.

3 Vgl. Daniel Deckers, »Ein deutsches Islamgesetz? Das Grundgesetz setzt den Rahmen für Religionen – es gibt auch Muslimen viele Freiheiten.« FAZ vom 27.2.2015, S. 8.

4 Raphael Rauch, »›Neues Sendungsbewusstsein‹: Islamische Verkündigung im öffentlich-rechtlichen Rundfunk.« Communicatio Socialis 46 (2013), S. 457.

5 »Staatsvertrag mit Muslimen.« Süddeutsche Zeitung vom 16.1.2013.

6 »Staatsvertrag über den Südwestrundfunk vom 3.7.2013« – siehe https://www.rlp.de/fileadmin/rlp-stk/pdf-Dateien/Medienpolitik/Novellierter_SWR-Staatsvertrag.pdf.

7 »Radio Bremen: Muslime künftig im Rundfunkrat vertreten.« Funkkorrespondenz vom 2.5.2014 – siehe http://www.medienkorrespondenz.de/politik/artikel/radio-bremen-muslime-kuenftig-im-rundfunkrat-vertreten.html.

8 »Staatsvertrag zur Reform der ZDF-Gremien unterzeichnet.« Medienkorrespondenz vom 29.6.2015 – siehe http://www.medienkorrespondenz.de/politik/artikel/staatsvertrag-zur-reform-der-zdf-gremien-unterzeichnet.html.

9 »Muslimischer Vertreter soll in HR-Rundfunkrat einziehen: Gesetzentwurf sieht Anpassungen an Vorgaben des ZDF-Urteils vor.« epd medien vom 24.6.2016, S. 10.

10 Siehe http://www.bremische-landesmedienanstalt.de/medienrat.

11 Eren Güvercin, »Der virtuelle Islam: Das Bild von Muslimen in den deutschen Medien hinterlässt Eindruck – allerdings einen negativen.« taz vom 14.3.2015.

12 Gilles Kepel, »Die Blutspur des Propheten.« Cicero, August 2014, S. 14-21.

13 Eren Güvercin (wie Anm. 11).

14 Eren Güvercin, »Der virtuelle Islam: Extreme dominieren das Islambild in den Medien.« epd medien vom 8.5.2015, S. 6-9 – hier: S. 9.

15 Frank A. Meyer, »Totalitäre Religion.« Cicero, August 2014, S. 22f.

16 Zitiert nach epd medien vom 1.8.2014, S. 26.

17 »›Bild‹ distanziert sich von ›BamS‹.« dpa-Medien 31/2014, S. 12-14.

18 dpa-Medien 32/2014, S. 31.

19 Siehe https://de.wikipedia.org/wiki/Nicolaus_Fest.

20 Herbert Kundler, Eine Radio-Station in einer geteilten Stadt. Berlin: Dietrich Reimer Verlag, ^{2}2002, S. 116. Kundler schreibt, er sei Mitte der 1950er Jahre zum RIAS gekommen. Damals sei der Geschäftsführer der Arbeitsgemeinschaft der Kirchen und Religionsgesellschaften in Berlin, Kurt Eberhardt, bereits »am Werk« gewesen und habe »die Sendungen von über einem Dutzend religiöser Minderheiten« gestaltet. Nach Darstellung des früheren RIAS-Kirchenfunk-Redakteurs Frank Pauli hatten die amerikanischen Gründer des RIAS »nach dem Kriege«

die »Mitwirkung von Juden, Muslimen, Buddhisten und anderen religiösen Gemeinschaften im Programm« gewollt. – Frank Pauli, Der Kirchenfunk: Vielseitige Rolle in einem kleinen Ensemble. In: Manfred Rexin (Hrsg.), Radio-Reminiszenzen: Erinnerungen an RIAS Berlin. Berlin: Vistas-Verlag, ^{2}2003, S. 273-286 – hier: S. 276.

21 Siehe http://www.akr-berlin.de/mitglieder.html.

22 Siehe http://www.akr-berlin.de/geschichte.html.

23 Raphael Rauch, »Muslime auf Sendung.« Zeitschrift Rundfunk und Geschichte 41 (2015), 9-21 – hier: S. 13-18.

24 http://de.statista.com/statistik/daten/studie/5062/umfrage/entwicklung-der-auslaendischen-bevoelkerung-in-deutschland/.

25 http://de.statista.com/statistik/daten/studie/72321/umfrage/entwicklung-der-anzahl-der-muslime-in-deutschland-seit-1945/.

26 Sebastian Engelbrecht, »Kirchen-Monopol auf religiöse Sendungen ist antiquiert: Ein Plädoyer für eine Integration auch anderer Religionen in den Rundfunk.« Frankfurter Rundschau vom 26.2.1999.

27 Ebenda.

28 Vgl. Sebastian Engelbrecht, »Keinem weh. Wem wohl? Kirche und Religion in Radio und Fernsehen.« epd Medien vom 13.10.2001, S. 3-5.

29 Sebastian Engelbrecht, »Das Wort zum Freitag: Die Vielfalt der Religionen muss in den Medien zu sehen sein, dazu bedarf es einer Reform des Staatskirchenrechts.« Frankfurter Rundschau vom 29.11.2004, S. 8.

30 »Bischof Huber befürwortet ›Wort zum Freitag‹.« epd vom 9. Mai 2004.

31 Rauch, »Neues Sendungsbewusstsein« (wie Anm. 4), S. 464.

32 Ebenda, S. 472; Raphael Rauch, »Muslime auf Sendung« (wie Anm. 23), S. 20f.

33 »Streit um rechtliche Stellung der Muslime in Deutschland: Integrationsbeauftragte Beck fordert Ergänzung des Staatskirchenrechts.« epd-Wochenspiegel 49 (2004), S. 11.

34 »Berliner Islamwissenschaftler fordert islamisches ›Wort zum Sonntag‹.« Pressemitteilung von Deutschlandradio Kultur an alle Agenturen vom 24.10.2006.

35 »Zentralrat der Juden stellt ›Wort zum Sonntag‹ in Frage.« Meldung AP 977 vom 24.2.2007.

36 Gabriele Renz, »Kulturkampf in Stuttgart: In Baden-Württemberg streiten sie um islamische Religionsportale.« Frankfurter Rundschau vom 14.3.2007, S. 18.

37 »EKD-Rundfunkbeauftragter: Islam-Verkündigung im Rundfunk bedingt möglich.« epd-Wochenspiegel 51/52/2006, S. 17.

38 »Westfälischer Präses befürwortet Senderechte für andere Religionen.« epd vom 13.10.2009.

39 »Publizistikprofessorin fordert muslimisches ›Wort zum Freitag‹.« epd medien aktuell vom 31.3.2014, S. 2.
40 »SWR-Intendant Voß: ›Islam gehört ins Programm‹.« epd-Wochenspiegel 44/2006, S. 19.
41 Kurzmeldung in der FAZ vom 26.10.2006.
42 »Intendant verteidigt ›Islamisches Wort‹.« epd-Wochenspiegel 10/2007, S. 11.
43 »›Islamisches Wort‹ im Internet: Ab Mai einmal im Monat im Südwestrundfunk.« epd-Wochenspiegel 17/2007, S. 17.
44 »Das Islamische Wort: Muslimische Glaubensbeiträge im SWR.« Hrsg. vom SWR, Stuttgart 2009, S. 100.
45 Ebenda, S. 1.
46 Ebenda, S. 4f.
47 Ebenda, S. 3.
48 Ebenda, S. 6.
49 Rauch, »Neues Sendungsbewusstsein« (wie Anm. 4), S. 456.
50 »ZDF und Muslime streiten über ›Wort zum Freitag‹: Sender will Dialogforum – Zentralrat erwartet Predigten.« FAZ vom 20.2.2007, S. 2.
51 »Söder gegen ›Moschee-Sender‹.« FAZ vom 26.2.2007, S. 2.
52 »Vielfalt der Weltreligionen im Hörfunk.« epd-Wochenspiegel 9/2007, S. 20.
53 »Keine ›wöchentliche islamische Predigt‹: Zwei Intendanten und ein Bundesminister gegen ›Wort zum Freitag‹ im Fernsehen.« epd-Wochenspiegel 11/2007, S. 12.
54 »ZDF-Angebot im Internet: ›Forum am Freitag‹ zum Islam startet.« epd-Wochenspiegel 27/2007, S. 17.
55 Siehe http://www.zdf.de/forum-am-freitag/ziel-und-macher-des-forums-acikgoez-goekdemir-rashid-moderatoren-des-forum-am-freitag-5294702.html.
56 Siehe http://www.ndr.de/der_ndr/presse/mitteilungen/pressemeldungndr12575.html.
57 http://www.ndr.de/ndrkultur/sendungen/freitagsforum/.
58 Martin Stock, »Islam im Rundfunk – wie eigentlich? Auf dem Weg zu muslimischer kommunikativer Präsenz in deutschen Rundfunkprogrammen.« Arbeitspapiere des Instituts für Rundfunkökonomie an der Universität zu Köln, Heft 226, Köln, März 2007, S. 39f.
59 »Streit über Ramadan-Logo: Kritik und Lob von Muslimen für BR.« epd medien aktuell vom 26.6.2015, S. 2.
60 »TV-Premiere: Fernsehen überträgt Festgebet zum Ende des Ramadan.« epd medien aktuell vom 14.7.2015.

61 Siehe http://www.sueddeutsche.de/bayern/ramadan-im-bayerischen-rundfunk-ein-fastenmonat-fuer-facebook-1.2538027.

62 »Es muss zur Sache gehen.« FAZ vom 17.12.2015.

63 »Jordanischer Medienpreis für ›Shababtalk‹ der Deutschen Welle.« epd medien aktuell vom 19.4.2016, S. 5. Die Deutsche Welle und der Bayerische Rundfunk engagieren sich seit der Flüchtlingskrise von 2015 zudem mit Portalen für Flüchtlinge für die Integration der Einwanderer, die primär aus muslimischen Ländern kommen. Siehe http://www.dw.com/de/themen/erste-schritte-in-deutschland/s-32443 und http://www.br.de/nachrichten/help-for-refugees-school-education-work-100.html. Auch im Fernsehkanal *DW Arabia* sendet die Deutsche Welle seit Ende 2015 Angebote speziell für arabischsprachige Flüchtlinge im Inland. Vgl. »›Die Lindenstraße auf Arabisch‹: Die Deutsche Welle sendet neuerdings für Flüchtlinge in Deutschland.« taz vom 21.12.2015.

64 »›Jesus und der Islam‹: 7-teilige Dokumentationsreihe von Gérard Mordillat und Jérôme Prieur.« Arte-Pressemappe, S. 4-7.

65 Willi Steul, »Koran erklärt: Neue Sendereihe im Deutschlandfunk.« Deutschlandradio-Programmheft 3/2015, S. 87.

66 »›Tagesspiegel‹ öffnet Gottesdienstkolumne für andere Religionen.« epd medien aktuell vom 8.2.2016, S. 4.

67 Angaben zur Quelle der Information liegen dem Verfasser vor.

68 Vgl. Andreas Kopietz, »Islamist verbreitet Hass-Propaganda per SMS.« Berliner Zeitung, 2.7.2014.

69 Siehe http://diewahrereligion.eu/hausdesqurans/.

70 Reiner Burger, »Franchise-System der Salafisten«. FAZ vom 18.8.2016. Siehe http://www.faz.net/aktuell/politik/inland/lukratives-geschaeft-der-salafisten-mit-koran-verteilungen-14391377.html.

Die Autorinnen und Autoren des Bandes

Die Autorinnen und Autoren der Exegesen

Dr. Asad Q. Ahmed, University of California, Berkeley, Kalifornien, USA 142
Dr. Kecia Ali, Boston University, Boston, Massachusetts, USA 140
Prof. Dr. Mohammad Ali Amir-Moezzi, Sorbonne, Paris, Frankreich 209, 211
Dr. Ayşe Başol, Johann Wolfgang Goethe-Universität, Frankfurt am Main 81, 83, 85
Prof. Dr. Thomas Bauer, Westfälische Wilhelms-Universität Münster 32
Prof. i. R. Dr. Hans Hinrich Biesterfeldt, Ruhr-Universität Bochum 15
Prof. i. R. Dr. Hartmut Bobzin, Friedrich-Alexander-Universität Erlangen-Nürnberg 54, 95, 97, 182
Prof. Dr. Jacqueline Chabbi, L'Université de Paris-VIII (Paris Saint-Denis), Paris, Frankreich 99, 104
Prof. Dr. Hüseyin İlker Çınar, Universität Osnabrück 37
Prof. Dr. Michael Cook, Princeton University, Princeton, New Jersey, USA 78
Dr. Maria Massi Dakake, George Mason University, Fairfax, Virginia, USA 128
Prof. Dr. Fred M. Donner, The University of Chicago, Chicago, Illinois, USA 162
Prof. Dr. Thomas Eich, Universität Hamburg 199
Dr. Emran El-Badawi, University of Houston, Houston, Texas USA 160
Prof. Dr. Maha El-Kaisy Friemuth, Friedrich-Alexander-Universität Erlangen-Nürnberg 90

Dr. Orhan Elmaz, St. Andrews University, St. Andrews, Großbritannien 145
Prof. Dr. Frank Griffel, Yale University, Yale, New Haven, USA 167
Prof. Dr. Sebastian Günther, Georg-August-Universität Göttingen 206
Prof. Dr. Wael B. Hallaq, Columbia University, New York City, New York, USA 187
Prof. em. Dr. Gerald Hawting, SOAS University of London, London, Großbritannien 137, 174
Prof. Dr. Robert G. Hoyland, New York University, New York City, New York, USA 184
Dr. Tuba Isik, Universität Paderborn 60, 62, 117, 133, 135
Prof. Dr. Ousmane Oumar Kane, Harvard University, Cambridge, Massachusetts, USA 57, 130
Prof. Dr. Milad Karimi, Westfälische Wilhelms-Universität Münster 20, 52, 64, 123, 126, 148
Prof. i. R. Dr. Adel Theodor Khoury, Westfälische Wilhelms-Universität Münster 179
Prof. em. Dr. Etan Kohlberg, Hebräische Universität Jerusalem, Israel 121
Prof. Dr. Christopher Melchert, University of Oxford, Oxford, Großbritannien 42
Prof. Dr. Mustansir Mir, Youngstown State University, Youngstown, Ohio, USA 88, 169
Prof. Dr. Seyyed Hossein Nasr, George Washington University, Washington D.C., USA 214
Dr. Shady Hekmat Nasser, University of Cambridge, Cambridge, Großbritannien 192
Prof. Dr. Ömer Özsoy, Johann Wolfgang Goethe-Universität, Frankfurt am Main 13, 25, 155, 165
Prof. Dr. Ruud Peters, Universität Amsterdam, Niederlande 177

Prof. Dr. Johanna Pink, Albert-Ludwigs-Universität Freiburg 92, 151

Prof. Dr. David S. Powers, Cornell University, Ithaca, New York, USA 47

Prof. Dr. Nasser Rabbat, Massachusetts Institute of Technology (MIT), Cambridge, Massachusetts, USA 194

Prof. em. Dr. Andrew Rippin, University of Victoria, Victoria, British Columbia, Kanada 76

Dr. Mohammed Rustom, Carleton University, Ottawa, Ontario, Kanada 68

Prof. Behnam Sadeghi, Ph. D., Stanford University, Stanford, Kalifornien, USA 73

Prof. Dr. Walid Saleh, University of Toronto, Toronto, Ontario, Kanada 114

Prof. Dr. George Saliba, Columbia University, New York City, New York, USA 196

Prof. Dr. Marco Schöller, Westfälische Wilhelms-Universität Münster 111

Dr. Nicolai Sinai, University of Oxford, Großbritannien 102, 107, 119

Dr. Devin Stewart, Emory University, Atlanta, Georgia, USA 22

Dr. Sahiron Syamsuddin, Universitas Gadjah Mada, Yogyakarta, Indonesien 157

Prof. Dr. Georges Tamer, Friedrich-Alexander-Universität Erlangen-Nürnberg 18, 29, 190

Dr. Sarra Tlili, University of Florida, Gainesville, Florida, USA 201, 204

Prof. Dr. Bülent Uçar, Universität Osnabrück 40

Prof. em. Dr. Kees Versteegh, Radboud University Nijmegen, Niederlande 27, 70, 109

Prof. em. Dr. Stefan Wild, Rheinische Friedrich-Wilhelms-Universität Bonn 45, 50, 66, 153

Dr. Munther A. Younes, Cornell University, Ithaca, New York, USA 34
Prof. em. Dr. Hans Zirker, Universität Duisburg-Essen 172

Herausgeber und Autorinnen und Autoren der Essays

Prof. Dr. Angelika Neuwirth, Seminar für Semitistik und Arabistik, Freie Universität Berlin
Thorsten Gerald Schneiders, Redakteur, Deutschlandfunk
Dr. Willi Steul, Intendant, Deutschlandradio
Dr. Sebastian Engelbrecht, Redakteur/Referent, Deutschlandradio

Verzeichnis der ausgelegten Suren

Inhaltsverzeichnis

Strukturell besondere Verse und Suren

Gottes Eigenschaften

Die Schöpfung

Die Apokalypse und das Jenseits

Eigenschaften und Pflichten des Menschen

Die Frau

Juden und Christen

Gewalt und Krieg

Geschichte und Moderne

Humor und Dichtung im Koran

Naturwissenschaft, Biologie und Bildung

Ausgewählte schiitische und mystische Sichtweisen

ESSAYS